文化名家暨“四个一批”人才（理论界）作品

大考

改革开放与党的建设

张士义——著

中共党史出版社

图书在版编目（CIP）数据

大考：改革开放与党的建设 / 张士义著 . -- 北京：中共党史出版社，2024.7
ISBN 978-7-5098-6567-5

Ⅰ. ①大… Ⅱ. ①张… Ⅲ. ①改革开放－研究－中国 ②中国共产党－党的建设－研究 Ⅳ. ① D675.5 ② D26

中国国家版本馆 CIP 数据核字（2024）第 105756 号

书　　名：大考——改革开放与党的建设
作　　者：张士义

出版发行：中共党史出版社
责任编辑：王媛
社　　址：北京市海淀区芙蓉里南街 6 号院 1 号楼　邮编：100080
网　　址：www.dscbs.com
经　　销：新华书店
印　　刷：北京文昌阁彩色印刷有限责任公司
开　　本：710mm×1000mm　1/16
字　　数：230 千字
印　　张：20
版　　次：2024 年 7 月第 1 版
印　　次：2024 年 7 月第 1 次印刷
书　　号：ISBN　978-7-5098-6567-5
定　　价：59.80 元

此书如有印装质量问题，请联系中共党史出版社读者服务部 电话：010-83072535

前言

党的建设必须解决的最重大的课题

改革开放是中国共产党在新的时代条件下带领人民进行的新的伟大革命，目的就是要解放和发展社会生产力，实现国家现代化，让中国人民富裕起来，振兴伟大的中华民族；就是要推动我国社会主义制度自我完善和发展，赋予社会主义新的生机活力，建设和发展中国特色社会主义；就是要在引领当代中国发展进步中加强和改进党的建设，保持和发展党的先进性，确保党始终走在时代前列。

党领导的改革开放既给党注入巨大活力，也使党面临许多前所未有的新课题、新考验。改革开放初期，党在领导人民完成历史性伟大转变的过程中，本身也经受了考验和改造。改革开放全面展开后，党中央清楚地意识到：党处于执政地位，必须经得起执政的考验；党肩负领导改革开放重任，也必须经得起改革开放的考验，这是党的建设必须解决的最重大的课题。在发展社会主义市场经济条件下，党中央进一步提出：党必须经受住各种风险考验、始终走在时代前列，解决提高党的领导水平和执政水平、提高拒腐防变和抵御风险能力这两大历史性课题。在新时代全面深化改革的过程中，党中央更加全面深刻地认识到：党面临着执政考验、改革开放考验、市场经济考验、外部环境考验和精神懈怠危险、能力不足危险、脱离群众危险、消极腐败危险，并且这“四大考验”具有长期性和复杂性，这“四大危险”具有尖锐性和严峻性，必须坚持问题导向、保持战略定力，推动全面从严治党向纵深发展。

正是基于这样的认识，党坚持用时代发展的要求审视自己，以改革的精神加强和完善自己，坚持党要管党、全面从严治党，不断推进党的政治建设、思想建设、组织建设、作风建设、纪律建设，把制度建设贯穿其中，深入推进反腐败斗争，不断提高党的建设质量，增强自我净化、自我完善、自我革新、自我提高能力，努力把党建设成为始终走在时代前列、人民衷心拥护、勇于自我革命、经得起各种风浪考验、朝气蓬勃的马克思主义执政党，确保党始终成为中国特色社会主义事业的坚强领导核心。

改革开放与党的建设相互促进，相互影响。深化改革开放条件下党的建设史学术研究，需要把改革开放的历史进程理清楚，这是加强和改进党的建设的大背景；需要把不同阶段党的建设内容和重点写充分，这是党的建设发展演进的大脉络；需要把现代化建设事业的阶段性发展成就总结好，这是检验党的建设成效的大标准。本书按照这样的研究思路和框架结构，从“改革开放”“党的建设”“发展成就”三个方面，分四个历史阶段进行考察叙述和总结概括。这三个方面的内容相互关联、不断延展，完整呈现出改革开放以来党的建设的起因、经过和效果。

这是一种新的研究思路和学术框架。本书是为此所做的一种尝试，写作过程中遇到了不少难题，比如：党的建设与改革开放相呼应，但又不可能一一对应或实现同步，因为党的建设有其自身规律需要遵循；怎样做到把党建理论研究和一线党建工作结合起来，凸显中央有关决策的针对性和前瞻性；如何厘清党建理论和实践的历史发展脉络，推动党建研究的党史化；等等。在这些方面，本书做了一些努力，但还有很长的路要走。对于书中存在的不足，敬请读者尤其是一线的党建工作者批评指正。

张士义

2024 年 5 月

目 录

第一章

实行改革开放与探索党建新路

“文化大革命”结束后，党领导和支持关于实践是检验真理的唯一标准的大讨论，重新确立了解放思想、实事求是的思想路线。1978年召开的中共十一届三中全会把党和国家的工作中心转移到经济建设上来，作出实行改革开放的历史性决策，实现了新中国成立以来党的历史上具有深远意义的伟大转折，开辟了我国社会主义事业发展的新时期。改革开放从党的十一届三中全会起步，党的十二大以后全面展开，经历了从农村改革到城市改革，从经济体制的改革到各方面体制的改革，从对内搞活到对外开放的波澜壮阔的历史进程。就其引起社会变革的广度和深度来说，改革开放是开始了一场新的革命。根据历史转折的新要求，党高度重视加强自身建设，党的十二大提出“把党建设成为领导社会主义现代化事业的坚强核心”，决定有计划有步骤地进行整党；党的十三大明确了“我们党处于执政地位，必须经得起执政的考验；我们党正在领导改革开放，也必须经得起改革开放的考验。这是新时期党的建设必须解决的最重大的课题”，提出要“在党的建设上走出一条不搞政治运动，而靠改革和制度建设的新路子”。

在开辟中国特色社会主义道路的伟大实践中，以邓小平同志为主要代表的中国共产党人，坚持把马克思主义基本原理同中国具体实际相结合，深刻总结新中国成立以来正反两方面的经验，逐步形成了建设中国特色社会主义的路线、方针、政策，阐明了在中国建设社会主义、巩固和发展社会主义的基本问题，创立了邓小平理论。邓小平理论是马克思列宁主义的基本原理同当代中国实践和时代特征相结合的产物，是毛泽东思想在新的历史条件下的继承和发展，是马克思主义在中国发展的新阶段，是当代中国的马克思主义，是中国共产党集体智慧的结晶，引导着我国改革开放和社会主义现代化事业不断前进。

一、改革开放的决策、起步与展开

1978 年 12 月召开的中共十一届三中全会，作出把党和国家的工作中心转移到经济建设上来、实行改革开放的历史性决策，实现了新中国成立以来党的历史上具有深远意义的伟大转折，开启了我国改革开放和社会主义现代化建设新时期。新时期最鲜明的特点是改革开放。

工作中心转移和改革开放决策

1976 年 10 月粉碎“四人帮”，结束了持续十年之久的“文化大革命”，在危难中挽救了中国共产党和中国社会主义事业。

“文化大革命”结束后，人民对中国共产党寄予很高的希望，要求进行拨乱反正、实现安定团结、集中力量进行社会主义现代化建设。党集中了人民的意志，制定了正确的路线、方针和政策，把社会主义事业重新引上康庄大道。

党中央首先部署开展揭发批判“四人帮”的运动，着手清查“四人帮”帮派体系。由于措施得力、政策正确，揭批、清查工作取得很大进展。同时，陆续采取一些组织措施，加强和保证对党政军重要部门和全国各地的领导，以进一步稳定局势。到 1978 年底，全国绝大部分地区和单位的清查工作取得显著成果，人民群众期盼已久的安定政治局面开始形成。

其间，党领导和支持了关于实践是检验真理的唯一标准的大讨论。这场讨论冲破“两个凡是”的束缚，重新确立了解放思想、实事求是的思想路线，实现了党的思想路线的拨乱反正。

在领导和支持真理标准问题讨论中，邓小平等老一辈革命家着眼大局，把推进社会主义现代化建设作为出发点和落脚点，使真理标准问题讨论的过程成为引导人们思考国家向何处去的过程，从而使危害多年的极左思潮得到批判，马克思主义思想路线得到恢复。通过反思过去的曲折和思考未来的出路，党内外的思想也变得活跃起来，开始出现酝酿对外开放和进行体制改革的新气象。

党和国家一些领导人先后走出国门观察世界之变，通过对比，强烈感受到中国同发达国家在经济、科技、管理等方面存在的差距。如何学习借鉴国外先进的管理经验和科学技术，成为党和国家领导人日益关注的焦点问题。通过改革开放加快现代化建设步伐的总体思路，逐渐清晰起来。

党内也有人提出改革僵化的经济管理体制、引进国外先进技术和资金的建议，认为实现四个现代化是一场根本改变我国经济和技术落后面貌的伟大革命，既要大幅度地改变目前落后的生产力，也要多方面地改变生产关系和上层建筑。1978 年 9 月下旬，国务院召开全国计划会议，明确提出经济工作必须实行三个转变：一是把注意力转到生产斗争和技术革命上来；二是把管理制度和管理方法转到按照经济规律办事的科学管理的轨道上来；三是从闭关自守或半闭关自守状态转到积极引进国外先进技术，利用国外资金，大胆进入国际市场的开放政策上来。

1978 年 11 月 10 日到 12 月 15 日，中央工作会议在北京召开。会议讨论了转移全党工作重点、解决历史遗留问题、确立实事求是思想路线、保障人民民主和加强社会主义法制、加强党的建设等问题。12 月 13 日，邓小平在会上发表题为《解放思想，实事求是，团结一致向前看》的讲话。他指出：解放思想是当前的一个重大政治问题，不大大解放干部和群众的思想，四个现代化就没有希望；民主是解放思想的重要条件，保障人民民主就必须加强法制，使民主制度化、法律化；解决历史遗留问题，目的是使全党团结一致向前看，顺利实现全党工作重心的转变；要向前看，就要及时地研究新情况和解决新问题，特别要注意研究和解决管理方法、管理制度、经济政策三个方面的问题。他强调：政治路线已经解决了，看一个经济部门的党委善不善于领导，领导得好不好，应该主要看这个经济部门实行了先进的管理方法没有，技术革新进行得怎么样，劳动生产率提高了多少，利润增长了多少，劳动者的个人收入和集体福利增加了多少。各条战线的各级党委的领导，也都要用类似这样的标准来衡量。这就是今后主要的政治。离开这个主要的内容，政治就变成空头政治，就离开了党和人民的最大利益。[①]邓小平的这篇讲话是在历史转折关头解放思想、开辟新时期新道路、开创建设中国特色社会主义新理论的宣言书，实际上成为随后召开的中共十一届三中全会的主题报告。

12月18日至22日，中共十一届三中全会召开。这次会议的主要任务是：讨论、通过中央政治局关于从明年1月起把全党工作着重点转移到社会主义现代化建设上来的建议，审议、通过关于农业问题的两个文件和1979年、1980年两年国民经济计划安排，讨论人事问题和选举产生中央纪律检查委员会等。

全会果断地停止了“以阶级斗争为纲”的错误方针，作出了从1979年起把全党工作着重点转移到社会主义现代化建设上来的重大决策，实现了党在政治路线上的拨乱反正。这个重大决策是建立在对我国社会当时主要矛盾和根本任务重新作出正确判断的基础之上的。全会公报明确提出：“我们能否实现新时期的总任务，能否加快社会主义现代化建设，并在生产迅速发展的基础上显著地改善人民生活，加强国防，这是全国人民最为关心的大事，对于世界的和平和进步事业也有十分重大的意义。”[②]

全会还确定了实行改革开放的重大战略方针。这是党在建设社会主义的发展道路问题上实现的历史性突破。全会指出，实现四个现代化，要求大幅度地提高生产力，也就必然要求多方面地改变同生产力发展不适应的生产关系和上层建筑，改变一切不适应的管理方式、活动方式和思想方式，因而是一场广泛、深刻的革命。全会提出，对经济管理体制和经营管理方法着手认真的改革，在自力更生的基础上积

① 《邓小平文选》第2卷，人民出版社1994年版，第140—153页。
② 中共中央文献研究室编：《三中全会以来重要文献选编》（上），中央文献出版社2011年版，第4页。

极发展同世界各国平等互利的经济合作。全会还明确了经济体制改革的具体任务和目标要求，即："现在我国经济管理体制的一个严重缺点是权力过于集中，应该有领导地大胆下放，让地方和工农业企业在国家统一计划的指导下有更多的经营管理自主权；应该着手大力精简各级经济行政机构，把它们的大部分职权转交给企业性的专业公司或联合公司；应该坚决实行按经济规律办事，重视价值规律的作用，注意把思想政治工作和经济手段结合起来，充分调动干部和劳动者的生产积极性；应该在党的一元化领导之下，认真解决党政企不分、以党代政、以政代企的现象，实行分级分工分人负责，加强管理机构和管理人员的权限和责任，减少会议公文，提高工作效率，认真实行考核、奖惩、升降等制度。采取这些措施，才能充分发挥中央部门、地方、企业和劳动者个人四个方面的主动性、积极性、创造性，使社会主义经济的各个部门各个环节普遍地蓬蓬勃勃地发展起来。"①

全会解决了过去政治运动中遗留的一批重大问题，加强和充实了党中央的领导机构，恢复成立中央纪律检查委员会。会议增选陈云为中共中央政治局委员、中央政治局常务委员会委员、中共中央副主席；增选邓颖超、胡耀邦、王震为中共中央政治局委员；增补黄克诚、宋任穷、胡乔木、习仲勋、王任重、黄火青、陈再道、韩光、周惠为中共中央委员，将来提请党的第十二次全国代表大会对这一增补手续予以追认。全会选举陈云为中共中央纪律检查委员会第一书记，邓颖超为第二书记，胡耀邦为第三书记，黄克诚为常务书记，王鹤寿等为副书记，并选举了中央纪律检查委员会的常务委员和委员。

① 中共中央文献研究室编:《三中全会以来重要文献选编》(上)，中央文献出版社2011年版，第6页。

党的十一届三中全会确定的路线、方针和政策，得到广大党员干部和全国人民的坚决拥护和支持。各地区各部门领导纷纷表示，一定要使自己的思想和工作适应这个转移，紧紧跟上这个转移，带领本省、市、自治区的人民实现这个转移，并根据这个要求，安排和部署好明年的工作。有些省委还向本省各级地方党委发出通知，要求他们带领群众认真学习公报，按照公报的要求安排自己的工作。随着学习与贯彻党的十一届三中全会精神的不断深入，广大干部群众从个人崇拜和教条主义精神枷锁的束缚之下解放出来，人民群众建设社会主义的积极性充分焕发出来，各条战线都开始呈现出生机勃勃的新气象。

党的十一届三中全会后，党领导了对国民经济比例关系的调整工作，开创了改革开放和社会主义现代化建设新局面。

国民经济调整和改革开放起步

党的十一届三中全会作出把党的工作重点转移到社会主义现代化建设上来后，怎样搞好经济建设成为中央领导层关注的焦点。从当时的情况看，国民经济比例失调比较严重，主要表现为：1979 年和 1980 年国民经济计划因生产建设任务安排过大，物资、财政、外汇都有很大缺口。

1979 年 3 月，中共中央政治局召开会议，讨论国民经济调整问题。中央政治局同意国家计委提出的用三年时间调整国民经济的方案。会议通过了修改后的 1979 年国民经济计划，该计划对有关指标作了较大幅度下调，主要是降低重工业增长速度，轻工业增长速度安排快于重工业的增长，国家预算直接安排的基本建设投资总规模保持

1978 年的实际水平。

同年 4 月，中共中央召开工作会议，正式确立了对国民经济实行“调整、改革、整顿、提高”的方针。在决定和部署调整的过程中，党中央明确意识到，要纠正过去那种脱离实际、急于求成、盲目追求高速度的经济建设的指导思想，在经济工作中必须认真贯彻实事求是的指导方针，这就使调整国民经济比例关系的过程成为端正经济建设指导方针、探索适合中国国情的社会主义现代化建设道路和推进改革开放的过程。在调整工作中，党中央还初步总结了新中国成立以来经济建设的经验教训，主要是：经济建设必须从我国国情出发，符合经济规律和自然规律；必须量力而行，循序渐进，经过论证，讲求实效，使经济的发展同适当改善人民生活密切结合；必须在坚持独立自主、自力更生的基础上，积极开展对外经济合作和技术交流。

由于长期形成的国民经济比例失调的问题很难在短期内完全纠正过来，在调整中又出现一些新的问题和困难，主要是基本建设规模没有压下来，财政支出过多和出现巨额财政赤字，能源和交通紧张，物价上涨较快，等等。1980 年 12 月，中共中央召开工作会议，决定从 1981 年起对国民经济实行进一步调整，以争取经济工作全局的稳定和主动，使整个国民经济转上健康发展的轨道。

这次会议进一步清理经济工作中的“左”倾错误，使全党对于实行经济调整方针的紧迫性、必要性有了进一步认识。会后，各地区各部门加大贯彻新“八字方针”的力度，国民经济调整的积极效果逐渐显现出来。从 1981 年起，积累和消费、农业和工业、轻重工业之间的比例关系逐渐趋于合理，长期存在的积累率过高和农业、轻工业严重落后的情况有了很大改变，国家财政金融状况也随之得到改善，物价趋于稳定。

1981 年 12 月，五届全国人大四次会议通过的政府工作报告肯定了调整工作取得的成绩，宣布 1981 年国民经济计划预计可以胜利完成，稳定经济的目标能够基本实现。根据几年来经济调整的经验，报告进一步阐明了我国今后经济发展的道路，这就是：要切实改变长期以来在“左”的思想指导下的一套老的做法，真正从我国实际情况出发，走出一条速度比较实在、经济效益比较好、人民可以得到更多实惠的新路子。

同时，党中央、国务院清醒地看到，调整工作的成绩在很大程度上是依靠运用行政强制手段、紧缩必要开支实现的，因而是不巩固的。党中央明确提出，在整个第六个五年计划期间，要继续坚定不移地贯彻执行“调整、改革、整顿、提高”的方针，把全部经济工作转到以提高经济效益为中心的轨道上来。

在进行国民经济调整的同时，改革开放也开始起步并取得很大进展。

改革从农村开始，这是符合中国国情的战略决策。党的十一届三中全会前，面对严重的农村经济形势，有的地方实行“放宽政策”“休养生息”的方针，自发地采取了包干到组和包产到户的做法，进行改革试验。安徽省凤阳县梨园公社小岗生产队 18 户农民率先实行“包干到户”。四川省委也支持农民搞包产到组，允许和鼓励社员经营正当的家庭副业。其他一些省份也采取了类似做法。这些大胆的尝试，揭开了我国农村改革的序幕。

从 1979 年 1 月起，安徽省在实行生产责任制搞得比较早的肥西县、凤阳县，允许生产队打破土地管理使用上的“禁区”，实行“分地到组，以产计工”的责任制。有些生产队则继续进行包产到户或包干到户的试验。四川省鼓励一些生产队进行包产到组和“以产定工、超额奖励”的试验，并在全省扩大试验范围。云南省楚雄彝族自治州等地推广包产到组的管理责任制。广东省在农村社队普遍推动“五定一奖”（即定劳动、定地段、定成本、定工分、定产量，超产奖励）的经营管理制度。《人民日报》对这些省份实行农村生产责任制的情况和经验进行了报道，肯定这些做法是我国农村体制改革的实验。

安徽农村出现的包产到户和包干到户生产责任制，由于把生产队的统一经营与家庭的分户经营结合起来，把每个农户的切身利益同完成承包农活的成效结合起来，更有力地调动起每个农户的人力和财力为发展农业生产服务，成效更为显著。由于这些责任制效果明显，全国许多地方纷纷仿效，不仅穷困地区的生产队实行，比较富裕地区的生产队也开始实行。

1980 年 9 月，中共中央印发《〈关于进一步加强和完善农业生产责任制的几个问题〉的通知》。文件指出，“在生产队领导下实行的包产到户是依存于社会主义经济，而不会脱离社会主义轨道的，没有什么复辟资本主义的危险”①。1982 年元旦，中共中央批转《全国农村工作会议纪要》，明确指出：目前实行的各种责任制，包括小段包工定额计酬，专业承包联产计酬，联产到劳，包产到户、到组，包干到户、到组，等等，都是社会主义集体经济的生产责任制。在党中央的支持和推动下，实行包产到户和包干到户的生产队迅速增加，在全国生产队的占比由 1980 年的 50% 上升到 1982 年 6 月的 86.7%。

---

① 中共中央文献研究室编:《三中全会以来重要文献选编》(上)，中央文献出版社 2011 年版，第 474 页。

以包产到户、包干到户为主要形式的农村家庭联产承包责任制实行以后，把集体所有的土地长期包给农户使用，农业生产基本上变为分户经营、自负盈亏。这种责任制使农民获得生产和分配的自主权，把农民的责、权、利紧密结合起来，不仅克服了以往分配中的平均主义、“吃大锅饭”等弊病，而且纠正了管理过分集中、经营方式过分单一等缺点。这种责任制不同于农业合作化以前的小私有经济，是建立在土地公有制基础上的，做到有统有分、统分结合，既发挥集体经济的优越性，又发挥农民家庭经营的积极性。这种制度受到农民普遍欢迎，提高了农民的劳动热情，促进了农业生产的发展，其见效之快，是人们没有预想到的。许多地方一年就见成效，农民收入大幅度增长，甚至翻了一番或两番。

改革首先在农村取得突破不是偶然的。它是由我国基本国情和当时农村经济发展困境决定的。党的十一届三中全会为农村改革提供了重要的思想前提，创造了良好的政治环境。广大农村基层干部和亿万农民为改变农村面貌和自身命运，勇敢冲破旧体制，触发了波澜壮阔的改革大潮。农村改革特别是联产承包责任制的实行，对充分调动亿万农民的积极性，加快农业发展和实现四个现代化，产生了深远影响和推动作用。

同期，城市经济体制也迈出了改革的步伐。党的十一届三中全会前，城市经济体制改革在局部地区进行试点。党的十一届三中全会后，在对改革试点经验进行初步总结基础上，开始对城市经济体制改革进行新的探索。1979 年 4 月召开的中央工作会议，对城市经济体制改革的方向、步骤作了原则规定：改革要侧重于扩大企业自主权，增强企业活力；要实行严格的经济核算，认真执行按劳分配原则，把企业经营好坏同职工物质利益挂钩；要划分中央和地方的管理权限，在中央统一领导下，调动地方管理经济的积极性；要精简行政机构，更好地运用经济手段来管理经济；要在整个国民经济中，以计划经济为主，同时充分重视市场调节的作用。在这次会议精神指导下，以扩大企业自主权为主要内容的城市经济体制改革逐步开展起来。

扩大企业自主权改革在传统的计划经济体制上打开一个缺口，使企业有了部分的自主计划权、产品销售权和资金使用权，以及部分的干部任免权等。改革的结果，初步改变了企业只按照国家指令性计划生产，不了解市场需要，不关心产品销路，不关心盈利亏损的情况，增强了企业的经营和市场意识。因为国家让利放权给企业，只是改善国家同企业的关系，而企业真正搞活还要在企业内部进行改革，实行各种形式的经济责任制，处理好企业与职工的关系。与之相适应，还要建立新的财政体制，正确处理中央和地方的关系，从而调动地方的积极性。在总结经验基础上，从中央到地方，逐步把改革推向经济责任制和财政体制方面。

与此同时，商业流通体制改革也铺开了。商业流通体制改革，就是要建立多渠道、少环节、产销结合的流通体制。从 1979 年起，国务院有关部门先后重新限定农副产品的统购和派购范围。1980 年又进一步放宽农副产品的购销政策。对城市商品流通体制主要采取了“一少三多”的改革，即减少工业品计划管理的品种，发展多种经济形式，采用多种购销方式，开辟多条流通渠道，建立城乡互相开放的新流通体制。

与工业、商业体制改革同时进行的，还有所有制结构的局部改革。过去片面追求“一大二公”，所有制形式越来越单一。这种情况，给我国经济建设、劳动就业和人民生活带来很多困难。特别是上千万知识青年陆续返回城市后，国营和集体企业不可能全部安置，他们面临突出的就业问题。从 1979 年起，党中央、国务院果断采取支持城镇集体经济和个体经济发展的方针，允许多种经济形式同时并存。1980 年 8 月，中央召开全国劳动就业会议，重申解决城镇就业问题，必须实行劳动部门介绍就业、自愿组织起来就业和自谋职业相结合的方针。1981 年 10 月，中共中央、国务院作出《关于广开门路，搞活经济，解决城镇就业问题的若干决定》，对发展多种经济形式解决就业问题予以充分肯定，对发展多种经济形式的意义给予新的评价。该决定指出："在社会主义公有制经济占优势的根本前提下，实行多种经济形式和多种经营方式长期并存，是我党的一项战略决策，决不是一种权宜之计。只有这样，才能搞活整个经济，较快较好地发展各项建设事业，扩大城镇劳动就业。"[①] 在新的政策指引下，集体经济、个体经济又有新的大发展，还出现了全民、集体和个体联营的经济形式。在广东、福建两省，中外合资、中外合作和外资独营的经济形式也涌现出来。

为了取得城市改革的总体经验，从 1981 年起，国务院决定选择中小城市进行城市经济体制综合改革试验，对城市经济的生产、流通、交换、分配等各个方面进行配套改革。1981 年 7 月，国务院决定在湖北沙市开始工业管理体制、计划体制、财政体制、银行体制、商业体制、物资体制、价格体制、劳动工资体制、科技体制和城市建设体制等十个方面的综合配套改革。1982 年 3 月，国务院决定在江苏省

① 中共中央文献研究室编：《三中全会以来重要文献选编》（下），中央文献出版社 2011 年版，第 296 页。

常州市进行综合改革试点，以搞活企业、搞活流通为中心，进行工业管理体制、计划体制、劳动工资体制、银行信贷体制、商业体制、外贸体制、财政体制和企业改组联合等 11 项配套改革。为了更好地发挥中心城市的作用，还在一些省进行了撤销专区行署、由市领导县的体制改革试验。

随着改革的推进，对外开放开始取得突破。十一届三中全会之前，在同国际社会日益密切的联系中，即开始酝酿对外开放政策。党中央先后派出多个代表团出访欧洲、日本、东南亚和港澳地区。这些代表团带回世界发展的客观情况，促使党中央作出对外开放的决策。1978 年 10 月，邓小平在会见德意志联邦共和国新闻代表团时说，我们实行开放政策“要根据新的情况来确定新的政策”。“要实现四个现代化，就要善于学习，大量取得国际上的帮助。要引进国际上的先进技术、先进装备，作为我们发展的起点”。①

吸引和利用外资、兴办中外合资经营企业和中外合作经营企业（或项目）是具有开拓性的方式和步骤。在大规模引进国外先进技术设备的过程中，我国利用有利的国际环境，不断拓宽利用外资渠道，积极探索运用国际通行的外商投资方式来加快现代化建设。到 1982 年底，全国实际使用外资总额 126 亿多美元，其中借款 108 亿美元，吸收国外直接投资 17.69 亿美元。

在各种利用外资的形式中，中外合资经营发展最为迅速。推动合资经营的关键是制定相关法律，做到有法可依。1979 年 7 月 1 日，五届全国人大二次会议通过《中华人民共和国中外合资经营企业法》，

① 《邓小平文选》第 2 卷，人民出版社 1994 年版，第 133 页。

并于7月8日施行。1980年7月26日，国务院印发《中外合资经营企业登记管理办法》《中外合资经营企业劳动管理规定》和《关于中外合营企业建设用地的暂行规定》。9月10日，五届全国人大三次会议通过《中华人民共和国中外合资经营企业所得税法》。随着这些法律法规的出台，合资经营开始在我国从无到有地发展起来。到1981年底，中外合资经营企业达到48家（不包括经济特区举办的35家）。

兴办深圳、珠海、汕头、厦门四个经济特区是对外开放的重大步骤，是利用国外资金、技术、管理经验来发展社会主义经济的崭新试验，取得了很大成就。早在1978年4月，国家计委、外贸部派遣的经济贸易考察组赴香港、澳门进行实地考察后就向中央建议，借鉴港澳的经验，把靠近港澳的广东宝安、珠海划为出口基地，力争经过三五年努力，在内地建设具有相当水平的对外生产基地、加工基地和吸引港澳同胞的游览区。1979年1月，广东省和交通部共同起草《关于我驻香港招商局在广东宝安建立工业区的报告》。同月，广东省决定将宝安县改为深圳市，珠海县改为珠海市，开发建设出口基地。

此后，广东省委提出，广东的对外开放应该先走一步。1979年4月中央工作会议期间，广东省委希望中央下放若干权力，让广东在对外经济活动中有必要的自主权；允许在毗邻港澳的深圳、珠海和侨乡汕头市举办出口加工区。会议期间，福建省委也向党中央提出了与广东省类似的设想。党中央对广东、福建两省的想法表示支持，同意两省实行对外开放，在计划、财政、外贸、金融方面实行新的体制，要求两省进一步组织论证，提出具体实施方案。

1979年6月，广东、福建两省分别向中央上报了《关于发挥广东优势条件，扩大对外贸易，加快经济发展的报告》和《关于利用侨资、外资，发展对外贸易，加快福建社会主义建设的请示报告》。7月15日，中共中央、国务院批转广东省委、福建省委的报告，确认“对两省对外经济活动实行特殊政策和灵活措施，给地方以更多的主动权，使之发挥优越条件，抓紧当前有利的国际形势，先走一步，把经济尽快搞上去”，并指出“这是一个重要的决策，对加速我国的四个现代化建设，有重要的意义”。[①] 中央还原则同意试行两省报告所建议的经济管理体制改革办法，即在中央统一领导下实行大包干，并确定对两省的计划、外贸、财政、金融、物资、商业、劳动工资、物价等实行新的管理措施。

1980年5月，中共中央、国务院正式决定将“出口特区”定名为“经济特区”，并明确提出，特区要积极吸引侨资、外资，引进国外先进技术和管理经验；必须采取既积极、又慎重的方针，逐步实施；特区的管理，在坚持四项基本原则和不损害国家主权的条件下，可以采取与内地不同的体制和政策；特区经济主要实行市场调节。这个决定进一步确立了特区的地位，同时又明确了特区的社会主义性质。同年8月，五届全国人大常委会第十五次会议作出决定，批准广东、福建两省在深圳、珠海、汕头、厦门设置经济特区，并通过了《广东省经济特区条例》。经济特区建设正式通过立法程序确定下来。

创办经济特区，就是要在特区内实行一系列不同于国内其他地区的特殊政策和管理体制，即实行以市场调节为主，在对外经济活动中实行更加开放的政策，以求找到一条打破僵化的计划管理体制、尽快把经济搞上去的新路。特区建设资金以引进外资为主，所有制结构以

① 中共中央文献研究室编：《改革开放三十年重要文献选编》（上），中央文献出版社2008年版，第53页。

中外合资、合作经营企业和外商独资经营企业为主，产业结构以工业为主。特区的经济活动，在国家宏观指导下实行以国际市场调节为主。特区的产品以外销为主，其所需的设备及原材料要从国际市场上进口，产品要到国际市场上竞争。特区实行不同于内地的管理体制，有更大的自主权。外汇实行包干上缴，超额留用。财政体制实行大包干。自主经营进出口业务。进口生产所需的设备、生产资料和自用的生活资料除烟、酒等少数物品外，均免征进口税。对土地使用费区别行业给予优惠待遇。

经济特区开发建设一年后，国务院于 1981 年 5 月下旬至 6 月中旬召开广东、福建两省和经济特区工作会议。会议着重检查、总结试办特区的情况和经验，进一步明确了办经济特区的指导思想、基本方针和政策措施。在中央决策的推动下，经济特区建设显现良好发展势头，迅速成为国内外关注的改革开放的窗口。

改革全面展开与开放格局形成

1982 年 9 月 1 日至 11 日，中国共产党第十二次全国代表大会在北京举行。大会提出，党在新时期的总任务是：团结全国各族人民，自力更生，艰苦奋斗，逐步实现工业、农业、国防和科学技术现代化，把我国建设成为高度文明、高度民主的社会主义国家。

为了促进社会经济的全面高涨，大会提出在经济工作中要注意解决集中资金进行重点建设，根据“一要吃饭，二要建设”的原则继续改善人民生活，坚持国营经济的主导地位和发展多种经济形式，贯彻计划经济为主、市场调节为辅的原则，以及坚持自力更生为主和扩大对外经济技术交流等几个重要原则问题。

党的十二大以后，经济体制改革全面展开。改革的重点由农村逐步转向城市；城市经济体制改革由试点发展到全面铺开；农村改革在巩固的基础上进一步深入；其他领域也随之迈出改革步伐。

实行家庭联产承包，是我国农民的伟大创造。党中央尊重群众愿望，积极支持试验，几年工夫在全国推开。1982 年至 1984 年，中央连续发出三个“一号文件”，不断推出稳定和完善家庭联产承包责任制的措施。到 1987 年，全国有 1.8 亿农户实行了这种责任制，占全国农户总数的 98%。家庭联产承包责任制的普遍推行，从根本上动摇了“三级所有、队为基础”和政社合一的人民公社体制，彻底的改革势在必行。在试点基础上，1982 年 12 月，五届全国人大五次会议通过的新宪法，作出改变农村人民公社政社合一体制，设立乡政府作为基层政权，普遍成立村民委员会作为群众性自治组织等规定。1983 年 10 月，中共中央、国务院发出《关于实行政社分开建立乡政府的通知》。到 1984 年底，全国各地基本完成了政社分设，建立起 9.1 万个乡（镇）政府，92.7 万个村民委员会。到 1985 年春，撤社建乡（镇）工作完成。实行了近 27 年的人民公社制度至此不复存在。这是农村经济和政治体制的重大改革。废除人民公社，又不走土地私有化道路，而是实行家庭联产承包为主，统分结合、双层经营，解决了我国社会主义农村体制的重大问题。八亿农民获得对土地的经营自主权，加上基本取消农产品的统购派购，放开大部分农产品价格，从而使农业生产摆脱长期停滞的困境，农村经济向着专业化、商品化、社会化迅速发展，广大城乡人民得到显著实惠，带动了整个改革和建设事业。

乡镇企业异军突起，是我国农民的又一个伟大创造。乡镇企业的前身有相当一部分是人民公社时期的社队企业。进入 20 世纪 80 年代后，随着家庭联产承包责任制的推行，一大批农村劳动力从土地上解放出来，从事工业、商业和服务业，使农村中集体的、个体的及私营的企业如雨后春笋般地成长起来。到 1987 年，全国乡镇企业从业人数达到 8805 万人，产值达到 4764 亿元，占当年农村社会总产值的 50.51%，第一次超过农业总产值。这是农村经济的一个历史性变化。乡镇企业的异军突起，不仅促进了农村经济发展、农民收入增加和农民观念更新，而且在提供财政收入、发展出口贸易、推进我国工业化进程方面作出了重要贡献。它为农村剩余劳动力从土地上转移出来，为农村致富和逐步实现现代化，为促进工业和整个经济的改革和发展，开辟了一条新路。随着乡镇企业的发展，兴起了一大批小城镇。这是在建设中国特色社会主义进程中产生的一个新事物，在我国经济社会发展中具有重要的战略地位。

适应改革从农村向城市发展的新形势，1984 年 10 月，十二届三中全会通过了《中共中央关于经济体制改革的决定》。这个决定提出我国社会主义经济是公有制基础上的有计划商品经济，突破把计划经济同商品经济对立起来的传统观念，是对马克思主义政治经济学的新发展，为全面经济体制改革提供了新的理论指导。按照发展社会主义有计划商品经济的要求，国家对经济的计划管理权限逐步下放，缩小了指令性计划，扩大了指导性计划，到 1987 年，在生产领域中，国家指令性计划的工业产品从改革前的 120 种减少到 60 种；在流通领域中，国家计划管理的商品从改革前的 188 种减少到 23 种。国家宏观调控的范围和方式得到调整与改进，小商品和计划外商品都由市场调节。价格、税收、金融等经济杠杆在宏观调控中的作用日益增强，促进了商品经济的发展。按照政企分开、所有权和经营权适当分离的原则，国营企业改变统收统支的经营方式，生产经营自主权进一步扩大。到 1987 年，全国已有 80% 的国营企业实行各种形式的承包经营责任制。在企业内部，也进行以实行厂长（经理）负责制为主要内容的改革，增强了企业的自我改造和自我发展能力。

在坚持公有制经济主体地位的前提下，多种经济成分共同发展的方针进一步贯彻执行，比较单一的公有制结构有了很大改变。国有经济的主导地位继续加强；集体经济发展迅速；特别是中外合资、中外合作、外商独资企业和个体经济、私营经济等非公有制经济成分，在国家的扶持和引导下，取得引人注目的发展。到 1987 年，非公有制经济成分在全国工业总产值中的比重，由 1978 年的几乎为零上升到 5.7%。全国城镇个体工商业等各行业从业人员由 1978 年的 15 万增加到 1987 年的 569 万。所有制结构的这种变化，为发展经济、方便人民生活和安置就业起了积极作用。

随着城乡经济体制改革的进展，科学技术体制和教育体制的改革也提上日程。1985 年 3 月，中共中央作出关于科学技术体制改革的决定，5 月又作出关于教育体制改革的决定，为科技体制和教育体制改革明确了任务和方向。11 月，中共中央、国务院决定实施发展高技术的“863 计划”，我国的科技事业得到极大推动。根据邓小平 1983 年 10 月提出的“教育要面向现代化，面向世界，面向未来”的指示，教育改革主要是扩大学校的办学自主权，调整教育结构，改革教育的内容和方法，努力多出人才，出好人才。为此，教育事业经费逐年提高，占财政支出比重由 1978 年 6.79% 上升到 1986 年 12.12%。全国开始有计划地普及九年义务教育，在青壮年中基本扫除文盲，各种形式的成人教育也得到很大发展，适应现代化建设需要的各类人才不断涌现出来。

1987 年 10 月 25 日至 11 月 1 日，中国共产党第十三次全国代表大会在北京举行。大会的中心任务是坚持和发展十一届三中全会以来的路线，加快和深化改革，进一步确定经济建设、经济体制改革和政治体制改革的大政方针，确定在改革开放中加强党的建设的基本方针。

按照党的十三大的部署，1988 年 2 月，国务院批准国家体改委制定的 1988 年深化经济体制改革的总体方案。这个方案提出深化企业经营机制改革为重点的改革任务。同月，国务院印发《全民所有制工业企业承包经营责任制暂行条例》，开始按照所有权和经营权分离的原则，以承包经营合同形式，确定国家与企业的责、权、利关系。同年 4 月，七届全国人大一次会议通过《中华人民共和国全民所有制工业企业法》，对“两权分离”的改革原则作了更为明确的规定，将企业的责、权、利以法律形式确定下来，为企业承包经营责任制改革提供了法律保障。这次会议通过的《中华人民共和国宪法修正案》规定：“国家允许私营经济在法律规定的范围内存在和发展。私营经济是社会主义公有制经济的补充。”[①] 私营经济的法律地位由此得到确认。

在经济加速发展过程中，从 1984 年下半年开始，我国经济运行中出现一系列不稳定、不协调的问题，突出表现为通货膨胀加剧，社会生产和消费总量不平衡，结构不合理，经济秩序混乱，作为价格改

① 中共中央文献研究室编：《十三大以来重要文献选编》（上），中央文献出版社 2011 年版，第 183 页。

革过渡措施的价格双轨制的负面影响也逐步显现出来。党中央决定用一段时间治理经济环境、整顿经济秩序，以利于更好地推进改革和建设。在1988年至1991年治理整顿期间，改革没有停顿，在某些领域还取得重大突破。

农村在巩固和完善家庭联产承包责任制基础上，农业社会化服务体系和农产品市场得到发展。国营大中型企业在推行承包经营责任制的同时，采取一系列改善外部环境、转换内部机制的措施，并继续扩大实行股份制、租赁制试点。非公有制经济在国民经济中的比重持续上升，对推动经济增长发挥了积极作用。外贸企业逐步实行自主经营、自负盈亏的新体制，促进了对外贸易和对外经济技术交流。

价格改革成功迈出重要步伐。1990年国家相继调整糖料、油脂油料等收购价格，提高煤、电、油、运价格。1991年先后提高原油、钢铁、铁路货运和统配煤炭等的价格，部分工业消费品价格放开。价格改革最引人注目的是粮油统销价格的调整。1991年5月，国务院决定提高三种粮食和六种食油的价格，食油实现购销同价。1992年4月，国务院再次决定提高粮食统销价格，实现粮食购销同价。到1992年底，由市场决定价格的比重从1987年的50%左右扩大到80%左右。这次价格改革实际推动力度大，实现了价格并轨。

经济体制改革具有标志性的举措是证券交易所的建立。1990年11月14日，中国人民银行批准成立上海证券交易所，12月19日正式开业。这是改革开放以来在大陆开业的第一家证券交易所。1991年4月11日，中国人民银行批准成立深圳证券交易所，7月3日正式开业。这两家交易所的运营实现了股票的集中交易，形成了全国性的沪市、深市两个证券交易市场，推动了股份制的发展。沪、深两个交易所的成功开业，向世界发出了中国改革开放将坚定不移地向前推进的强烈信号。

改革的全面推进和深化，要求相应地转变政府机构的职能和管理方式。党的十三大提出了改革政府工作机构的任务。七届全国人大一次会议通过国务院机构改革方案，机构改革随之全面展开。经过这次改革，国务院机构总数由 72 个精简为 66 个，人数由 5.28 万人减少为 4.48 万人。在新旧体制交替过程中，政府职能转变不可能一蹴而就，只能随着改革的深化而逐步转变。

干部人事制度改革也迈出重要一步。党的十三大把建立国家公务员制度作为干部人事制度改革的重点，提出国家公务员分为政务和业务两类，政务类公务员实行任期制，业务类公务员实行常任制，凡进入业务类公务员队伍应当通过考试，公开竞争。由此，国家公务员制度改革正式启动。七届全国人大一次会议决定组建国家人事部，这既是国家公务员管理机构，又是建立和推行国家公务员制度的职能部门；开始筹建国家行政学院[①]，其主要目标和功能是培训高中级国家公务员和培养高层次行政管理及政策研究人才。

党的十二大以后，在全面推进城乡改革的同时，对外开放逐步由沿海地区向内地拓展，对外经济技术交流的规模和水平明显提升，对外开放的地域和领域不断扩大。

四个经济特区创建后，经受各种考验，取得显著成就，为进一步扩大开放积累了经验。从 1980 年到 1984 年底，广东、福建两省累计实际利用外商直接投资 17 亿美元，占全国的 40% 以上，五年中工农

① 国家行政学院经筹建于 1994 年 9 月正式成立。

业生产平均递增9%以上。1984年1月24日至2月15日，邓小平视察深圳、珠海、厦门3个经济特区和上海宝山钢铁总厂，分别为珠海、深圳题词："珠海经济特区好""深圳的发展和经验证明，我们建立经济特区的政策是正确的"。[①] 回到北京后，他同几位中央负责同志谈话时又说："我们建立经济特区，实行开放政策，有个指导思想要明确，就是不是收，而是放。""特区是个窗口，是技术的窗口，管理的窗口，知识的窗口，也是对外政策的窗口。"[②] 邓小平的南方之行和对特区的肯定，回答了社会上因特区在发展中出现一些问题而产生的责难和非议，进一步明确了特区建设的指导思想，使对外开放迎来了新的机遇。

在这次谈话中，邓小平还提出："除现在的特区之外，可以考虑再开放几个港口城市，如大连、青岛。这些地方不叫特区，但可以实行特区的某些政策。"[③] 在此之前，1983年4月，党中央、国务院已决定对海南岛实行经济特区的某些政策，给予较多的自主权，以加速海南岛的开发。邓小平谈话之后，党中央、国务院于1984年3月至4月召开沿海部分城市座谈会，着重研究开放沿海部分港口城市的问题。5月，中共中央、国务院批转《沿海部分城市座谈会纪要》，正式确定开放大连、秦皇岛、天津、烟台、青岛、连云港、南通、上海、宁波、温州、福州、广州、湛江、北海14个沿海港口城市，并提出逐步兴办经济技术开发区，加快利用外资、引进先进技术的步伐。这是发挥沿海大中港口城市优势、扩大对外开放、加速现代化建

① 中共中央文献研究室编：《邓小平年谱（1975—1997）》下卷，中央文献出版社2004年版，第957页。
② 《邓小平文选》第3卷，人民出版社1993年版，第51—52页。
③ 《邓小平文选》第3卷，人民出版社1993年版，第52页。

设的一个重大决策和重要步骤。

为了进一步扩大对外开放，中央于 1985 年 1 月召开长江三角洲、珠江三角洲、闽南厦（门）漳（州）泉（州）三角地区座谈会。2 月，中共中央、国务院发出通知，批准将长江三角洲、珠江三角洲和闽南厦漳泉三角地区划为沿海经济开放区。这一决策的实施，使我国对外开放逐步形成了“经济特区—沿海开放城市—沿海经济开放区”这样一个多层次、有重点的对外开放格局，在沿海形成了包括 2 个直辖市、25 个省辖市、67 个县、约 1.5 亿人口的对外开放前沿地带。对外开放成为我国经济社会发展的重要推动力。

党的十三大以后，对外开放的步伐进一步加快。沿海地区抓住国际产业转移的有利时机，发挥劳务费用低、加工技术较高、对外交通便利的优势，开展加工出口贸易，积极走向国际市场，并按照国民经济发展需要，积极有效地举办外商投资企业，利用外商的资金、技术、信息和销售网络，加快经济发展。1988 年 3 月，国务院发出《关于扩大沿海经济开放区范围的通知》，决定适当扩大沿海经济开放区，新划入沿海经济开放区的有 140 个市、县，包括杭州、南京、沈阳 3 个省会城市。这些地区为外商投资者提供优惠，充分利用国外资金、技术、管理经验和本地的优势，兴办中外合资、中外合作和外商独资企业，扩大对外贸易，加速了经济发展。

1988 年 4 月，七届全国人大一次会议通过关于设立海南省的决定和关于建立海南经济特区的决议。5 月，国务院作出《关于鼓励投资开发建设海南岛的规定》，给予海南经济特区更加灵活的经济政策，授予海南省人民政府更大的自主权。海南设省及把海南岛设立为经济特区，体现了中央加快改革开放的魄力和决心。海南岛成为我国最大的经济特区。

对外开放方面的重大举措是开发开放上海浦东。上海是我国最大的工商业城市，浦东是黄浦江以东、长江口西南、川杨河以北紧邻上海最繁华的外滩的一块三角形地区。这片具有巨大发展潜力的土地，长期以来却没有被开发。冷清、落后的浦东与繁荣的浦西形成鲜明对比。党中央、国务院经过充分调研和论证，于 1990 年 4 月批准开发开放浦东，在浦东实行经济技术开发区和某些经济特区的政策。浦东的开发开放迅速启动，在全国人民的支援和上海人民的努力下，浦东地区奇迹般地崛起，成为国际化的经济和金融中心之一。浦东的开发开放，成为 20 世纪 90 年代我国改革开放进一步深化和取得显著成就的重要标志。

建设有中国特色的社会主义理论

伟大的实践需要伟大的理论。中国人民正在进行现代化建设和改革的伟大事业。如此丰富生动的实践，为党进行创造性的理论概括提供了取之不竭的源泉。

马克思主义是在实践中不断发展的科学。马克思主义需要有新的大发展，这是现时代的大趋势。世界在发生巨大变化，人类文明在突飞猛进，工人阶级和劳动人民的事业展现了新的前景。这一切都要求马克思主义者开拓新视野，发展新观念，进入新境界。马克思、恩格斯的伟大历史功绩，在于把社会主义从空想变成科学。科学社会主义从学说到实践，从一国建设社会主义的实践到多国建设社会主义的实践，到当前世界社会主义国家改革的实践，都是对社会主义再认识的扩展和深化，都是科学社会主义理论同各国实践和时代发展的结合。在这个过程中，必然要抛弃前人囿于历史条件仍然带有空想因素的个别论断，必然要破除对马克思主义的教条式理解和附加到马克思主义名义下的错误观点，必然要根据新的实践使科学社会主义理论得到新的发展。

毛泽东思想是马克思列宁主义在中国的创造性运用和发展，是被实践证明了的关于中国革命和建设的正确的理论原则和经验总结，是马克思主义中国化的第一次历史性飞跃。从新中国成立到改革开放前夕，党领导人民完成社会主义革命，消灭一切剥削制度，实现了中华民族有史以来最为广泛而深刻的社会变革，实现了一穷二白、人口众多的东方大国大步迈进社会主义社会的伟大飞跃。在探索过程中，虽然经历了严重曲折，但党在社会主义革命和建设中取得的独创性理论成果和巨大成就，为在新的历史时期开创中国特色社会主义提供了宝贵经验、理论准备、物质基础。党的十一届三中全会以后，中国共产党人在总结新中国成立 30 多年来正反两方面经验的基础上，在研究国际经验和世界形势的基础上，开始找到一条建设有中国特色的社会主义的道路，开辟了社会主义建设的新阶段。

党在对社会主义再认识的过程中，在哲学、政治经济学、科学社会主义等方面，发挥和发展了一系列科学理论观点。包括：关于解放思想，实事求是，以实践作为检验真理的唯一标准的观点；关于建设社会主义必须根据本国国情，走自己的路的观点；关于在经济文化落后的条件下，建设社会主义必须有一个很长的初级阶段的观点；关于社会主义社会的根本任务是发展生产力，集中力量实现现代化的观点；关于社会主义经济是有计划商品经济的观点；关于改革是社会主义社会发展的重要动力，对外开放是实现社会主义现代化的必要条件的观点；关于社会主义民主政治和社会主义精神文明是社会主义重要特征的观点；关于坚持四项基本原则同坚持改革开放的总方针这两个基本点相互结合、缺一不可的观点；关于用“一个国家、两种制度”来实现国家统一的观点；关于执政党的党风关系到党的生死存亡的观点；关于按照独立自主、完全平等、互相尊重、互不干涉内部事务的原则，发展同外国共产党和其他政党的关系的观点；关于和平与发展是当代世界的主题的观点；等等。

这些观点，构成了建设有中国特色的社会主义理论的轮廓，初步回答了我国社会主义建设的阶段、任务、动力、条件、布局和国际环境等基本问题，规划了我们前进的科学轨道。

建设有中国特色的社会主义理论，是马克思主义基本原理同中国现代化建设相结合的产物，是扎根于当代中国的科学社会主义。它是全党同志和全国人民统一认识、增强团结的思想基础，是指引改革开放和现代化建设事业前进的伟大旗帜。

建设有中国特色的社会主义理论，包含着内容丰富的党的建设理论观点，凝结着改革开放条件下党的建设历史经验。主要有：关于坚持和改善党的领导，使党成为领导社会主义现代化建设的坚强核心的理论观点；关于解放思想，实事求是，坚持正确的思想路线的理论观点；关于纠正长期“左”的错误，反对资产阶级自由化，要警惕右，但主要是防止“左”，提高坚持党的基本路线的坚定性的理论观点；关于进行党的领导制度改革，完善党规党法，实现党内生活民主化制度化的理论观点；关于坚持和健全民主集中制，增强党的团结统一的理论观点；关于实行干部队伍“四化”方针，造就朝气蓬勃的领导干部队伍的理论观点；关于从严治党，反对腐败，加强党的纪律性的理论观点；等等。这些都是马克思主义关于党的建设理论的新发展，为加强和改进改革开放条件下党的建设工作指明了方向。

二、党的建设拨乱反正和新路探索

根据历史转折和实行改革开放的新要求，党的自身建设在拨乱反正的基础上得到不断加强。党的十二大提出“把党建设成为领导社会主义现代化事业的坚强核心”，决定有计划有步骤地进行整党。[①] 党的十三大明确了“在改革开放中加强党的建设”的基本方针，强调“我们党处于执政地位，必须经得起执政的考验；我们党正在领导改革开放，也必须经得起改革开放的考验。这是新时期党的建设必须解决的最重大的课题”，提出要“在党的建设上走出一条不搞政治运动，而靠改革和制度建设的新路子”。[②]

党的建设拨乱反正

“文化大革命”给党和国家事业带来严重创伤，党的自身建设也受到严重破坏。阶级斗争扩大化造成党内思想混乱，认识问题成了政治问题，方法问题成了立场问题，人民内部矛盾成了敌我矛盾。党内组织不纯，帮派体系林立，各级党组织处于瘫痪半瘫痪状态之中。党

① 中共中央文献研究室编：《十二大以来重要文献选编》（上），中央文献出版社 2011 年版，第 39—46 页。
② 中共中央文献研究室编：《十三大以来重要文献选编》（上），中央文献出版社 2011 年版，第 41—46 页。

的优良传统和作风遭受破坏，崇高的党性被派性所取代，纪律废弛，个人主义、无政府主义思想泛滥，一些干部中滋生腐败现象。九大党章、十大党章取消了八大党章关于党员权利与义务的条文，取消中央书记处、党的监察委员会等机构，对党内政治生活和党内关系的许多方面都没有作出明确的规定。凡此种种，迫切需要在全党范围进行拨乱反正。

对党的建设进行拨乱反正，首先需要恢复和发扬党的优良传统和作风。1977 年 7 月，邓小平在党的十届三中全会上讲话，重申了对待毛泽东思想的正确态度，指出：马克思列宁主义、毛泽东思想，是我们党的指导思想，要完整地准确地理解毛泽东思想体系；毛泽东思想是发展了的马克思主义，它不是在个别方面而是在许多领域对马列主义有所发展，我们不能只从个别词句来理解毛泽东思想；要善于学习、掌握和运用毛泽东思想的体系，来教育我们的党，来引导我们前进。[①]

1977 年 8 月，党的十一大召开。大会提出要加强党的建设，纯洁党的队伍，认真解决思想不纯、组织不纯和作风不纯的问题，要努力学习马列著作和毛主席著作，完整地、准确地领会和掌握毛泽东思想的体系，反对唯心主义和形而上学。邓小平在闭幕词中号召全党：一定要恢复和发扬毛主席为我们党树立的群众路线的优良传统和作风，实事求是的优良传统和作风，批评和自我批评的优良传统和作风，谦虚谨慎、戒骄戒躁、艰苦奋斗的优良传统和作风，民主集中制的优良传统和作风。

① 《邓小平文选》第 2 卷，人民出版社 1994 年版，第 42—47 页。

为尽快结束两年徘徊的局面，全面展开拨乱反正，1978年11月至12月，中共中央在北京召开工作会议。会议研究了加强党的建设问题，认为拨乱反正首先应从党的自身建设做起。在思想政治上要永远坚持毛泽东思想；在组织上要恢复和健全民主集中制，加强各级领导班子建设，健全党规，严肃党纪；在作风上，要恢复党的优良传统，重新树立党的威信；在组织上恢复“文化大革命”前设置的中央书记处和中央纪律检查委员会，健全中央的领导机构。

党在长期的革命斗争中，历来十分重视纪律检查工作。“文化大革命”期间，党的各级纪律检查机构被全部撤销，党的纪律检查工作被彻底摧毁。这是极其沉痛的历史教训。党的十一届三中全会恢复成立中央纪律检查委员会。全会选举陈云为中央纪律检查委员会第一书记，邓颖超为第二书记，胡耀邦为第三书记，黄克诚为常务书记，王鹤寿等为副书记，并选举了中央纪律检查委员会的常务委员和委员。

1979年1月，中央纪律检查委员会举行第一次全体会议，研究加强党的纪律教育和作风建设的具体措施，着手解决党的建设方面的一些突出问题。陈云主持会议并讲话，指出：维护党规党法，整顿党风，有助于形成生动活泼的政治局面。这是全党最大的事情，只有这样，才能实现四个现代化。会议明确规定，党的纪律检查工作的基本任务是，维护党规党法，保护党员的权利，发挥党员的革命热情和积极性，同一切违反党纪、破坏党的优良传统的不良倾向作斗争，切实搞好党风。

1980年1月，中央纪律检查委员会举行第二次全体会议，进一步确定了当年纪检工作的主要任务：一是把纪律检查工作的重点进一步转移到以保证党的十一届三中全会路线、方针、政策的贯彻执行，保证实现四个现代化建设上来。二是协助各级党委监督、保证《关于党内政治生活的若干准则（草案）》和《关于高级干部生活待遇的若干规定》，作为党规党法，在全党执行。三是继续加强纪律检查委员会的自身建设，选拔中青年干部，进一步建立和健全党的纪律检查机构，在搞好党风、加强党纪和保证四个现代化建设中发挥更大作用。①中央纪委二次全会后，党中央为加强对纪检工作的领导，又批转了中央纪律检查委员会《关于改变省、市、自治区及以下各级党委纪委领导关系的请示报告》，同意将各级党的纪律检查委员会由受同级党委领导改变为受同级党委和上级纪委双重领导，而以同级党委领导为主。

党的十一届三中全会后，各级纪律检查机构的建立和健全，尤其是《关于党内政治生活的若干准则》等党内法规的制定和发布，标志着党的纪律检查工作逐步走上正轨。

为实现党的建设拨乱反正，党中央坚持实事求是、有错必究的原则，在组织上采取措施，逐步推进平反冤假错案、落实干部政策的工作。在中央组织部的推动下，各地区、各部门克服了重重困难，排除种种干扰，推进了落实干部政策、落实平反冤假错案的工作。到 1978 年底，一部分中央和地方受迫害的干部和各条战线的专家、劳动模范、先进工作者的错案得到平反昭雪，恢复名誉，重新工作。1979 年 9 月，中央组织部召开全国组织工作座谈会。会议研究了落实干部政策问题，认为对“文化大革命”中冤假错案的平反纠正取得了巨大成绩。当前落实干部政策，不是“过了头”，而是还有大量工作要做，不能松懈。一些大案、难案，领导同志要亲自动手解决。要进一步落

① 《十一届三中全会以来党的纪律检查工作大事记》，中国方正出版社 2008 年版，第 14 页。

实知识分子政策。其间，还着力解决了关于侨眷、归侨入党、提干等若干问题，全面落实党的知识分子政策，纠正1957年反右派斗争扩大化的错误，为错划右派分子进行平反和改正。到1980年6月，共改正被错划为右派的有54万多人，为他们恢复了政治名誉，对他们的生活和工作重新作了安排。其中影响较大的有：为1955年“胡风反革命集团”案平反、为1959年“反右倾”运动中被定为“右倾机会主义分子”的干部和党员平反。

在恢复实事求是的思想路线和平反冤假错案的同时，为规范党内政治生活、使党内民主生活逐步走上正常化，党中央开始着手制定《关于党内政治生活的若干准则》，以此作为党章条例的补充。1979年1月，中央纪律检查委员会第一次全体会议讨论并拟定了《关于党内政治生活的若干准则（草案）》。2月，中央政治局原则通过《准则》草案。3月，中央向全社会公布了《准则》草案，并要求全党开展学习讨论，提出修改意见。与此同时，中央纪委专门成立了《准则》修改组。在近一年的时间里，吸收全国各级党组织提出的意见1800多条，对《准则》作了7次修改。1980年2月，《准则》在党的十一届五中全会上获得通过。

制定《准则》的目的，是“为了全面恢复和进一步发扬党的优良传统和作风，健全党的民主生活，维护党的集中统一，增强党的团结，巩固党的组织和纪律，提高党的战斗力”[①]。《准则》共12条，主要内容是：

1. 坚持党的政治路线和思想路线。这是党内政治生活准则中最根

① 中共中央文献研究室编:《三中全会以来重要文献选编》(上)，中央文献出版社2011年版，第360页。

本的一条。既要反对思想僵化，反对一切从本本出发，也要反对和批判否定社会主义道路、否定无产阶级专政、否定党的领导、否定马列主义和毛泽东思想的错误观点和修正主义思潮。

2. 坚持集体领导，反对个人专断。集体领导是党的领导的最高原则之一。在任何情况下，都不许用其他形式的组织取代党委会及其常委会的领导。在党委会内，决定问题要严格遵守少数服从多数的原则。坚持集体领导必须和个人分工负责相结合。

3. 维护党的集中统一，严格遵守党的纪律。民主集中制是党的根本组织原则。每个党员特别是各级党委的成员，都必须坚决执行党委的决定。必须反对和防止分散主义。要与违反党的纪律的现象作坚决斗争。党员在任何情况下，都不得怂恿、支持和参加闹事。

4. 坚持党性，根绝派性。必须坚持党在马列主义、毛泽东思想原则基础上的团结，反对破坏党的团结统一的任何形式的派性和派别活动。党的干部特别是领导干部，在处理党内关系方面要实行“五湖四海”的原则。在与群众的关系上，同样要防止和反对宗派主义倾向。

5. 要讲真话，言行一致。恢复和发扬党一贯倡导的讲真话、不讲假话、言行一致的优良作风。共产党员要忠诚坦白，对党组织不隐瞒自己的错误和思想、观点。各级党的领导机关和领导干部要鼓励下级同志讲心里话，反映真实情况。

6. 发扬党内民主，正确对待不同意见。发扬党内民主，首先要允许党员发表不同的意见，对问题进行充分的讨论，真正做到知无不言，言无不尽。要严格实行不抓辫子、不扣帽子、不打棍子的“三不主义”。

7. 保障党员的权利不受侵犯。党员有权在党的会议上和党的报刊上参加关于党的政策的制定和实施问题的讨论，有权在党的会议上对党的任何组织和个人提出批评等。侵犯党员权利的行为，是严重违反党纪的。

8. 选举要充分体现选举人的意志。各级党组织应按党章规定，定期召开党员大会和代表大会；每届代表和委员，要有一定数量的更新；候选人基本情况要向选举人介绍清楚；一律用无记名投票的选举方式；不得规定必须选举或不选举某个人；不许妨碍选举人体现自己的意志。

9. 同错误倾向和坏人坏事作斗争。为了端正党风，树立良好的社会风气，各级党组织要充分发挥战斗堡垒作用；对派性、无政府主义、极端个人主义和官僚主义、特殊化等错误倾向，要进行严肃的批评和斗争；对反革命分子、贪污盗窃分子、刑事犯罪分子和严重违法乱纪分子，要坚决揭露和打击。

10. 正确对待犯错误的同志。对于犯错误的同志，要采取“惩前毖后，治病救人”“团结——批评——团结”的方针，达到既要弄清思想、又团结同志的目的；要历史地全面地评价他们的功过是非，不要一犯错误就全盘否定。党内不准用超越党的纪律或违犯国法的手段对待党员，严禁人身侮辱和人身迫害，严禁诱供逼供。

11. 接受党和群众的监督，不准搞特权。各级领导干部都是人民的公仆，只有勤勤恳恳为人民服务的义务，没有在政治上、生活上搞特殊化的权利。按照工作需要，对领导人提供某些合理的便利条件并保证他们的安全是必要的，但绝不允许违反制度搞特殊化。

12. 努力学习，做到又红又专。共产党员要严格要求自己，具有高度的革命进取精神，既要努力学习和领会马列主义、毛泽东思想，不断提高觉悟程度，又要学习和掌握进行现代化建设的本领；对于意志衰退、不能起先锋模范作用的党员，经长期教育不能改正的，应该劝其退党。

《准则》总结历史上党内政治生活的经验教训，把党章的有关规定和民主集中制的原则具体化，使党的规章更加完备，使正确处理党内关系的一系列原则更加系统化、规范化，更加适合新形势新任务的需要，对于健全党内民主生活，维护党的集中统一，增强党的团结和战斗力，具有十分重要的意义。

1981 年 6 月，党的十一届六中全会召开。全会一致通过了《关于建国以来党的若干历史问题的决议》。《决议》从根本上否定了“文化大革命”和“无产阶级专政下继续革命”的错误理论，对一些重大历史事件和重要历史人物作出了实事求是的评价，科学总结了新中国成立以来社会主义革命和社会主义建设的历史经验。《决议》强调，党在新中国成立以后的历史，总的来说是在马克思列宁主义、毛泽东思想指导下，领导全国各族人民进行社会主义革命和社会主义建设并取得巨大成就的历史。由于经验不足，党的领导在对形势的分析和对国情的认识上发生过主观主义的偏差，犯过把阶级斗争扩大化和在经济建设上急躁冒进的错误，包括“文化大革命”这样全局性的、长时间的严重错误。但是，32 年来我们取得的成就是主要的。忽视错误、掩盖错误，或忽视成就、否认成就及取得这些成就的成功经验，都是错误的。

《决议》科学评价了毛泽东的历史地位和毛泽东思想的指导作用，指出毛泽东是伟大的马克思主义者，是伟大的无产阶级革命家、战略家和理论家。他虽然在“文化大革命”中犯了严重错误，但是就他的一生来看，他对于中国革命的功绩远远大于他的过失。他的功绩是第一位的，错误是第二位的。《决议》对毛泽东思想做了科学的阐述，指出毛泽东思想是马克思列宁主义普遍原理和中国革命具体实践相结合的产物，是马克思列宁主义在中国的运用和发展，是被实践证明了的关于中国革命的正确的理论原则和经验总结，是中国共产党集体智慧的结晶。《决议》首次对毛泽东思想的活的灵魂作出概括，指出它们有三个基本方面，即实事求是、群众路线、独立自主。这些不仅体现在毛泽东的全部科学著作中，而且表现在中国共产党的革命活动中。强调毛泽东思想是我们党的宝贵的精神财富，它将长期指导我们的行动。我们必须继续坚持毛泽东思想，并以符合实际的新原理和新结论丰富和发展我们党的理论。《决议》的通过，标志着党在指导思想上完成了拨乱反正的任务。党依靠广大干部和群众的智慧，对多年来“左”的错误和毛泽东晚年的错误作了科学的分析和评价，又坚决维护了党在长期革命和建设中形成的优良传统，维护了毛泽东思想和毛泽东的历史地位，统一了全党的思想认识，既分清了是非，又加强了团结，为社会主义事业的健康发展，为党的思想建设、组织建设、作风建设的健康发展，提供了根本的保证。

十二大党章与党的建设目标任务

党的十一届三中全会后，党内外思想有了很大的解放，干部群众的精神面貌发生了很大变化。但是，面对新的形势和新的任务，有些干部思想还不够解放，不善于研究新情况、解决新问题。更为严重的是，党内外出现了两股极其错误和危险的思潮：一种是右倾思潮，仇视社会主义，怀疑或反对马列主义、毛泽东思想，反对党的领导。另一种是“左”倾思潮，错误地认为中央在粉碎“四人帮”以来特别是十一届三中全会以来所实行的一系列方针政策不符合马列主义、毛泽东思想，从而不利于党的领导，不利于无产阶级专政，不利于社会主义道路。这些认识分歧和错误思潮，反映了当时中国社会复杂的政治局势。党能否在坚定不移地推进改革开放的同时，又成功地应对和驾驭这种复杂局面，是党的工作中心实现转移后面临的又一个严重考验。

1979 年 1 月，党中央召开各省、市、自治区党委宣传部长会议，讨论全党工作重点转移后宣传工作的根本任务。随后又召开党的理论工作务虚会。3 月 30 日，邓小平在党的理论工作务虚会上发表了《坚持四项基本原则》讲话。他指出，我们要在中国实现四个现代化，必须在思想政治上坚持四项基本原则：必须坚持社会主义道路；必须坚持无产阶级专政；必须坚持共产党的领导；必须坚持马列主义、毛泽东思想。这四项基本原则并不是新的东西，是我们党长期以来所一贯坚持的。他强调，“四个坚持的核心，是坚持党的领导”，因为“从根本上说，没有党的领导，就没有现代中国的一切……没有党的领导，就没有一条正确的政治路线；没有党的领导，就没有安定团结的政治局面；没有党的领导，艰苦创业的精神就提倡不起来；没有党的领导，真正又红又专、特别是有专业知识和专业能力的队伍也建立不起来。这样，社会主义四个现代化建设、祖国的统一、反霸权主义的斗争，也就没有一个力量能够领导进行”。[①]

① 《邓小平文选》第 2 卷，人民出版社 1994 年版，第 266 页。

与此同时，党中央总结历史经验和教训，深入分析党和国家领导体制存在的问题，采取了一系列重大改革举措。党的十一届三中全会公报指出："实现四个现代化，要求大幅度地提高生产力，也就必然要求多方面地改变同生产力发展不适应的生产关系和上层建筑，改变一切不适应的管理方式、活动方式和思想方式。"[①]党的十一届五中全会以坚持党的领导、改善党的领导、提高党的战斗力为主题，专门作了研究部署。全会决定提前召开党的第十二次全国代表大会，并讨论了《中国共产党章程（修改草案）》。1980 年 8 月，中央政治局召开扩大会议，邓小平代表党中央作了《党和国家领导制度的改革》的重要讲话，指出：要对党和国家的领导制度进行必要的改革，是因为在我们党和国家现行的一些具体制度中，还存在不少弊端，妨碍甚至严重妨碍社会主义优越性的发挥。他强调："改革党和国家的领导制度，不是要削弱党的领导，涣散党的纪律，而正是为了坚持和加强党的领导，坚持和加强党的纪律。在中国这样的大国，要把几亿人口的思想和力量统一起来建设社会主义，没有一个由具有高度觉悟性、纪律性和自我牺牲精神的党员组成的能够真正代表和团结人民群众的党，没有这样一个党的统一领导，是不可能设想的，那就只会四分五裂，一事无成。这是全国各族人民在长期的奋斗实践中深刻认识到的真理。我们人民的团结，社会的安定，民主的发展，国家的统一，都要靠党的领导。坚持四项基本原则的核心，就是坚持党的领导。问题是党要善于领导；要不断地改善领导，才能加强领导。"[②]

党的十一届三中全会以后短短的三年多时间里，拨乱反正全面展

① 中共中央文献研究室编:《三中全会以来重要文献选编》(上)，中央文献出版社 2011 年版，第 4 页。
② 《邓小平文选》第 2 卷，人民出版社 1994 年版，第 341—342 页。

开，解决历史遗留问题有步骤进行，社会主义民主法制建设走上正轨，党和国家领导体制改革稳步展开。实行改革开放、调整国民经济取得成效，各项事业蓬勃发展。这就为党的十二大召开奠定了重要基础。

1982 年 9 月，中国共产党第十二次全国代表大会召开。大会提出了党在新时期的总任务：团结全国各族人民，自力更生，艰苦奋斗，逐步实现工业、农业、国防和科学技术现代化，把我国建设成为高度文明、高度民主的社会主义国家。围绕这个总任务，大会对开创社会主义现代化建设新局面作出全面部署，并提出了“把党建设成为领导社会主义现代化事业的坚强核心”的目标及当前党的建设的任务，制定了新党章。

大会对十一大党章作了许多带有根本性的修改。这次修改党章，总的原则是适应新的历史时期的特点和需要，对党员提出更严格的要求，有利于提高党组织的战斗力，坚持和改善党的领导。十二大党章的内容由十一大党章的 5 章 19 条，扩展为 10 章 50 条。修改的主要内容是：

（一）在总纲中，对党的性质和党的指导思想、现阶段我国社会的主要矛盾和党的总任务，对党在国家生活中如何正确地发挥领导作用，都作了马克思主义的规定。指出：“党的领导主要是政治、思想和组织的领导。党必须制定和执行正确的路线、方针和政策，做好党的组织工作和宣传教育工作，发挥全体党员在一切工作和社会生活中的先锋模范作用。”[①]

（二）对党员和党的干部提出了更高、更严格的要求，并增加

① 中共中央文献研究室编：《十二大以来重要文献选编》（上），中央文献出版社 2011 年版，第 57 页。

了许多新内容。强调：中国共产党党员“永远是劳动人民的普通一员”，“必须全心全意为人民服务，不惜牺牲个人的一切，为实现共产主义奋斗终身”；党的各级领导干部“是党的事业的骨干，是人民的公仆”，要正确执行党的路线、方针和政策，反对党内外错误倾向等。规定了党员应当履行的八项义务，同时规定了党员享有的八项权利。

（三）根据历史的经验和教训，新党章强调从中央到基层的各级组织都必须严格遵守民主集中制和集体领导的原则。规定：“党的各级委员会实行集体领导和个人分工负责相结合的制度。凡属重大问题都要由党的委员会民主讨论，作出决定。”“党禁止任何形式的个人崇拜。要保证党的领导人的活动处于党和人民的监督之下，同时维护一切代表党和人民利益的领导人的威信。”①

（四）对改善党的中央和地方组织的体制，对加强党的纪律和纪律检查机关，对加强基层组织的建设，都作了许多新的规定。如：党的各级组织都必须重视党的建设，经常讨论和检查党的宣传工作、教育工作、组织工作、纪律检查工作、群众工作和统一战线工作。

此外，还规定党内必须经常地、认真地开展批评和自我批评，反对一切“左”和右的错误倾向；努力实现党的干部队伍的革命化、年轻化、知识化、专业化。十二大党章还首次将入党誓词载入。

十二大通过的党章，清除了十一大党章中“左”的错误，继承和发展了七大党章和八大党章的优点，集中体现了党的工作中心的转移，是一部具有鲜明时代特色的党章，成为新时期历次党代会修订

① 中共中央文献研究室编：《十二大以来重要文献选编》（上），中央文献出版社 2011 年版，第 62 页。

党章的基础，为把我们党建设成为领导社会主义现代化事业的坚强核心，提供了重要保证。

大会提出，一定要按照新党章的要求，努力把党建设成为领导社会主义现代化事业的坚强核心。为此，党的十二大对党的建设作出战略部署：第一，健全党的民主集中制，使党内政治生活进一步正常化。第二，改革领导机构和干部制度，实现干部队伍的革命化、年轻化、知识化、专业化。第三，加强党在工人、农民、知识分子中的工作，密切党同群众的联系。第四，有计划有步骤地进行整党，使党风根本好转。

1983 年 10 月，中共十二届二中全会在北京举行。全会一致通过了《中共中央关于整党的决定》。这个决定，体现了党的十二大精神，明确规定了这次整党的基本方针、基本任务、基本政策和基本方法，是开展整党工作的指导性文件。

这次整党的任务是：统一思想，整顿作风，加强纪律，纯洁组织。统一思想，就是进一步实现全党思想上政治上的高度一致，纠正一切违反四项基本原则、违反十一届三中全会以来党的路线的“左”的和右的错误倾向。整顿作风，就是发扬全心全意为人民服务的革命精神，纠正各种利用职权谋取私利的行为，反对对党对人民不负责任的官僚主义。加强纪律，就是坚持民主集中制的组织原则，反对无组织无纪律的家长制、派性、无政府主义、自由主义，改变党组织的软弱涣散状况。纯洁组织，就是按照党章规定，把坚持反对党、危害党的分子清理出来，开除出党。

这次整党的步骤是：从中央到基层组织，自上而下、分期分批地整顿。每个单位党组织的整顿，也要自上而下，先领导班子、领导干部，后党员群众。基本方法是：在认真学习文件，提高思想认识的基础上，开展批评和自我批评，分清是非，纠正错误，纯洁组织。在整党过程中，自始至终都要加强思想教育，着眼于提高广大党员的思想觉悟。

全面整党工作从 1983 年 10 月开始，1987 年 5 月基本结束，历时三年半，自上而下共进行了三期。第一期整党从 1983 年 11 月陆续开始至 1985 年初基本结束。参加这一期整党的主要是中央、国家机关各部委和省、自治区、直辖市一级单位以及解放军各大单位，重点解决党员领导干部思想上政治上同党中央保持一致的问题，克服“左”右倾错误思想，并坚持边整边改的方针，纠正严重的不正之风。第二期整党从 1984 年冬开始至 1985 年底基本结束，主要在地、县两级以及相当于这两级的厂矿企业、大专院校、科研单位进行。这一期整党是在党的十二届三中全会通过关于经济体制改革的决定后进行的，突出解决的一个问题为：切实增强党员的党性，纠正新的不正之风，保证改革的顺利进行，促进我国政治、经济的大好形势继续健康地向前发展。第三期整党从 1985 年冬天开始至 1987 年 4 月基本结束，主要是在县以下的农村基层和城镇基层的党组织（包括县以下的企事业单位和城市街道的党组织）中进行，具体又分为区、乡级整党和村级整党两个批次，要求把解决区、乡、村党员干部中存在的严重以权谋私和严重违法乱纪问题，作为突出的重点认真抓好，并切实加强农村领导班子建设。

这次整党规模大、时间长，各级党组织和整党办事机构做了大量工作，广大党员和党员干部积极参加整党，广大党外群众和朋友热情支持整党。全党在思想、作风、纪律、组织四个方面都比整党前有了进步，党内存在的三个严重不纯的状况已经有了改变。需要说明的是，这次整党是在改革开放新的历史环境中进行的，一方面党内外群众必然会深切关注并寄予很高的期望，另一方面必然会遇到许多事前难以完全估计到的问题，这就决定了整党过程中也存在一些问题，比如整党工作发展不平衡，有的甚至走了过场；一些部门和单位用经济工作代替整党工作；对已经存在的右的错误倾向注意不够、斗争不力等。这说明，加强党的建设需要从集中整党向经常性抓党的建设工作过渡，立足于用多种方式解决党内存在的问题。

应对改革开放重大考验

改革和开放，冲破了僵化的经济体制，使经济活跃起来，同时也给人们的价值观、思维方式、生活方式带来了巨大的冲击，使党面临着前所未有的重大挑战和考验。

由于旧的管理体制一时难以适应改革开放的新形势，暴露出不少漏洞，加之在管理措施方面没有及时跟上，经济和政治生活中出现了走私贩私、贪污受贿、投机诈骗、盗窃国家和集体财产等严重犯罪活动，有的还相当猖獗。这些严重破坏经济的犯罪活动，往往是由国家机关和企业事业单位内的少数人员同社会上的不法分子相勾结进行的，有时还打着国家或集体的旗号，有的甚至得到某些领导干部的支持。这说明，经济领域中出现的这些严重犯罪活动，已经和正在腐蚀党员队伍和干部队伍，损害党、政府、军队的肌体和国家的信誉，毒化人们的思想，污染社会风气，破坏经济建设，影响社会安定。如果任其发展，必将对我国社会主义现代化建设事业和党的建设产生极大的危害。

1982 年，开始了集中打击经济领域中违法犯罪活动的斗争。1 月 11 日，中共中央下发紧急通知，要求“对于这个严重毁坏党的威信，关系我党生死存亡的重大问题，全党一定要抓住不放，雷厉风行地加以解决。对那些情节严重的犯罪干部，首先是占据重要职位的犯罪干部，必须依法逮捕，加以最严厉的法律制裁，有的特大案件的处理结果还要登报”[①]。3 月 1 日，中共中央又发出批转《广东、福建两省座谈会纪要》的通知，强调正在进行的打击经济领域中违法犯罪活动的斗争不是一项孤立的斗争，也不是一场短时间的斗争，而是关系到我们党和我国社会主义事业盛衰成败的全局性的长时期的斗争。只有下定决心，加强领导，夺取这一斗争的胜利，才能促进党风、民风和社会治安的根本好转，保证社会主义现代化建设的顺利进行。3 月 8 日，第五届全国人民代表大会常务委员会第二十二次会议通过《关于严惩严重破坏经济的罪犯的决定》，对现行刑法的有关条款作了补充和修改，为严厉惩治经济领域犯罪活动提供了法律依据。

4 月 10 日，邓小平在中央政治局会议上提出，打击经济犯罪活动，我们说不搞运动，但是我们一定要说这是一个长期的经常的斗争。他还提出了“两手抓”的重要思想，指出：如果不搞打击经济犯罪的斗争，四个现代化建设，对外开放和对内搞活经济的政策，就要失败。所以，我们要有两手，一手就是坚持对外开放和对内搞活经济的政策，一手就是坚决打击经济犯罪活动。4 月 13 日，中共中央、国务院作出《关于打击经济领域中严重犯罪活动的决定》，规定了各项

① 中共中央文献研究室编:《三中全会以来重要文献选编》(下)，中央文献出版社 2011 年版，第 390 页。

有关政策，以指导打击经济领域犯罪活动的开展。5 月 31 日，万里在中央纪委召开的中央党政军机关负责干部会议上讲话，要求各单位把打击经济领域中严重犯罪活动认真开展起来。中央纪委派出 154 名司局级以上干部分赴各地，充实、加强打击经济领域犯罪活动的办案力量，直接参与大案要案的调查处理工作。

从 1983 年开始，打击经济领域严重犯罪活动开始与整党工作和党的作风建设相结合，并加大了查处大案要案特别是新发生的大案要案的力度。同时，国家还加强了公、检、法和海关、工商行政管理、税务等部门日常职能的工作，把揭露和打击严重经济犯罪活动作为这些部门的经常的重要职责之一。党内则根据各地区、各部门在斗争中暴露出来的组织上、制度上以及作风上的问题，总结经验教训，加快建立健全各项规章制度，堵塞漏洞。1984 年 12 月起，中共中央、国务院先后下发了《关于严禁党政机关和党政干部经商、办企业的决定》《关于禁止领导干部的子女、配偶经商的决定》《关于进一步制止党政机关和党政干部经商、办企业的规定》。1987 年 6 月 30 日，中共中央纪律检查委员会发出《关于坚决查处共产党员索贿问题的决定》。以上这些党内法规对于有效制止、减少党员干部的经济领域犯罪活动起到了重要作用。

改革开放以后，随着经济迅速发展、人民生活水平不断提高和党所处环境的变化，党受到的消极因素的侵蚀大大增加了，党内出现了许多消极腐败现象。反腐败斗争成为党的建设的一项重要工作。

随着改革的逐步展开和对外开放的不断扩大，邓小平告诫全党："我们坚定不移地实行对外开放政策，在平等互利的基础上积极扩大对外交流。同时，我们保持清醒的头脑，坚决抵制外来腐朽思想的侵蚀，决不允许资产阶级生活方式在我国泛滥。”[①]但是，党内的腐败现象还是不可避免地滋生和蔓延。十二大报告首次对党内腐败现象存在的原因、本质和危害作了深刻分析，要求“作好长期斗争的精神准备”。报告提出了反对腐败的方针，要求从思想上到行动上一定要坚持两手，一手是坚持对外开放、对内搞活经济的政策，另一手是坚决打击经济领域和政治文化领域中危害社会主义的严重犯罪活动。只注意后一手而怀疑前一手是错误的，只强调前一手而忽视后一手是危险的。这是我们坚持社会主义道路的一项重要保证。

1985年9月，邓小平在党的全国代表会议上又指出，对一些严重危害社会风气的腐败现象要坚决制止和取缔。他在1986年1月中央政治局常委会上的讲话中强调“风气如果坏下去，经济搞成功又有什么意义？会在另一方面变质，反过来影响整个经济变质，发展下去会形成贪污、盗窃、贿赂横行的世界”[②]。在中央纪委六次全会上的书面讲话中，陈云也谈到反腐问题，指出：“对外开放，不可避免地会有资本主义腐朽思想和作风的侵入。”[③]这对我们社会主义事业，是直接的危害。我们搞社会主义，一定要严重注意资本主义腐朽思想和作风的渗入，抵制和清除这些丑恶的思想和行为，要动员和组织全党和社会的力量，以除恶务尽的精神，同这种现象进行坚决的斗争。邓小平在中央政治局常委会上提出解决腐败问题的“两手抓”方针，“即一手抓建设，一手抓法制”[④]。他还提出“我们用法律和教育这两个手段来解决这个问题”[⑤]。

---

① 《邓小平文选》第3卷，人民出版社1993年版，第3页。
② 《邓小平文选》第3卷，人民出版社1993年版，第154页。
③ 《陈云文选》第3卷，人民出版社1995年版，第355页。
④ 《邓小平文选》第3卷，人民出版社1993年版，第154页。
⑤ 《邓小平文选》第3卷，人民出版社1993年版，第156页。

消极腐败现象与党内的不正之风和党内存在的违法乱纪行为密切相关，日益受到人民群众和广大党员的深恶痛绝，是党的作风建设和严厉打击党员干部违法乱纪活动的重要整治目标。但是，反对腐败的斗争并不等同于党的作风建设和打击严重犯罪活动，而是需要作为一个专项任务贯穿在改革开放、现代化建设和党的建设中。这一时期党内反腐斗争的初步开展，为十三大以后党加大反腐斗争和廉政建设的力度奠定了思想与工作基础。

十一届三中全会后，党中央在加强思想、组织和制度建设的同时，高度重视党的作风建设，为全面恢复党的优良传统与作风做了大量的工作。1979 年 11 月，邓小平在中央党、政、军机关副部长以上干部会上作了题为《高级干部要带头发扬党的优良传统》的报告，集中谈了党的作风建设问题。他指出："最近一个时期，人民群众当中主要议论之一，就是反对干部特殊化。要讲特殊化，恐怕首先表现在高级干部身上。""我们脱离群众，干部特殊化是一个重要的原因。干部搞特殊化必然脱离群众。""现在有少数人就是做官当老爷，有些事情实在不像话！脱离群众，脱离干部，上行下效，把社会风气也带坏了。"[①] 邓小平强调，为了整顿党风，搞好民风，先要从我们高级干部整起，必须恢复和发扬党的艰苦朴素、密切联系群众的优良传统。11 月 13 日，中共中央、国务院发出《关于高级干部生活待遇的若干规定》，就高级干部的宿舍，房租和水电费，家具和生活用具，交通工具，服务人员，出差、出国和外出休养，文化娱乐等作了 10 项限制性规定，要求各有关部门必须严格执行，高级干部必须自觉遵守。

---

① 《邓小平文选》第 2 卷，人民出版社 1994 年版，第 216、218 页。

1980年11月，陈云在中央纪委贯彻《关于党内政治生活的若干准则》座谈会上尖锐地指出："执政党的党风问题是有关党的生死存亡的问题。因此，党风问题必须抓紧搞，永远搞。"[①] 次年2月，中央纪委召开第三次会议。邓颖超在会上作了《坚定不移地搞好党风》的讲话，指出，纠正不正之风，反对官僚主义要从每一个领导干部、每一个党员自身做起，决不能只是空喊。她还强调了反对官僚主义作风的问题，指出最普遍、最严重的一种官僚主义作风就是四个字：压、推、拖、了。她要求各级党委，每一个工作人员都要认真做好自己本职的工作，提高工作质量，讲究工作效率。

1984年以后，我国的经济体制改革从农村发展到城市，在农业、工业、商业、外贸、物资、科技和教育等领域全面展开，对外开放的步伐也进一步加快。与此同时，党内的不正之风有了新的滋长和蔓延。积极应对改革开放给党员干部作风带来的影响和挑战，探索加强改革开放条件下党的作风建设的新途径、新办法，成为党的建设中的一个迫切任务。

1985年9月召开的党的全国代表会议，确定了国民经济和社会发展第七个五年计划的指导思想和战略任务，还着重研究了党的建设问题，对整顿党风、加强作风建设提出了新要求。邓小平在会上指出，改革促进了生产力的发展，引起了经济生活、社会生活、工作方式和精神状态的一系列深刻变化，但也带来了某些消极的东西。他要求坚决制止和取缔严重危害社会风气的腐败现象，把端正党风作为端正社会风气的关键来抓，并强调中青年干部接班最重要的是接老同志坚持

① 《陈云文选》第3卷，人民出版社1995年版，第273页。

革命斗争方向的英勇精神的班，既要有业务知识，还要有好的作风。陈云在会上也指出："抓党风的好转，仍是全党的一件大事。""这些年来，中央抓了党风问题。但是，要实现党风的根本好转，任务还非常重。"[①] 在这次会议结束的第二天，陈云在中央纪委第六次全会的书面发言中再次就党风建设提出了重要意见，指出争取党风好转必须在党内纠正忽视精神文明建设和思想政治工作的现象，严重注意资本主义腐朽思想和作风的渗入，并要求各级党委严肃党纪、政纪，各级纪委在同级党委统一领导之下，始终围绕搞好党风这一中心任务，作艰苦的努力。

此后，党中央和中央纪委根据新形势对加强作风建设采取了三个方面的实际举措：

一是加强中央机关端正党风工作，发挥中央党政军机关党员、干部在党风建设中的表率作用。主要是：制止争相购买和更换进口小轿车、滥派人员出国、挥霍公款旅游、铺张浪费和请客送礼、党政干部在工资福利之外获取不当收入、党政机关和领导干部及其子女配偶利用职权违反规定经商牟利等不正之风；纠正政治上的自由主义、作风上的官僚主义等不正之风；中央书记处决定成立由乔石为组长的中央机关端正党风领导小组，负责具体抓中央机关端正党风工作。

二是加强制度建设，推动党的作风建设走向经常化、长期化和法制化。主要是从制度上消除铺张浪费歪风，密切党群干群关系；纠正和防止在干部选拔使用工作中违反组织人事纪律，送人情、搞交易和以权谋私的种种偏向；从制度上堵塞用公款旅游的漏洞，坚决制止干

① 中共中央文献研究室编：《十二大以来重要文献选编》（中），中央文献出版社 2011 年版，第 294 页。

部用公款旅游；坚决刹住党政干部经商、办企业、以权谋私、损公肥私等不正之风；把党的作风建设与提高党员、干部的法制观念，健全社会主义法制有机结合起来。

三是针对党员干部作风中出现的新问题，探索加强党风建设的新途径。主要是坚决查处党员索贿、受贿问题；严格控制党政机关干部出国；尊重地方党委党风建设实践创新，发挥“新时期共产党员形象”大讨论、“党性党风党纪教育展览”等新的活动载体的积极作用。

在改革开放和现代化建设过程中，资产阶级自由化思潮不时在社会上和党内出现，毒害人们的思想，破坏党的建设，干扰四个现代化建设沿着社会主义方向前进。为保证党的十一届三中全会路线的正确贯彻执行，排除资产阶级自由化的干扰，党中央在坚持推进改革开放的同时，坚持四项基本原则，积极开展了反对资产阶级自由化的斗争。

在拨乱反正过程中，党中央多次强调，进行社会主义现代化建设必须坚持四项基本原则，并提出了反对资产阶级自由化的任务。1980年1月，邓小平在中共中央召集的干部会议上，要求大家认真注意社会上特别是一些年轻人中的思潮和公然反社会主义制度和共产党领导的所谓“民主派”，以及那些别有用心的人，因为他们实质上是要反对共产党的领导，反对社会主义。他特别指出要坚持和改善党的领导，加强党的纪律问题，坚决清除党内新出现的形形色色的资产阶级自由化思潮。

文艺界有一些人热衷于“写阴暗的、灰色的、以至胡编乱造、歪曲革命的历史和现实的东西”[1]，对文艺的社会主义方向表示淡漠，并出现了“一切向钱看”的歪风和把精神产品商品化的倾向。

理论界出现了关于人道主义和异化问题的争论，一些人热衷于谈论人的价值、人道主义和所谓“异化”，其兴趣不在批评资本主义而在批评社会主义。1984 年 1 月，胡乔木在中共中央党校发表题为《关于人道主义和异化问题》的讲话，批评了在人道主义和异化问题讨论中的错误观点。

从 1987 年 1 月中旬开始，反对资产阶级自由化的斗争进入新的阶段。1 月 13 日，中央纪委发出《关于共产党员必须严格遵守党章的通知》，要求党的各级组织包括各级纪检部门要切实维护四项基本原则，旗帜鲜明地反对资产阶级自由化，担负起维护党章的神圣职责；党员必须自觉地遵守党章，严格执行党的纪律；对于极少数不顾党组织的一再警告，恣意妄为，严重危害党的人，要坚决清除出党，以保持党的纯洁性。这个《通知》为深入开展反对资产阶级自由化的斗争提供了党纪保障。

1 月 28 日，中共中央发出《关于当前反对资产阶级自由化若干问题的通知》，要求各级党组织务必充分认识反对资产阶级自由化斗争的重要性和长期性，强调：坚持四项基本原则，反对资产阶级自由化，巩固安定团结，是立国治国之本。《通知》进一步明确了反对资产阶级自由化斗争的范围、重点、方法和政策界限，指出：这场斗争严格限于党内，而且主要在政治思想领域内进行，着重解决政治原则和政治方向问题，即主要是反对企图摆脱共产党的领导、否定社会

① 《邓小平文选》第 3 卷，人民出版社 1993 年版，第 43 页。

主义道路的错误思潮；反对资产阶级自由化有特定的含义，党内和社会上存在的其他消极、腐败现象，是什么问题就解决什么问题，不要同资产阶级自由化挂钩；农村不搞，也不涉及民主党派和党外知识分子；必须十分注意政策界限，采取正确的方法，不搞政治运动，坚持以正面教育为主，团结绝大多数的方针。这个通知，对于推动全党反对资产阶级自由化斗争的健康深入开展发挥了重要作用。

探索改革开放中党的建设新路子

1987 年 10 月 25 日至 11 月 1 日，中国共产党第十三次全国代表大会在北京举行。大会在总结党的十一届三中全会以来改革开放和现代化建设实践经验的基础上，根据党对中国国情和有中国特色的社会主义的新认识，第一次系统地阐述了社会主义初级阶段理论，明确提出了党在社会主义初级阶段的基本路线，确定了今后改革和建设的基本方针。按照党的十三大对党的建设提出的要求，积极探索在发展社会主义商品经济和改革开放条件下依靠改革和制度加强党的建设的新路子，确保党经受住执政和改革、开放的考验，成为十三大以后摆在全党面前的重要课题。

十三大召开时，中国共产党已经在全国执政 38 年、领导推进改革开放 9 年。这期间，国情、党情都发生了重大变化，党的建设面临的问题和挑战日益增多。党的十三大报告根据党的地位的变化和改革开放带来的影响，集中分析了新时期党的建设必须要解决的最重大的课题。

报告指出，执政党的地位，容易在党内滋长脱离群众的倾向，而这种倾向对人民产生的危害也比执政以前大得多。改革开放的新形势，使党的作风建设的任务更加突出起来了。几年来，偷税漏税、走私贩私、行贿受贿、执法犯法、敲诈勒索、贪污盗窃、泄漏国家机密和经济情报、违反外事纪律、任人唯亲、打击报复、道德败坏等现象在某些共产党员中屡有发生。现在广大群众议论多、意见大的，是少数党员特别是某些领导干部以权谋私，损害群众利益，干扰改革开放的顺利进行，败坏党的声誉。这是特别需要高度重视和认真解决的严重问题。

报告认为，从总体上讲，我们党是能够经得起严峻考验的，是有力量同各种消极腐败现象作斗争的；但也必须估计到，会有少数党员经不起考验。我们当然不能因为有少数党员经不起考验而改变改革开放的总方针总政策，也不能停下建设和改革去专门打扫灰尘，必须把反腐蚀寓于建设和改革之中。据此，报告指出："我们党处于执政地位，必须经得起执政的考验；我们党正在领导改革开放，也必须经得起改革开放的考验。这是新时期党的建设必须解决的最重大的课题。"[①] 这一论断科学地概括了在新的历史条件下党所面临的最为根本的问题和挑战，反映了长期执政和改革开放不断深化对党的建设提出的总要求，是党对加强自身建设问题进行探索研究的最新认识成果，为新时期进一步加强党的建设指明了目标和方向。

解决党的建设面临的最重大的课题，全面加强党的建设，必须根据环境和任务的变化探索创新加强党的建设的途径和方式。鉴于党的历史上主要依靠政治运动来加强党的建设并由此引发问题，为继续推

① 中共中央文献研究室编：《十三大以来重要文献选编》（上），中央文献出版社 2011 年版，第 44 页。

动党和国家领导制度改革，适应社会主义法制建设和改革新形势的要求，党的十三大还明确提出了“党的自身建设也必须进行改革”“切实加强党的制度建设”的新任务，要求“在新的历史条件下，在党的建设上走出一条不搞政治运动，而靠改革和制度建设的新路子”[①]，并在多个方面进行了探索。

党的十三大提出了政治体制改革的目标，强调进行政治体制改革的关键是党政分开，并系统地阐述了党政分开的必要性、内容和具体方式。报告指出，在新的形势下，只有改善党的领导制度、领导方式和领导作风，才能加强党的领导作用。报告强调，党政分开即党政职能分开。党和国家政权机关的性质不同，职能不同，组织形式和工作方式不同。应当改革党的领导制度，划清党组织和国家政权的职能，理顺党组织与人民代表大会、政府、司法机关、群众团体、企事业单位和其他各种社会组织之间的关系，做到各司其职，并且逐步走向制度化。实行党政分开，对党来说是一场历史性的转变，给党的建设也带来了一些新的课题。以党的十三大为起点，围绕更好地发挥党的领导作用这个中心，党政分开成为政治体制改革和党的建设中的重要内容。

社会主义初级阶段理论和党的基本路线的提出，给党的思想建设和理论武装工作提供了丰富的内容。党的十三大对加强党的思想建设作出部署，要求党的各级组织和党校，应当密切联系社会主义初级阶段的实际，经常地深入地向党员进行党的基本路线和党的基本知识的教育，以党的基本路线统一全体党员特别是领导干部的思想和行动，

① 中共中央文献研究室编：《十三大以来重要文献选编》（上），中央文献出版社 2011 年版，第 46 页。

使广大共产党员都成为自觉地为实现党的任务而斗争的先锋战士，成为有理想、有道德、有文化、有纪律的模范。同时，还要求必须改革党的宣传工作和思想教育工作，克服形式主义，抛弃空洞乏味的党八股，讲求实效，用群众切身的经验和喜闻乐见的形式进行宣传和教育，使坚持四项基本原则和坚持改革开放真正深入人脑。

改革开放和社会主义商品经济的发展给党的思想政治工作带来了重大冲击和挑战，必须重视、加强和改进党的思想政治工作。党的十三大对此也作出了具体部署，要求继承党的思想政治工作的好传统，努力创造适应新形势的各种有效形式和具体途径，切实把思想政治工作贯穿于建设和改革的各个领域，激励人们的社会主义积极性、创造热情和献身精神，把全民族的力量凝聚到建设有中国特色的社会主义的宏伟事业中来。

党的十三大在党的建设上的一个重大贡献，就是把改革和制度建设紧密结合起来，有机统一于发展党内民主的实践中。这主要体现在以下四个方面：一是对健全党中央的集体领导制度和民主集中制提出了明确要求。主要是：建立中央政治局常委向中央政治局、中央政治局向中央全会定期报告工作的制度；适当增加中央全会每年开会的次数，使中央委员会更好地发挥集体决策作用；建立中央政治局、政治局常委会、中央书记处的工作规则和生活会制度，使集体领导制度化，加强对党的领导人的监督和制约。二是要求明确规定党内选举的提名程序和差额选举办法，近期内应当把差额选举的范围首先扩大到各级党代会代表，基层党组织委员、书记，地方各级党委委员、常委，中央委员会委员。根据这一要求，大会对党章作了部分修改，明确规定，可以直接采用候选人数多于应选人数的差额选举办法进行正式选举，也可以先采用差额选举办法进行预选，产生候选人名单，然后进行正式选举。三是切实保障党章规定的党员民主权利，制定保障党员民主权利的具体条例。报告特别强调，侵犯党员的权利，就是违反党的纪律，必须受到党纪处分。四是疏通党内民主渠道和健全民主生活，使党员对党内事务有更多的了解和直接参政的机会。这些探索，为推动党的制度建设奠定了基础。

党的十三大在总结党的建设历史经验的基础上，着眼于探索改革开放历史条件下党的建设的新路子，围绕做好党的经常性工作，对加强党的基层组织建设作出了战略部署。报告提出，基层党组织要把以下方面作为主要的经常工作来做，这就是：经常地进行教育，经常地加强监督，经常地开展批评自我批评，经常地整顿纪律，经常地清除腐败分子和妥善地处置不合格分子，经常地吸收优秀分子，经常地发扬正气和抵制歪风，通过党员的先锋模范作用把群众团结在党的周围，使党的基层组织成为坚强的战斗堡垒。报告还指出，党的领导机关有责任指导基层组织做好这些工作，并特别强调："这些经常性工作做好了，我们就有可能在新的历史条件下，在党的建设上走出一条不搞政治运动，而靠改革和制度建设的新路子。"[①]

党的十三大不仅提出了加强党的建设的指导思想，还明确了新时期党的建设的根本目标，并在理论和实践上进行了一些尝试性探索，为党在改革开放新时期探索一条依靠改革和制度建设加强党的建设的新路子奠定了思想基础。报告指出："党的建设问题，从来是同党的政治路线密切地联系在一起的。新时期党的一切工作，都必须保证党

① 中共中央文献研究室编：《十三大以来重要文献选编》（上），中央文献出版社 2011 年版，第 46 页。

的基本路线的贯彻执行。党的自身建设也必须进行改革。”[①]“改革，特别是政治体制改革，将为我们党的建设注入新的活力。我们一定要适应这一伟大的变革，把我们这个伟大的马克思主义的党建设好。这样，我们党就能以崭新的姿态，站在改革和现代化建设的前列，成为一个勇于改革、充满活力的党，纪律严明、公正廉洁的党，选贤任能、卓有成效地为人民服务的党。”[②]

为提高干部队伍的生机、活力和广大干部的积极性与效率，按照依靠改革和制度建设加强党的建设的新路子的要求，结合政治体制改革的部署，党的十三大系统地提出了改革干部人事制度的重要任务和具体措施。主要是：建立国家公务员制度，对国家公务人员依法进行科学管理；建立科学的分类管理体制，对各类人员实行分类管理；在干部人事制度中贯彻和体现注重实绩、鼓励竞争、民主监督、公开监督的原则。

党的十三大之后，全党上下继续贯彻落实从严治党方针，加强党员队伍建设。1988 年 6 月，全国组织工作会议在北京召开。会议指出，坚持党员标准，提高党员素质，使党员经得起执政和改革开放的考验，是在新的历史时期加强党员队伍建设的首要问题；凡是有腐败分子的地方，要先把腐败分子清除出去，这是保持党员队伍纯洁性所必需的；必须妥善处置不合格党员，保持党员队伍的先进性。会后，全国各地处置不合格党员活动逐步开展起来。与此同时，全党也加强了惩治腐败与党风廉政建设的力度。这些努力对于巩固党员队伍建设

① 中共中央文献研究室编：《十三大以来重要文献选编》（上），中央文献出版社 2011 年版，第 41 页。

② 中共中央文献研究室编：《十三大以来重要文献选编》（上），中央文献出版社 2011 年版，第 46 页。

的成果，保持党员队伍的先进性起到了重要作用。

党的十三大之后，一些地方的党组织开展了民主评议党员的活动，对加强党员的教育、管理和监督效果明显。在此基础上，中央组织部制定了《关于建立民主评议党员制度的意见》，对民主评议的目的、内容和基本方法作了具体规定。1988 年 12 月，中共中央转发了这个《意见》并发出通知，要求各级党组织结合本地区、本部门的具体情况组织实施。从 1988 年底开始，在试点的基础上，全国城乡基层党组织逐步建立和实行了民主评议党员制度。1990 年，全国有 4330 万名党员参加了民主评议活动。在民主评议中，有 116 万名党员被上级党委授予“优秀共产党员”称号；有 31 万名党员被认定为不合格党员并受到组织处理，其中，7.9 万名被劝退、除名、取消党员资格、开除党籍，7 万名党员受到其他党纪处分，16 万名党员被限期改正错误。[①] 民主评议活动取得了较大的成绩。

党的十三大之后，党的建设按照十三大确定的基本方针和整体部署，取得了一定的进展。但也经历了一些反复和曲折，出现了一些失误和问题，给党和国家事业的发展带来了一定的消极影响。这主要表现在以下四个方面：

第一，实行党政分开、调整党的组织设置中出现的问题，对巩固党的领导和执政地位产生了不利影响。党政分开是党的领导方式和活动方式的重大转变，必然要求调整党的组织形式和工作机构，而这对党的建设影响重大，也关系到党在社会主义现代化事业中的领导地位和执政地位的巩固。党的十三大修改通过的党章，不再在中央和地方

① 参见高新民、张树军：《党的建设三十年》，中共中央党校出版社 2008 年版，第 109 页。

国家机关、经济组织、文化组织中成立党组，缩小了党组设置的范围。后来，党的十四大通过的党章又恢复了党的十二大通过的党章关于设置党组的范围。实行党政分开，调整党的组织设置是一项非常复杂的改革，必须积极稳妥，确保党的领导地位不受影响，党的建设不受削弱。

第二，反对资产阶级自由化的斗争出现曲折和挫折，给党的思想理论建设和意识形态工作带来了消极影响。由于西方资本主义国家坚持对社会主义国家实行“西化”“分化”战略，国内对资产阶级自由化思潮批驳抵制不力，反对资产阶级自由化的斗争一直处于欲战还休的矛盾状态，不断遭受曲折和挫折。思想政治领域的这种状况，使党的意识形态战线长期处于软弱涣散状态，党的思想理论阵地屡受挑战。长此以往，必然会损及马克思主义在意识形态领域的指导地位，破坏有中国特色的社会主义事业。

第三，思想政治工作的削弱，危及了国家政治社会生活的安定团结和社会主义现代化建设的良好局面。在改革开放和社会主义商品经济大潮的冲击下，党的思想政治工作的威力和作用受到了影响，个别党的领导人也逐渐放松了对思想政治工作的领导和重视，思想政治工作被削弱。党对人民、学生、全体干部和共产党员的教育，缺乏一贯性，甚至讲得都很少，缺乏有效行动。一些党组织在放松思想政治工作的同时，也渐渐疏离了与人民群众的联系。由于思想政治工作削弱和错误思想影响，一些群众渐渐减弱了对社会主义共同理想和奋斗基础的信仰，失去了建设社会主义的积极性、主动性和自觉性。

第四，党的基层组织建设在实践中受到忽视，其作用和功能弱化。随着党和国家工作中心的转移和改革开放的推进，党的建设工作特别是基层组织建设一度被放松和忽视了，出现了一系列问题：有的长期处于软弱涣散、瘫痪半瘫痪状态，不能发挥应有作用；有的完全失去了战斗堡垒作用；有的则走向了腐败变质；有的在生产第一线长期没有党员；有的不适应企业转换经营管理制度带来的新情况，地位和作用受到弱化；有的对自己在单位中的地位和作用认识模糊，党务干部日益业余化、兼职化和后继无人；等等。这些问题的出现充分反映了党的建设存在的薄弱状况，严重销蚀着党执政的组织基础和社会基础。

这一阶段党的建设发展史表明，建设有中国特色的社会主义伟大事业，离不开中国共产党的领导。必须注意防止和克服党不管党、忽视或放松党的建设的倾向；必须加强党的建设，而不能放松党的建设；必须在改革开放中加强党的建设，而不能离开改革开放去谈党的建设。必须高度重视、积极探索党的建设中面临的新问题，逐步走出一条靠改革和制度建设加强党的建设的新路子，使党更好地承担起历史赋予的重任。

三、现代化建设事业的发展和成就

党的建设从来是同党的历史任务和政治路线密切地联系在一起的。党的建设的拨乱反正，为党的思想路线和政治路线的重回正轨提供了组织保证。实行改革开放条件下党的建设实践探索和理论创新，为加强和改善党的领导提供了强大助力，为顺利推进改革开放和社会主义现代化建设提供了政治和组织保障。国家现代化事业的发展和成就，也见证和体现了党的建设与时俱进的显著成效。

国民经济快速发展和人民生活显著改善

从 1978 年 12 月党的十一届三中全会到 1982 年 9 月党的十二大，经过近 4 年的全面拨乱反正和局部改革，我国的社会主义现代化建设和各条战线出现了一系列新的变化，促进了我国由“文化大革命”的严重挫折到全面开创社会主义现代化建设的伟大转变。这主要表现在：

在思想上，重新确立了马克思主义的实事求是的思想路线，逐步纠正了指导思想上和实际工作中的“左”倾错误，在新的历史条件下坚持和发展了毛泽东思想。思想解放，使各条战线获得了生气勃勃的创造力量。

在经济上，在党的领导下，把工作重点转移到社会主义现代化建设上来，努力纠正过去经济工作中的“左”倾错误，调整了国民经济，使我国经济渡过难关；改革开放起步，农村改革初见成效，城市改革进行试点，经济建设有了新气象，逐步走上稳定发展的健康轨道。

在政治上，揭批查“四人帮”，消除其帮派势力；陆续落实各项政策，处理了大批党内和人民内部的矛盾，调整了社会关系，实现了安定团结、生动活泼的政治局面。

在组织上，逐步调整、整顿和加强了党和国家各级领导班子，选拔了一批优秀人才到各级领导岗位，各级领导权已基本掌握在忠于人民的干部手中；党内加强了教育，党的组织逐步健全，党的威信开始恢复；党经受了改革开放的初步考验，在斗争和建设中锻炼得更加成熟和坚强。

在文化上，努力纠正了过去对教育、科学和文化方面长期存在的“左”倾错误，落实了党的知识分子政策，初步形成了尊重知识、尊重人才的气氛，调动了科教文工作者的积极性。科教文工作走上正轨并得到一定的发展，初步呈现繁荣景象，迎来了科教文战线的春天。

与此同时，对中国特色社会主义道路的探索在理论上也取得了重大的进展。党的十一届三中全会后，邓小平在提出坚持四项基本原则的同时，提出了“中国式的现代化”的目标任务，并不断充实和丰富其内涵。党的十一届四中全会通过的国庆30周年讲话，提出在改革和完善社会主义经济制度的同时，改革和完善社会主义政治制度，发展高度的社会主义民主和完备的社会主义法制的要求，提出在建设高度物质文明的同时，建设高度的社会主义精神文明的要求，并明确提出要走出一条中国道路。党的十一届六中全会通过的《关于建国以来党的若干历史问题的决议》，第一次指明我国正处在社会主义“初级的阶段”，并对“一条适合我国情况的社会主义现代化建设的正确道路”是一条什么样的道路，分10个要点，从主要矛盾、工作重点、经济建设、政治建设、文化建设、国防建设、民族政策、外交政策和执政党党风建设等方面，第一次作了全面阐述。

党的十二大以后，我国经济社会面貌发生了深刻的变化，其中以经济建设尤为突出。党紧紧把握住经济建设这个中心，使国民经济持续稳定增长，集中体现在国民经济和社会发展“六五”计划和“七五”计划的顺利完成上。

到1985年底，“六五”计划的经济指标全面和超额完成。1985年同1980年相比，工农业总产值由7707亿元增加到13335亿元，按1980年不变价格计算，平均每年增长11%；国内生产总值由4588

亿元增加到9099亿元，按1980年不变价格计算，平均每年增长10.6%，远远超过原计划每年增长4%—5%的速度。主要工农业产品产量都有大幅度增长。国民经济活动的效益和效率有所提高，国家财政收入由“五五”末期的连年下降转为逐年上升，实现了收支基本平衡。基本建设和技术改造取得重大进展，五年完成基本建设投资比“五五”时期增长46%，完成技术改造投资增长77%。“六五”期间，对外经济贸易和技术交流打开新局面，进出口贸易总额比“五五”期间增长一倍，在世界上所占的位次明显提高。科技、教育、文化事业出现了繁荣兴旺的局面，城乡人民收入水平和消费水平有明显提高。“六五”计划经济指标的完成，使过去长期感到困扰的一些经济问题得到比较好的解决。粮食、棉花产量的大幅度增长，为解决人民温饱问题提供了条件。由于日用消费品货源比较充足，过去许多定量分配和凭票供应的商品，除粮、油外已基本取消票证、敞开供应。

“七五”计划所规定的国民经济和社会发展各项指标，到1990年底绝大部分完成或超额完成。“七五”期间，国内生产总值平均每年增长7.9%，工农业总产值平均每年增长11.4%，国民总收入平均每年增长7.9%，都超过了计划规定的指标。农林牧渔业总产值年均增长4.8%，超过4%的计划指标。工业总产值年均增长13.2%，超过7.5%的计划指标，是继“一五”和“六五”之后的第三个高速增长时期。工业生产能力扩大，技术水平提高，主要工业产品平均年产量，都比“六五”时期有较大幅度增长。教育、科技和各项社会事业获得进一步发展。“亚洲一号”通信卫星和“长征二号”大推力捆绑式火箭发射成功，五兆瓦低温核供热试验堆建成并投入正常运行，大秦线万吨级组合列车运行试验成功等，标志着我国又一批科技成果达到国际先进水平。1990 年我国还成功地承办第十一届亚运会。人民生活水平进一步提高，全国绝大多数地区解决了温饱问题，开始向小康社会迈进。

各项建设事业的发展进步

为了保证经济建设和改革开放的顺利进行，我们党领导人民在政治、思想、文化、国防、外交等领域，进行了大量工作，取得了显著成效。

随着经济体制改革的全面展开，我国社会主义民主法制建设迈出新步伐，党的领导得到进一步加强和改善。1980 年 9 月，根据中共中央建议，五届全国人大三次会议决定成立宪法修改委员会，主持修改宪法。1982 年 12 月 4 日，五届全国人大五次会议通过了新宪法。这部宪法以 1954 年宪法为基础，纠正 1978 年宪法中存在的缺点，内容更加完备，增加了适应改革开放和社会主义现代化建设的新规定。新宪法用根本大法的形式对我国的根本政治制度和基本政治制度、基本经济制度、国家的根本任务、公民的基本权利和义务、国家机构的设置和职责等重大问题作了明确规定；确认“任何组织或者个人都没有超越宪法和法律的特权”，以及“中华人民共和国公民在法律面前一律平等”等重要原则。1982 年宪法在结构上还作了一个重大调整，就是把“公民的基本权利和义务”一章调到“国家机构”一章之前，以充分体现国家一切权力属于人民与国家尊重和保障人权。

发展和完善中国共产党领导的多党合作和政治协商制度，是我国民主政治建设的一项重要内容。党的十二大把“长期共存、互相监督”的八字方针发展为“长期共存、互相监督、肝胆相照、荣辱与共”十六字方针。中国共产党与各民主党派的合作进入一个新的阶段。各民主党派参与管理国家的人员大幅度增加。在政协第六届全国委员会委员中，共产党员的比例从第五届的60%减少至40%。民主党派和无党派人士在全国人大的代表所占比例，第五届为14.1%，第六届上升为18.2%；担任副委员长职务的比例，第五届为25%，第六届则为50%。一些民主党派成员和无党派人士还在各级政府、司法机关中担任领导职务。各民主党派和无党派人士在国家政治生活中的积极作用得到进一步发挥。

在民族区域自治制度方面，1982年宪法恢复1954年宪法的正确内容，并作出一些新的规定。主要是：民族自治地区的人大常委会中应当有实行区域自治的民族的公民担任主任或者副主任；自治区主席、自治州州长、自治县县长由实行区域自治的民族的公民担任；自治机关在国家计划指导下，自主安排和管理地方性的经济建设事业；自治机关自主管理本地方的教育、科学、文化、卫生、体育事业等。根据新宪法的原则，1984年5月，《中华人民共和国民族区域自治法》颁布，同年10月1日起施行，从法律上把民族区域自治制度确立为中国特色社会主义制度的一项基本政治制度。

随着新宪法的施行，基层民主建设大步推进。全国企事业单位普遍建立职工代表大会，城市中的居民委员会进一步健全，农村中的村民委员会逐步建立。自1980年2月广西宜山县三岔公社合寨大队农民以无记名投票方式选举产生我国第一个村民委员会后，到1985年底，全国共建立村民委员会约94.9万个。根据1982年宪法确立的村民自治原则，1987年11月，六届全国人大常委会第二十三次会议通过《中华人民共和国村民委员会组织法（试行）》，规定：村民委员会是村民自我管理、自我教育、自我服务的基层群众性自治组织；乡、民族乡、镇的人民政府对村民委员会的工作给予指导、支持和帮助；村民委员会协助乡、民族乡、镇的人民政府开展工作。根据1982年宪法关于城市居民委员会制度的规定，1989年12月，七届全国人大常委会第十一次会议通过《中华人民共和国城市居民委员会组织法》，为城市居民委员会发展提供了法律保障。中国特色社会主义的基层群众自治制度逐步形成。

1982年宪法的施行，推动法制建设步伐加快。六届、七届全国人大期间，共审议通过法律96部。立法的重点体现在两个方面：一是制定适应现代化建设、经济体制改革和对外开放需要的法律，如全民所有制工业企业法、中外合作经营企业法、外商投资企业和外国企业所得税法等；二是制定保障公民权利方面的法律，具有代表性的是村民委员会组织法和在我国开“民可告官”先河的行政诉讼法。在执法方面，遵循有法必依、执法必严、违法必究的原则，人民法院和人民检察院认真履行职能，努力维护社会主义法制的权威，维护公民的合法权益，依法打击危害社会秩序和经济秩序的各种犯罪活动，使社会治安明显好转，保障了改革和建设的顺利进行。全国范围的“一五”普法活动在1986年全面展开，其后根据新的形势每隔五年制定一次普法规划，更新普法内容，法制宣传教育不断加强和深入。

改革开放和发展商品经济的客观环境，迫切要求加强精神文明建设。1981年6月，党的十一届六中全会通过的《关于建国以来党的若干历史问题的决议》，强调社会主义必须有高度的精神文明。党的十二大进一步把建设高度的社会主义精神文明确定为我国社会主义现代化建设的一个战略方针。

在党中央的重视和领导下，精神文明建设活动广泛开展起来。1981年2月25日，全国总工会、共青团中央、全国妇联等9个单位联合发出《关于开展文明礼貌活动的倡议》，向全国人民特别是青少年提出，开展以讲文明、讲礼貌、讲卫生、讲秩序、讲道德和心灵美、语言美、行为美、环境美为内容的"五讲四美"活动。同年2月28日，中央宣传部、教育部、文化部、卫生部、公安部联合发出《关于开展文明礼貌活动的通知》。人民解放军也根据自己的特点，开展了"四有、三讲、两不怕"①的教育活动。

1982年2月，党中央、国务院根据广大人民群众的要求，倡导开展了第一个"全民文明礼貌月"活动。其内容除"五讲四美"外，又增加了"三热爱"的内容，即热爱祖国、热爱社会主义、热爱中国共产党。1983年3月，党中央、国务院决定在中央和各省、自治区、直辖市成立"五讲四美三热爱"活动委员会，并设立了相应办事机构。1984年以后，"创建文明城市"及军民共建文明村镇、文明街道等活动在全国比较普遍地开展起来。"五讲四美三热爱"活动的开展，对促进党风和社会风气好转起了积极作用。

1986年9月，党的十二届六中全会专题研究加强精神文明建设问题，作出《关于社会主义精神文明建设指导方针的决议》。《决议》指出，以马克思主义为指导的社会主义精神文明是社会主义社会的重要特征，它为物质文明的发展提供精神动力和智力支持，为它的正确发展方向提供思想保证，搞好这项建设是关系社会主义兴衰成败的大

① "四有、三讲、两不怕"，即有理想、有道德、有文化、有纪律，讲军容、讲礼貌、讲卫生，不怕艰难困苦，不怕流血牺牲。

事。党的十二届六中全会通过的《决议》，是党的第一个关于精神文明建设的纲领性文件，为我国精神文明建设的健康发展提供了基本指导方针。

此外，国防建设从指导思想上实现了战略性转变。军队的整编和改革取得重大成就，在裁军百万的同时，革命化、现代化、正规化建设有了新的进步，防卫作战能力有了新的提高。按照“一国两制”的原则，中英、中葡已就解决香港和澳门问题达成协议。根据国际形势和我国现代化建设的需要，围绕和平和发展两大主题，调整外交格局和党的对外关系，发展了独立自主、反对霸权主义、维护世界和平的对外政策。

第二章

建立市场经济体制与建设新的伟大工程

20 世纪 80 年代末 90 年代初，国内发生严重政治风波，东欧剧变、苏联解体，世界社会主义出现严重曲折，我国社会主义事业的发展面临空前巨大的困难和压力。在这个决定党和国家前途命运的重大历史关头，以江泽民同志为核心的党中央紧紧依靠全党和全国各族人民，坚持党的基本路线不动摇，成功地稳住了改革和发展的大局，捍卫了中国特色社会主义伟大事业。

1992 年，邓小平发表南方谈话后，党的十四大确立社会主义市场经济体制的改革目标，改革开放和现代化建设进入新的阶段。在社会主义条件下发展市场经济，是前无古人的伟大创举，是中国共产党人对马克思主义发展作出的历史性贡献，体现了中国共产党坚持理论创新、与时俱进的巨大勇气；由计划经济体制向市场经济体制的转变，实现了改革开放新的历史性突破，打开了中国经济、政治和文化发展的崭新局面；党坚持用时代发展的要求审视自己，以改革的精神加强和完善自己，全面推进党的建设新的伟大工程，不断提高党的领导水平和执政水平，提高拒腐防变和抵御风险的能力。

在推进中国特色社会主义跨世纪发展的伟大实践中，以江泽民同志为主要代表的中国共产党人，进一步加深了对什么是社会主义、怎样建设社会主义和建设什么样的党、怎样建设党的认识，积累了治党治国新的宝贵经验，形成了“三个代表”重要思想。“三个代表”重要思想是对马克思列宁主义、毛泽东思想、邓小平理论的继承和发展，反映了当代世界和中国的发展变化对党和国家工作的新要求，是加强和改进党的建设、推进我国社会主义自我完善和发展的强大理论武器，是中国共产党集体智慧的结晶，是党必须长期坚持的指导思想。始终做到“三个代表”，是我们党的立党之本、执政之基、力量之源。

一、建立社会主义市场经济体制

20 世纪 80 年代末 90 年代初，国内发生严重政治风波，东欧剧变、苏联解体，世界社会主义出现严重曲折，我国改革开放和现代化建设面临空前巨大的困难和压力。在这个重大历史关头，党中央紧紧依靠全党和全国各族人民，坚持党的十一届三中全会以来的路线不动摇，聚精会神抓党的建设，成功地稳住了改革和发展的大局，捍卫了中国特色社会主义伟大事业。

应对国内政治风波与新的中央领导集体产生

从 1984 年到 1988 年，我国经济经历了一个加速发展的飞跃时期，整个国民经济提高到一个新的水平。同时，在前进中也出现了一些问题，主要是：

在经济建设上急于求成，到处大兴土木，相互攀比，低水平的重复建设严重，特别是“首长项目”“条子工程”多如雨后春笋，导致投资需求膨胀。另一方面，企业在扩大自主权后纷纷滥发工资和奖金，还私设“小金库”，造成消费需求膨胀。当时国力有限，拿不出足够的钱来，于是都把银行当财库和账房，靠他们扩大信贷和多发票子填补缺口，结果导致通货膨胀不断加剧，物价大幅度地轮番上涨，涨幅远远超出群众、企业和国家的承受能力。

在思想政治领域，思想政治工作明显削弱，错误思潮泛滥，党的领导在一些方面出现软弱涣散现象。党的个别领导人对国内外思想意识形态发展的形势判断发生原则性的错误，对一些明显错误的思想倾向没有采取坚决的措施予以制止，甚至有些顽固坚持资产阶级自由化立场的人还得到了保护、信用、提拔，而不少坚持四项基本原则、抵制腐朽思想和丑恶现象的人反而受到打击、压制，致使一些非马克思主义的、错误的甚至反动的言论得以在社会上传播、蔓延，严重影响了马列主义、毛泽东思想在思想文化领域的领导和指导地位。

这些问题愈演愈烈，导致在 1989 年春夏之交发生了一场严重的政治风波。

党和政府依靠人民，旗帜鲜明地反对动乱，平息在北京发生的反革命暴乱，捍卫了社会主义国家政权，维护了人民的根本利益，保证了改革开放和现代化建设继续前进。与此同时，中央明确宣告，党的基本路线和十三大的决策是正确的，绝不因为发生这场政治风波而动摇。

6月23日至24日，党的十三届四中全会在北京举行。全会对中央领导机构的部分成员进行了调整：增选江泽民、宋平、李瑞环为中央政治局常务委员会委员；选举江泽民为中央委员会总书记。

全会强调，要继续坚决执行党的十一届三中全会以来的路线、方针和政策，继续坚决执行党的十三大确定的“一个中心、两个基本点”的基本路线。当前，要特别注意抓好四件大事：一是彻底制止动乱、平息反革命暴乱，严格区分两类不同性质的矛盾，进一步稳定全国局势；二是继续搞好治理整顿，更好地坚持改革开放，促进经济持续、稳定、协调地发展；三是认真加强思想政治工作，努力开展爱国主义、社会主义、独立自主、艰苦奋斗的教育，切实反对资产阶级自由化；四是大力加强党的建设，大力加强民主和法制建设，坚决惩治腐败，切实做好几件人民普遍关心的事情，决不辜负人民对党的期望。

江泽民在全会上发表讲话指出：“这次中央领导机构作了一些人事调整，但是，党的十一届三中全会以来的路线和基本政策没有变，必须继续贯彻执行。在这个最基本的问题上，我要十分明确地讲两句话：一句是坚定不移，毫不动摇；一句是全面执行，一以贯之。”[①] 这一鲜明的政治宣示，对于帮助广大党员干部全面理解、自觉执行党的十一届三中全会以来的路线方针政策，保证我国改革开放和现代化建设事业沿着中国特色社会主义道路健康发展，具有重大意义。

全会以后，新的中央领导集体全面贯彻党的基本路线，继续抓住经济建设这个中心，努力纠正“一手比较硬，一手比较软”的现象，一手抓治理整顿、深化改革，一手抓党的建设、精神文明建设和思想

① 《江泽民文选》第1卷，人民出版社2006年版，第57页。

政治工作，全国政治局面迅速趋向稳定，经济形势逐步好转，思想战线出现新的转机。

在新的中央领导集体卓有成效地开展工作的情况下，邓小平向中央政治局正式提出辞去中央军委主席职务的请求。1989 年 11 月，党的十三届五中全会同意邓小平的这一请求，决定江泽民为中央军事委员会主席[①]。全会认为，邓小平从党和国家的根本利益出发，在自己身体还健康的时候辞去现任职务，实现他多年来一再提出的从领导岗位上完全退下来的夙愿，表现了一个无产阶级革命家的广阔胸怀。对他身体力行地为废除干部领导职务终身制所作出的表率，全会表示崇高的敬意。全会高度评价邓小平几十年革命生涯建立的卓越功勋，要求全党一定要认真学习邓小平同志的著作，使它今后在我国社会主义现代化建设的伟大进程中发挥重大的指导作用。

经过党的十三届四中、五中全会，中央领导集体顺利实现了新老交替，这对于保证党的政策的稳定性、连续性，实现党和国家的长治久安，具有极为重大的意义。

建立市场经济体制的目标、规划及实施

在推进改革开放实践进程中，党不断深化对计划与市场关系的认识，逐步形成了以市场为取向的经济体制改革大思路。

党的十二大提出“正确贯彻计划经济为主、市场调节为辅原则”的问题，强调“国家通过经济计划的综合平衡和市场调节的辅助作

① 1990 年 3 月，七届全国人大三次会议接受邓小平辞去中华人民共和国中央军事委员会主席职务的请求，选举江泽民为中华人民共和国中央军事委员会主席。

用，保证国民经济按比例地协调发展”。同时，确认“除了指令性计划之外，对许多产品和企业要实行主要运用经济杠杆以保证其实现的指导性计划”[①]。

党的十二届三中全会通过的《中共中央关于经济体制改革的决定》指出：改革的基本任务是建立起具有中国特色的、充满生机和活力的社会主义经济体制，促进社会生产力的发展；改革计划体制，首先要突破把计划经济同商品经济对立起来的传统观念，明确认识社会主义计划经济必须自觉依据和运用价值规律，是在公有制基础上的有计划的商品经济；商品经济的充分发展，是社会经济发展不可逾越的阶段，是实现我国经济现代化的必要条件。这是我们党对社会主义经济作出的科学概括，是对马克思主义经济学的重大发展，是我国经济体制改革的基本理论依据。

党的十三大进一步强调，社会主义有计划商品经济的体制，应该是计划与市场内在统一的体制，计划和市场的作用范围都是覆盖全社会的；新的经济运行机制应当是“国家调节市场，市场引导企业”的机制；国家运用经济手段、法律手段和必要的行政手段，调节市场供求关系，创造适宜的经济和社会环境，以此引导企业正确地进行经营决策。实现这个目标是一个渐进过程，必须为此积极创造条件。

1992 年初，邓小平发表南方谈话，指出：“计划多一点还是市场多一点，不是社会主义与资本主义的本质区别。计划经济不等于社会主义，资本主义也有计划；市场经济不等于资本主义，社会主义也有市场。计划和市场都是经济手段。”[②]这就从根本上解除了把计划经济

① 中共中央文献研究室编：《十二大以来重要文献选编》（上），中央文献出版社 2011 年版，第 18—19 页。
② 《邓小平文选》第 3 卷，人民出版社 1993 年版，第 373 页。

和市场经济看作属于社会基本制度范畴的思想束缚。

1992年6月9日，江泽民在中共中央党校省部级干部进修班上讲话时，针对关于建立新经济体制讨论中提出的“建立计划与市场相结合的社会主义商品经济体制”“建立社会主义有计划的市场经济体制”和“建立社会主义的市场经济体制”等意见，明确表示：我个人的看法，比较倾向于使用“社会主义市场经济体制”这个提法[①]。6月12日，邓小平在同江泽民谈话时也表示，赞成使用“社会主义市场经济体制”这个提法。他还说：在党校的讲话可以先发内部文件，反映好的话，就可以讲。这样十四大也就有了一个主题了。[②]后来，经过广泛征求意见，各省区市都同意这个提法。党的十四大正式确定了我国经济体制改革的目标是建立社会主义市场经济体制。

社会主义市场经济体制是同社会主义基本制度结合在一起的。在“市场经济”前面加上“社会主义”这个限制词，不是“画蛇添足”，而是“画龙点睛”。它表明，中国要建立的社会主义市场经济体制，就是要使市场在社会主义国家宏观调控下对资源配置起基础性作用，使经济活动遵循价值规律的要求，适应供求关系的变化。在所有制结构上，以公有制经济为主体，个体经济、私营经济、外资经济为补充，多种经济成分长期共同发展；在分配制度上，以按劳分配为主体，其他分配方式为补充，兼顾效率与公平；在宏观调控上，把人民的当前利益与长远利益、局部利益与整体利益结合起来，更好地发挥计划和市场两种手段的长处。

把社会主义基本制度同市场经济体制结合在一起，作为经济体制

① 《江泽民文选》第1卷，人民出版社2006年版，第202页。
② 中共中央文献研究室编：《邓小平思想年编（1975—1997）》，中央文献出版社2011年版，第710页。

改革的目标，这是中国共产党人对发展马克思主义作出的重大理论贡献，也是一项前无古人的开创性事业，为实现改革开放新的历史性突破，打开我国经济、政治和文化发展的崭新局面，提供了理论依据，开辟了现实道路。

按照党的十四大关于建立社会主义市场经济体制的重大决策，党中央、国务院作出一系列相应的体制改革和政策调整，同时抓紧制定总体规划，并有计划、有步骤地加以实施。经过广泛深入的专题调研，1993 年 11 月，党的十四届三中全会审议通过《中共中央关于建立社会主义市场经济体制若干问题的决定》。《决定》指出：社会主义市场经济体制是同社会主义基本制度结合在一起的。建立社会主义市场经济体制，就是要使市场在国家宏观调控下对资源配置起基础性作用。《决定》把党的十四大提出的经济体制改革目标和基本原则进一步具体化，制定了建立社会主义市场经济体制的总体规划。它所勾画的社会主义市场经济体制基本框架是：在坚持以公有制为主体、多种经济成分共同发展的基础上，建立现代企业制度、全国统一开放的市场体系、完善的宏观调控体系、合理的收入分配制度和多层次的社会保障制度。这个决定总结了我国改革开放的基本经验，也借鉴了市场经济发达国家的有益经验，回答了改革实践中提出的许多重大问题，在理论和政策上都有新的突破，思想性和指导性都很强，是继续深化改革的纲领性文件。

《决定》的起草工作是和党中央、国务院推进改革的重大决策同步进行的。其所规定的改革措施，有不少是对已经酝酿成熟的改革方案的确认。在党的十四届三中全会结束后的很短时间里，国务院分别于 1993 年 12 月 15 日、12 月 25 日和 1994 年 1 月 11 日推出了《关于实行分税制财政管理体制的决定》《关于金融体制改革的决定》和《关于进一步深化对外贸易体制改革的决定》三个重要文件。财税体制改革，主要是按照中央与地方政府的事权划分，合理确定各级财政的支出范围；根据事权与财权相结合的原则，将税种统一划分为中央税、地方税和中央地方共享税，并建立中央税收和地方税收体系，分设中央与地方两套税务机构分别征管；科学核定地方收支数额，逐步实行比较规范的中央财政对地方的税收返还和转移支付制度；建立和健全分级预算制度，硬化各级预算约束。金融体制改革，主要是加强中央银行的职能，实行政策性银行和商业性银行分开以及汇率并轨，建立在国务院领导下，独立执行货币政策的中央银行宏观调控体系；建立政策性金融与商业性金融分离，以国有商业银行为主体、多种金融机构并存的金融组织体系；建立统一开放、有序竞争、严格管理的金融市场体系。外贸体制改革，主要是以统一政策、放开经营、平等竞争、自负盈亏、工贸结合、推行代理制为方向，将外贸进口的指令性计划改为指导性计划，加快自主降税步伐，建立适应国际经济通行规则的运行机制，这为后来加入世界贸易组织准备了条件。

根据《决定》的精神，1994 年还推出了其他许多改革措施。投资体制改革，主要是按照不同投资主体的投资范围和各类建设项目的不同情况分别实行不同的投资方式，进一步强化企业的投资主体地位，在投资融资领域更多地引入市场竞争机制。计划体制改革，主要是进一步转变计划管理职能，实行以市场为基础的指导性计划为主，突出国家计划的宏观性、战略性、政策性，把重点放在中长期计划上，综合协调宏观经济政策和经济杠杆的作用。价格管理体制改革，主要是调高粮食、棉花、石油、煤炭等基础产品价格，进一步理顺比价关系，大部分生产资料价格由“双轨制”并轨为单一的市场价格，建立以经济手段为主的价格调控体系。

改革福利分房制度，实行住房商品化，涉及千家万户的切身利益，关系整个社会的发展和稳定。20 世纪 80 年代的房改经历了公房出售试点、民建公助建房试点和提租补贴试点，在实践中步履蹒跚、困难重重。20 世纪 90 年代初期，全国房改工作开始加快。1993 年，全国住房改革领导小组开始着手起草《关于深化城镇住房制度改革的决定》及有关配套文件，经过深入调研和广泛征求各方面意见后，以国发〔1994〕43 号文件下发执行。与以往的房改方案相比，1994 年的房改决定在正确处理国家、单位和个人利益方面迈出了重要步伐，出售公房和建立公积金制度两大问题有了重大突破，并且详细规定了具体政策。

国有企业改革继续深化。十四大以后，按照建立社会主义市场经济体制的要求，国有企业改革开始从以往的放权让利、政策调整进入到转换机制、制度创新阶段。1994 年，为了落实十四届三中全会精神，国家经贸委、体改委会同有关部门，本着“产权清晰、权责明确、政企分开、管理科学”的要求，从 1994 年底开始，选择 100 家国有大中型企业，进行建立现代企业制度的试点。要求把深化国有企业改革同企业改组、技术改造和加强企业管理结合起来，通过建立现代企业制度，使企业成为自主经营、自负盈亏、自我发展、自我约束的法人实体和市场竞争主体。随后，全国各地先后选定了 2700 多家国有企业参与现代企业制度试点。这些试点企业在清产核资、明确企业法人财产权基础上，逐步建立了国有资产出资人制度，建立了现代企业制度的领导体制和组织制度框架，初步形成了企业法人治理结构。在进行现代企业制度试点的同时，国务院还选择18个城市进行“优化资本结构”配套改革的试点，以市场为依托，在整体推进国有企业转换经营机制的前提下，采取多种政策，通过破产、兼并探索建立国有企业优胜劣汰机制，在补充企业资本金、减轻企业债务负担、分离社会服务功能、分流富余人员、资产多元化等方面实现了重点突破，在企业破产、兼并和职工再就业方面取得了一定成效。国务院逐步扩大了“优化资本结构”试点范围，1996年增加到58个城市。

通过上述改革，计划经济体制向社会主义市场经济体制转轨的步伐加快，市场在资源配置中的基础性作用得到明显增强，全国呈现改革开放全面推进、经济建设迅猛发展的蓬勃景象。这就为有效进行宏观调控，保证经济健康发展，创造了有利条件。

农村产业结构调整和国有企业改组改造

随着建立社会主义市场经济体制步伐的加快，我国农业管理体制和产业结构与市场经济不相适应的矛盾越来越突出，致使1996年农业生产在取得丰收之后又出现了农产品供给相对过剩、市场粮价持续下降、农民收入徘徊不前的局面。党的十五大提出，要根据我国经济发展状况，充分考虑世界科学技术加快发展和国际经济结构加速重组的趋势，着眼于全面提高国民经济整体素质和效益，增强综合国力和国际竞争力，对经济结构进行战略性调整，坚持把农业放在经济工作的首位，稳定党在农村的基本政策，确保农业和农村经济发展、农民收入增加。

为解决农产品相对过剩问题，中央及时提出对农业结构实施战略性调整的方针。根据这一方针，各地积极发展农业产业化经营，形成生产、加工、销售有机结合和相互促进的机制，推进农业向商品化、专业化、现代化转变。为此，着重抓了三个方面的工作：全面优化农作物品种，努力提高农产品质量；积极发展畜牧水产业，优化农业的产业结构；调整农业生产布局，发挥区域比较优势。同时，积极发展小城镇和乡镇企业，转移农村富余劳动力，拓宽城乡市场。通过这些调整，种植业结构进一步优化，畜牧业发展步伐加快，促进了农产品的加工转化增值，农产品质量明显提高。

1998 年 10 月，党的十五届三中全会通过《中共中央关于农业和农村工作若干重大问题的决定》，提出农业和农村实现跨世纪发展的目标和任务。《决定》强调，农村出现的产业化经营，能够有效解决千家万户的农民进入市场、运用现代科技和扩大经营规模等问题，提高农业经济效益和市场化程度，是我国农业逐步走向现代化的现实途径之一。全会还提出，要坚定不移地贯彻土地承包期再延长 30 年的政策。中央的这一决策，让亿万农民安了心，促进了农业的发展。

为解决农民增收问题，党和政府采取多方面措施，加大扶贫攻坚力度。1994 年初开始实施《国家八七扶贫攻坚计划》，即从 1994 年到 2000 年，集中人力、物力、财力，动员社会各界力量，力争用 7 年左右的时间，基本解决 8000 万农村贫困人口的温饱问题。实施这个计划过程中，中央和地方各级政府在财力有限的情况下，逐年加大扶贫资金投入，由 1994 年的 97.85 亿元增加到 2000 年的 248.15 亿元，累计投入中央扶贫资金 1127 亿元，相当于上一个 7 年扶贫投入总量的三倍。到 2000 年底，全国农村没有解决温饱的贫困人口（按 1978 年贫困标准）减少到 3209 万人，占农村人口的比重下降到 3.5%

左右。这7年间，全国592个国家级贫困县生产生活条件明显改善，累计修建基本农田6012万亩，新增公路32万公里，架设输变电线路36万公里，解决了5986万人的饮水困难问题，通电、通路、通邮、通电话的行政村分别达到95.5%、89%、69%和67.7%。到2000年，我国实现了粮食等主要农产品由长期短缺到总量基本平衡、丰年有余的历史性转变。

1994年底开始的国有企业建立现代企业制度改革试点工作取得明显成效，但是从总体上看，国有企业面临的困难局面仍在延续，在有些方面甚至还有所发展，到1996年上半年甚至出现净亏损的局面。这既有经营管理不善、债务沉重、设备工艺老化、产品缺乏竞争力等方面的原因，也有企业社会包袱沉重以及外部因素的影响。以上海宝钢和辽宁鞍钢为例，前者年产钢700万吨，仅有2万多职工；后者年产钢800多万吨，却有职工22万多人、12万退休职工，另外还有18万职工子弟等待安排就业。这种情况说明，国有企业改革情况复杂，任务艰巨，必须寻求新思路，才能取得新突破。1997年9月，党的十五大重申建立现代企业制度是国有企业改革的方向，提出把国有企业改革同改组、改造、加强管理结合起来，着眼于搞好整个国有经济，抓好大的，放活小的，对国有企业实施战略性改组；实行鼓励兼并、规范破产、下岗分流、减员增效和再就业工程，形成企业优胜劣汰的竞争机制；推进各项配套改革，建立有效的国有资产管理、监督和营运机制以及社会保障体系、城镇住房公积金等，力争到20世纪末大多数国有大中型骨干企业初步建立现代企业制度。

党的十五大以后，以建立现代企业制度为方向的国有企业改革攻坚全面展开。由于亚洲金融危机导致我国出口锐减，加上多年重复建设造成国内产能过剩，几乎所有工业产品都供大于求。这种状况使历史包袱沉重且经营机制转换又没有到位的国有企业面临前所未有的严重困难，大批企业停产或半停产，上千万职工下岗。针对这种状况，党中央提出用三年左右时间，使大多数国有大中型企业摆脱困境的要求。根据这一要求，国务院在 1997 年确定把“优化资本结构”试点的城市由 58 个扩大到 111 个，参加试点的大型企业集团由 57 家扩大到 120 家。1998 年，国有企业改革继续推进，政企分开迈出重大步伐，组建了中国石油天然气集团、中国石油化工集团、上海宝钢集团等一批特大型企业集团。这些大型国企按照市场要求运作，不再承担行政性职能，由政府授权经营国有资产，增强了自我发展和参与国际竞争的能力，初步形成了新的管理体制。按照建立现代企业制度的要求，许多国有企业进行了公司制和股份制改造，并在境内或境外资本市场成功上市，不仅募集了大量资金，改善了资产结构和经营状况，而且在促进多元化投融资体系形成、扩大国家财政收入渠道等方面都发挥了积极作用。国有小企业发挥“船小好调头”的优势，采取改组、联合、兼并、租赁、承包经营、股份合作制、出售等形式，加快了改革步伐。

推进国有企业改革，关系整个国民经济发展和中国特色社会主义的历史命运，只能成功，不能失败。党中央认真总结推进国有企业改革发展积累的初步经验，于 1999 年 9 月召开十五届四中全会，审议通过《中共中央关于国有企业改革和发展若干重大问题的决定》，明确了从现在起到 2010 年国有企业改革和发展的主要目标和指导方针，强调要着眼于搞好整个国民经济，从战略上调整国有经济布局和改组国有企业；着力转换企业经营机制，提高企业整体素质；加强企业的科研开发和技术改造，走集约型和可持续发展道路；协调推进各项配套改革，建立权责明确的国有资产管理、监督和营运体系；等等。

按照党的十五届四中全会精神，国有企业展开了多层面、深层次的改革攻坚。国有企业中亏损最大的纺织行业，通过压缩淘汰落后棉纺锭、分流下岗职工60余万人等措施，率先实现整体扭亏，成为国有企业中整个行业摆脱困境的突破口。国家重点监测的14个行业有12个整体扭亏和持续增盈。煤炭、军工两个行业的亏损额大幅减少。以东北老工业基地脱困为重点，带动了全国扭亏增盈，31个省区市有30个扭亏和持续增盈。小企业结束了连续六年净亏损的局面。这些成效说明，国有大中型企业改革和脱困三年目标基本实现。这是党中央在改革发展关键阶段抓住时机、正确决策的结果，同时也要归功于工人阶级与党同心同德、为改革事业作出的巨大奉献。

在国有企业改革中，出现了大量职工下岗问题。1993年全国下岗职工累计达300万人，此后逐年上升，到1997年突破1000万人。这是改革和经济结构大调整过程中出现的“阵痛”，主要原因是，长期存在的重复建设难以制止，企业产能过剩、市场竞争力差，加之技术进步加快，资本有机构成提高，需要的工人数量也随之减少。大批职工下岗，生活十分困难，成为万众瞩目的社会问题。

面对短时间内出现的数以千万计的下岗职工，党和政府积极采取措施，加大再就业培训力度，创造新的就业岗位，解决下岗职工基本生活保障问题。1998年5月，中共中央、国务院召开国有企业下岗职工基本生活保障和再就业工作会议。6月，中共中央、国务院发出通知，要求把解决国有企业下岗职工的基本生活保障和再就业作为首要任务，争取用五年左右时间，初步建立适应社会主义市场经济体制要求的社会保障体系和就业机制。各级政府按照中央部署，先后为下岗职工建立起三条保障线：一是下岗职工基本生活保障；二是三年后未就业者享受失业保险；三是失业保险满两年仍未就业者可享受城镇居民最低生活保障。许多地方还通过加强多种形式的职业培训，拓宽就业渠道，建立再就业服务中心，引导职工转变择业观念，大力推进下岗职工再就业工程。同时，启动了以职工养老保险、医疗保险为重点的社会保障制度改革。这些措施，保障了下岗职工的基本生活，在很大程度上消解了国有企业改革的困难和风险。

全方位对外开放格局形成

20 世纪 90 年代，党在十分复杂和严峻的国际环境中，毫不动摇地始终坚持对外开放的基本国策，推动我国对外开放迈出重大步伐。

党的十四大和十四届三中全会提出，对外开放的地域要扩大，形成多层次、多渠道、全方位开放的格局，充分利用国际国内两个市场、两种资源，积极推进以质取胜和市场多元化等战略措施。1994 年，针对经济特区建设上出现的一些思想认识问题[①]，党中央明确提出，中央对发展经济特区的决心不变，中央对经济特区的基本政策不变，经济特区在全国改革开放和现代化建设中的历史地位和作用不变，“经济特区要增创新优势，更上一层楼”[②]。面对经济、科技全球化趋势，党的十五大进一步提出，对外开放是一项长期的基本国策，“要以更加积极的姿态走向世界，完善全方位、多层次、宽领域的对

① 指在全国形成全方位对外开放格局的新形势下，特区还要不要“特”、还要不要继续发展的议论。
② 《江泽民文选》第 1 卷，人民出版社 2006 年版，第 374 页。

外开放格局，发展开放型经济，增强国际竞争力”[①]。

根据这些重要决策，党中央、国务院采取一系列重大举措，大力推进对外开放。这一时期，我国先后建立起一批经济技术开发区和保税区，同时明确了以浦东开发区为龙头带动长江流域经济起飞的发展战略，确定要在21世纪初将上海建成国际经济、金融、贸易中心。1992年，我国对外开放再次迈出新步伐：一是以上海浦东为龙头，开放芜湖、九江、岳阳、武汉、重庆5个沿江城市和三峡库区；二是开放哈尔滨、长春、呼和浩特、石家庄4个边境、沿海省会城市；三是开放珲春、绥芬河、黑河、满洲里、二连浩特、伊宁、塔城、博乐、瑞丽、畹町、河口、凭祥、东兴13个沿边城市，鼓励沿边城市发展边境贸易和与周边国家的经济合作；四是开放太原、合肥、南昌、郑州、长沙、成都、贵阳、西安、兰州、西宁、银川11个内陆省会城市。随后几年，又陆续开放了一大批符合条件的内陆市县。到1997年，我国对外开放的一类口岸达到235个，二类口岸达到350个，逐步形成了从沿海到沿江、从沿边到内陆，多层次、多渠道、全方位开放的新格局。2000年以后，伴随着西部大开发、振兴东北等老工业基地和中部崛起等战略的实施，对外开放进一步向全国广大腹地扩展，全方位对外开放地域格局更趋完善。同时，利用外资的领域，逐步扩大到金融、贸易、商业、交通、旅游和其他第三产业，凡符合国家产业政策经国家批准的重大投资项目和高新技术项目，不分地区都可以享受经济技术开发区的优惠政策。

对外开放是一项长期的基本国策。根据经济全球化的新趋势和我

① 中共中央文献研究室编：《十五大以来重要文献选编》（上），中央文献出版社2011年版，第24页。

国改革开放的发展进程，党中央在世纪之交提出并实施了对外开放“引进来”和“走出去”相结合的战略，推动对外开放形成全方位、多层次、宽领域发展的新格局。

1996 年 7 月 26 日，江泽民在河北省唐山市考察工作时明确指出：要加紧研究国有企业如何有重点有组织地走出去，做好利用国际市场和国外资源这篇大文章。[①] 党的十五大闭幕后不久，党中央明确提出中国企业要走出去。1998 年 2 月 26 日，江泽民在十五届二中全会上阐述应对亚洲金融危机的方针时强调指出：“在积极扩大出口的同时，要有领导有步骤地组织和支持一批有实力有优势的国有企业走出去，到国外主要是到非洲、中亚、中东、东欧、南美等地投资办厂。既要‘引进来’，又要‘走出去’，这是我们对外开放基本国策两个紧密联系、相互促进的方面，缺一不可。”[②]2000 年 10 月，党的十五届五中全会通过《中共中央关于制定国民经济和社会发展第十个五年计划的建议》，提出“要以更加积极的姿态，抓住机遇，迎接挑战，趋利避害，不断提高企业竞争能力，进一步推动全方位、多层次、宽领域的对外开放”，“实施‘走出去’战略，努力在利用国内外两种资源、两个市场方面有新的突破”。[③]

根据这一部署，我国的对外开放从过去的侧重引进为主，发展为“引进来”和“走出去”相结合，积极参与国际合作。多种形式的对外经济合作业务持续稳定增长，2001 年新签订涉及电力、交通、建筑、石化等行业的大型工程项目 15 个。到 2001 年底，我国累计参与

① 中共中央文献研究室编：《江泽民思想年编（1989—2008）》，中央文献出版社 2010 年版，第 247 页。
② 《江泽民文选》第 2 卷，人民出版社 2006 年版，第 105 页。
③ 中共中央文献研究室编：《十五大以来重要文献选编》（中），中央文献出版社 2011 年版，第 504—505 页。

境外资源合作项目 195 个，总投资 46 亿美元；累计设立各种境外企业 6610 家，其中中方投资 84 亿美元；境外项目平均投资达 252 万美元，比上年提高近 30%。中国石油天然气集团公司、中国石油化工集团公司等一批大型骨干企业在实施海外投资战略中发挥了龙头作用，已初具跨国公司雏形。

“引进来”和“走出去”相结合的开放战略促进了开放型经济的发展，使全方位、多层次、宽领域的对外开放格局更加清晰。中国经济进一步融入经济全球化进程，获得了更广阔的发展空间。这是党中央在跨世纪发展道路上作出的又一项富有远见的大决策。

加入世界贸易组织（WTO），是我国改革开放进程中具有历史意义的一件大事，也是进一步推进全方位、多层次、宽领域对外开放的重要契机，对于我国扩大对外开放、促进国内改革发展具有十分重大的意义。为适应改革开放和现代化建设的需要，中国政府于 1986 年 7 月作出申请恢复我国关贸总协定缔约国地位的决定，并随即成立专门机构统筹对外谈判工作，开始长达 15 年的艰难谈判。1993 年 11 月，江泽民在西雅图同美国总统克林顿首次会晤时，阐明了中国处理“复关”问题的三项原则：第一，关贸总协定是一个国际性组织，如果没有中国这个最大的发展中国家参加是不完整的；第二，中国要参加，毫无疑问是作为发展中国家参加；第三，中国加入这个组织，其权利和义务一定要平衡。[①] 在谈判过程中，中国始终坚持了这些指导原则。针对美国等西方国家在谈判中提出的高要价，从政治上、战略上考虑，党中央又相继提出了“态度积极、方法灵活、善于磋商、不可天

① 《江泽民文选》第 2 卷，人民出版社 2006 年版，第 584 页注 [13]。

真”和“态度积极、坚持原则、我们不急、水到渠成”等工作方针。[①]经过反复较量和艰苦谈判，1999 年 11 月 15 日，中美双方达成双边协议。2001 年 11 月 10 日，世界贸易组织第四届部长级会议，通过了中国加入世界贸易组织的决定。12 月 11 日，中国正式成为世贸组织的第 143 名成员。加入世界贸易组织，使中国经济在全球化进程中获得参与制定规则和竞争的有利位置，从而得到更为广阔的发展空间，对经济体制改革和现代化建设产生深刻影响，标志着我国对外开放进入了一个新的阶段。

二、党的建设新的伟大工程

从党的十三届四中全会到党的十六大的 13 年间，国际局势风云变幻，中国改革开放和现代化建设的进程波澜壮阔。党坚持用时代发展的要求审视自己，以改革的精神加强和完善自己，全面推进党的建设新的伟大工程，不断提高党的领导水平和执政水平，提高拒腐防变和抵御风险的能力，取得新的明显成效。

聚精会神抓党的建设

党的十三届四中全会后，党中央全面坚持党的“一个中心、两个基本点”的基本路线，在继续推进改革开放和现代化建设的同时，聚精会神抓党的建设，坚决克服和纠正“一手硬、一手软”的现象，为

① 《江泽民文选》第 3 卷，人民出版社 2006 年版，第 447 页。

解决党内存在的突出问题采取了一系列重大举措。

一是加强理论学习和思想教育，使全党对党的基本路线有一个全面的认识。

1989 年政治风波平息后，为解决党内存在的思想混乱，澄清理论是非，党中央先后就加强理论宣传和思想教育工作作出部署。1989 年 7 月，中共中央在北京召开全国宣传部长会议，要求高度重视和加强宣传、思想战线的工作，认真研究和清理资产阶级自由化泛滥过程中反映出来的各种错误观点，深入进行坚持四项基本原则、反对资产阶级自由化的教育，把全党的思想切实统一到党的基本路线上来。8 月 28 日，中共中央政治局全体会议讨论通过《中共中央关于加强党的建设的通知》，指出：思想教育要坚持理论联系实际的原则，把正面教育同清理各种错误思想结合起来，帮助党员、干部坚持正确的政治方向，提高辨别是非的能力。通知要求，在全党深入进行爱国主义、集体主义、独立自主、自力更生、艰苦奋斗、勤俭建国的教育，以及遵守党的纪律、维护党的团结的教育，把这些教育同社会主义、共产主义思想教育和党的基本知识教育结合起来；着重在县（处）级以上党政领导干部中，普遍进行马列主义、毛泽东思想基本理论的教育，并使之经常化、制度化，特别提倡领导干部学习马克思主义哲学，提高运用辩证唯物主义和历史唯物主义的立场、观点、方法分析和解决问题的能力，克服主观主义、形而上学的思想方法。同年底，中共中央作出决定，进一步建立健全省部级在职领导干部的学习制度，通过有领导、有计划地学习培训，帮助这些同志提高马克思主义的理论素养，增长领导才干。

通过理论学习和思想教育，广大党员特别是领导干部划清了马克思主义与反马克思主义、社会主义与资本主义、无产阶级思想体系与资产阶级思想体系的界限，坚定了共产主义信念，增强了全面坚持党的基本路线的自觉性和抵制各种错误思潮侵蚀的能力，提高了解决建设和改革中各种实际问题的本领。

二是开展清查清理和党员登记工作，纯洁党的组织和党员队伍。

鉴于有些党组织严重不纯，一些党员不同程度地卷入动乱，极少数党员甚至成为动乱和反革命暴乱的策划者、组织者、煽动者、指挥者，有的党组织软弱涣散，放弃领导，个别的甚至支持动乱，公开同党和政府相对抗等问题，中央决定对各级党组织进行一次普遍的整顿，在党内认真进行一次清查、清理，以纯洁党的组织。对在这场斗争中经不起考验、要求退党的，同意其退党；对其中犯有严重错误的，或在退党声明中攻击党和社会主义制度的，组织策划集体退党的，一律开除党籍。在清查、清理过程中，认真执行党的政策，严格区分两类不同性质的矛盾，注意团结大多数。清查、清理工作基本结束后，按照从严治党的方针，认真进行做合格共产党员的教育，在部分单位进行一次党员重新登记。这次党员重新登记的范围是：中央和省、自治区、直辖市机关的党员；省、自治区、直辖市党委认定的发生动乱的大中城市的机关和大专院校的党员；在发生动乱的大中城市中，由市委认定的有清查、清理任务的单位的党员。这项工作从1989年秋、冬开始，到1990年6月底基本结束。在党员登记中，对少数不合格党员进行了妥善处理，对违纪党员进行了纪律处分。

与此同时，切实加强党的基层组织建设和发展新党员的工作。针对前一时期党的基层组织特别是企业和高校党组织地位下降、作用受到削弱的状况，《中共中央关于加强党的建设的通知》明确规定：党在企业的基层组织处于政治核心的地位，企业党委要参与讨论企业的重大问题并提出意见和建议，对职工代表大会和工会等群众组织实行思想政治领导。高等院校实行党委领导下的校长负责制，无论实行何种领导体制，党委都是学校的政治核心，全面领导思想政治工作，管理干部，同时支持行政领导独立负责地工作，力戒包揽行政事务。为确保发展新党员的质量，党的基层组织认真贯彻“坚持标准，保证质量，改善结构，慎重发展”的方针，重视培养、吸收生产第一线的工人、农民、知识分子中的优秀分子入党，特别要加强在产业工人中发展党员的工作。

三是对县处级以上领导干部进行全面考察，保证党和国家各级领导权掌握在忠于马克思主义的人手中。

加强党的建设，关键在于把干部队伍和领导班子建设好。当时，全国共有 3000 多万名干部，其中在党政机关工作的近 600 万人，县处级以上干部有 98 万人。根据《中共中央关于加强党的建设的通知》中关于“认真考察领导干部，加强领导班子建设”的要求，1989 年下半年，中共中央成立干部考察组，负责指导和监督干部考察工作。各级党委组织专门力量，按照干部管理权限，对县（处）级以上领导干部进行一次深入考察，着重了解他们在政治风波中的思想认识和实际表现，考察他们在政治上、思想上、行动上是否同中央在平息政治风波中的方针保持一致，在关键时刻是否坚定地站在党和人民的立场上，敢抓敢管，有没有支持、参与、组织策划动乱的行为，以及是否坚持四项基本原则、坚持改革开放、反对资产阶级自由化，是否廉洁奉公、勇于同腐败现象作斗争。对在这场斗争中犯有严重政治错误和政治上软弱无力的领导班子，予以调整、充实、加强。这次干部考察，为加强领导班子建设创造了有利条件。一批德才兼备、在平息政治风波中表现好的优秀干部，被选拔安排到领导岗位。特别是选拔了一批党性强、有较高马克思主义理论素养和实践经验的干部，充实和加强了各级党的部门、意识形态部门和大专院校的领导，从而保证了党的各级领导权牢牢掌握在坚持四项基本原则、坚持改革开放的马克思主义者手中，把各级领导班子建设成为贯彻党的路线、方针、政策的坚强领导核心。

四是切实加强和改善党同人民群众的联系。

我们党是在同人民群众的密切联系中产生、发展和壮大起来的，没有人民群众的支持，党一天也不能生存。党的十三届四中全会后，党中央以改进党的领导作风和工作作风、密切党同人民群众的联系为重点，进一步拓宽联系群众的渠道，解决群众反映突出的问题，切实加强了党风和廉政建设。1989 年 7 月，中共中央政治局在北京召开全体会议，讨论并通过了《中共中央、国务院关于近期做几件群众关心的事的决定》，提出近期在惩治腐败和带头廉洁奉公、艰苦奋斗方面先做七件事。《决定》强调涉及对领导干部的要求，首先从党中央和国务院的领导同志做起，并要求各地区、各部门应根据本决定的精神，结合自己的实际情况，确定要做的事情并作出具体规定。

为转变机关作风，改进领导工作，改善党群关系和干群关系，充分调动和发挥群众的积极性、创造性，1990 年 1 月，中共中央、国务院决定在继续努力克服机关中存在的消极腐败现象、增强群众信任的同时，组织县级以上党政机关的干部，分期分批组成各种形式的工作小组和调研小组，在机关负责同志的率领下，到基层去，到工厂去，到农村去，到学校去，到街道去，了解民情，广交朋友，多做实事。

在此基础上，党中央于1990年3月召开十三届六中全会，作出《中共中央关于加强党同人民群众联系的决定》。全会深入总结了正反两方面的历史经验，提出了今后加强党同人民群众联系的努力方向和工作目标：（1）坚持从群众中来到群众中去，建立和健全民主的、科学的决策和执行程序，保证决策和决策的执行符合人民的利益；（2）坚持各级领导干部经常深入基层、深入群众的制度，把党的路线、方针、政策落到实处；（3）在深化政治体制改革中，推进社会主义民主和法制建设，积极疏通和拓宽党同人民群众联系的渠道；（4）坚定不移地加强廉政建设和党风建设，继续发扬艰苦奋斗精神，克服党内存在的消极腐败现象；（5）建立和完善党内监督与党外监督制度、自上而下的监督与自下而上的监督的制度，加强对各级领导机关和领导干部的监督；（6）充分发挥党的基层组织的战斗堡垒作用和广大党员的先锋模范作用；（7）在党内普遍深入地进行马克思主义群众观点和党的群众路线的再教育。全会以后，中央政治局常委带头深入基层，深入群众，开展调查研究工作，解决群众反映的突出问题。全党在加强同人民群众的联系方面做了大量工作，收到了良好效果。

为贯彻落实党的十三届六中全会的决定，中央纪律检查委员会在调查研究的基础上，于7月中下旬在全国分三片召开了纪检工作座谈会，分析党风和廉政建设的形势，讨论、研究存在的主要问题，提出了进一步发扬党的优良传统和作风、加强党风和廉政建设的意见。座谈会指出：经过去年以来的一系列工作，各级党委提高了对党风和廉政建设重大意义的认识，把它摆上了重要议事日程。许多地方和单位建立了抓党风和廉政建设责任制，从自己做起，从身边抓起，集中力量解决和纠正群众反映强烈的问题。1990年上半年，全国共查处党内违纪案件 10.3 万多件。[①]

为了同经济方面的违法违纪行为作斗争，惩治腐败，严肃党的纪律，保证经济建设和改革开放的顺利进行，党中央更加注重从制度上加强党风廉政建设。1990 年 7 月，中央纪律检查委员会根据党章、党的政策和国家有关法律法规，制定并颁布了《关于共产党员在经济方面违法违纪党纪处分的若干规定（试行）》，共有 40 条。其中明确规定了对各种违纪行为的处分条件和标准。

同年 11 月 4 日，中共中央批转中央纪委《关于加强党风和廉政建设的意见》，并强调指出：在执政和改革开放条件下加强党风和廉政建设，是一项长期而艰巨的任务。各级党委和政府，一定要从党和国家的生死存亡、改革开放的兴衰成败的高度，充分认识党风和廉政建设的重要性和紧迫性，切实加强领导，采取有力措施，把这项工作持之以恒地抓下去。根据中央的要求，许多地方和单位都建立了抓党风和廉政建设责任制，强化自律意识，落实中央要求。经过努力工作，党风和廉政建设得到了切实加强，对党政干部违法违纪案件的查办力度逐步加大，群众反映强烈的不正之风有所克服，党群和干群关系普遍得到改善。

五是加强党内制度建设与改善党的领导。

加强党内制度建设，是从严治党的重要途径和具体体现。党的十三届四中全会以后，在坚持和完善地方党政领导干部年度工作考核制度、民主评议党员制度的基础上，党中央进一步加大党内制度建设的力度，陆续制定了一批新的规章和制度。

① 中共中央文献研究室编：《新时期党的建设文献选编》，人民出版社 1991 年版，第 663 页。

1990 年 5 月，中共中央印发了《关于县以上党和国家机关党员领导干部民主生活会的若干规定》。中共中央在印发《〈关于县以上党和国家机关党员领导干部民主生活会的若干规定〉的通知》中强调，健全并严格执行党员领导干部民主生活会制度，对加强领导班子思想、作风建设，依靠自身力量解决矛盾，有效地进行党内监督，增强团结，改进作风，保证党的路线、方针、政策和决议的正确贯彻执行，都是非常重要的。县以上各级党组织尤其是主要负责同志要高度重视，认真组织，开好民主生活会。上级党组织要加强检查和指导。

为健全党的民主集中制，完善党内选举制度，1990 年 6 月，中共中央颁布了《中国共产党基层组织选举工作暂行条例》。《条例》确立了党的基层组织设立的委员会任期届满应按期进行换届选举、党的基层组织设立的委员会由党员大会选举产生、选举应尊重和保障党员的民主权利等基本原则，并就选举代表、委员会的程序和实施办法做出了具体规定。这是第一部专门就党内选举问题制定的工作条例，在党内选举制度建设上迈出了关键性的一步。

为切实保证新发展党员的质量，保持党组织的先进性和纯洁性，提高党的战斗力，1990 年 8 月，中央组织部印发了《中国共产党发展党员工作细则（试行）》。文件指出：党的基层组织要把吸收具有共产主义觉悟的先进分子入党，作为一项经常性的重要工作；发展党员工作，要从贯彻党的基本路线的要求出发，坚持标准，保证质量，有领导、有计划地进行；发展党员必须坚持入党自愿的原则和个别吸收的原则，成熟一个，发展一个。关于对要求入党的积极分子的培养教育，预备党员的接收、教育、考察和转正，发展党员工作的领导和纪律等具体工作，文件都作了详细规定。

为进一步加强领导班子建设，促进干部的健康成长，中共中央于1990年7月作出了实行党和国家机关领导干部交流制度的决定，要求从中央、国家机关各部委和省、自治区、直辖市一级做起，在各级党和国家机关中实行领导干部交流制度，主要是开展地区间的交流和工作岗位间的交流。1991年，江苏、陕西两省率先行动，互派干部，开创了经济较发达、富裕地区同经济相对落后、贫困地区之间自愿结对，分期分批交流干部的新局面。随后，北京、天津、山东、广东、福建、湖北、河北、山西、内蒙古、江西、河南、湖南、广西、海南、四川、云南、甘肃、宁夏、新疆等省、自治区、直辖市，也相继开展了自愿结对、交流干部的工作，收到了明显效果。

推进党的制度建设，需要正确处理党政关系、共产党同民主党派和群众团体的关系，加强和改善党的领导。党的十三大提出政治体制改革的任务，并把党政分开作为改革的重点。然而，在实际探索过程中，由于受到资产阶级自由化思潮的影响，出现了党的工作“业余化”“属地化”等削弱党的领导和基层党组织作用的错误倾向。1989年8月，江泽民在全国组织部长会议上发表讲话指出，政治体制改革的目的，是为了加强和改善党的领导，决不是削弱和淡化党的领导。党的领导主要体现在三个方面：一是要有一条正确的政治路线；二是要充分发挥各级党组织的政治核心作用；三是按照干部队伍“四化”方针和德才兼备的原则，建设好各级领导班子。政治体制改革至少要坚持这三个方面，才是有利于加强和改善党的领导的。

同年12月，江泽民在中共中央宣传部、中共中央政策研究室、中共中央组织部、中共中央党校举办的党建理论研究班上讲话时，进一步阐述了如何正确处理党政关系的问题。他强调：“政治领导与思想领导、组织领导又是统一的、不可分的……要善于把三者很好地统一起来，在政治、经济、文化等各个领域中，更好地坚持社会主义方向，充分发挥党对各项改革和建设的领导作用。”①

坚持和完善中国共产党领导的多党合作和政治协商制度，是推进政治体制改革、加强和改善党的领导的重要内容。它确定了共产党在国家政治生活中的领导地位，而不是各党派轮流执政；民主党派在国家政权中处于同共产党合作共事和参政议政的地位，而不是在野党、反对党。中国的政局要稳定，就必须稳定这个格局。1989 年 12 月，《关于坚持和完善中国共产党领导的多党合作和政治协商制度的意见》发布，这个重要文件贯穿了两条主线：一是加强和改善共产党对各民主党派的领导，二是发扬社会主义民主，充分发挥民主党派参政和监督作用。

工会、共青团、妇联是党领导的工人阶级、先进青年、各族各界妇女的群众组织，是党联系群众的桥梁和纽带，是国家政权的重要社会支柱。1989 年 12 月 21 日，中共中央专门就加强和改善党对工会、共青团、妇联工作的领导发出通知，要求各级党委必须牢固树立全心全意依靠工人阶级和广大人民群众的思想，高度重视工会、共青团、妇联工作，对它们实行统一领导，使这些组织坚持正确的政治方向，同党中央在政治上、思想上、行动上保持高度的一致。

经过全党两年多的共同努力，有效地解决了党内存在的思想混乱、组织涣散、纪律松弛等突出问题，遏制了腐败现象滋生的势头，密切了党群关系，增强了党的凝聚力、战斗力和影响力，为保证党在

① 《江泽民文选》第 1 卷，人民出版社 2006 年版，第 92 页。

改革开放和社会主义现代化建设中更好地发挥领导核心作用奠定了坚实的基础。

发展市场经济的严峻考验

1992 年 10 月 12 日至 18 日，中国共产党第十四次全国代表大会在北京举行。大会明确提出，我国经济体制改革的目标是建立社会主义市场经济体制，以利于进一步解放和发展生产力。

建立社会主义市场经济体制是一个长期发展的过程和艰巨复杂的社会系统工程。它不仅涉及我国经济基础和上层建筑的许多领域，需要进行一系列相应的体制改革和政策调整，而且计划与市场两种手段相结合的范围、程度和形式，在不同时期、不同领域和不同地区也会有所不同。这需要党在新的历史条件下大胆探索、敢于试验，及时总结经验，促进体制转换的健康进行。

党的十四大以后，党中央、国务院围绕建立社会主义市场经济体制的改革目标，制定了建立社会主义市场经济体制的总体规划，并相应地进行了一系列配套改革，使我国的经济体制逐步同发展社会主义市场经济的要求相适应。1992 年 12 月，国务院在北京召开全国计划会议。会议强调，社会主义市场经济包括市场和计划两种调控手段，必须十分重视培育和发展各类市场，发挥市场在资源配置中的基础作用。1993 年 1 月，全国经济体制改革工作会议强调，1993 年的改革工作一定要紧紧围绕建立社会主义市场经济体制这个总目标，进一步解决经济发展和经济体制中的深层次问题，既在体制转换的一些重要领域取得实质性进展，又能促进国民经济更好更快地发展。3 月，党的十四届二中全会审议通过《中共中央关于调整“八五”计划若干指标的建议》，强调在当前和整个90年代，抓住国内国际的有利时机，加快改革开放和现代化建设步伐，这个指导思想要坚定不移。按照调整后的“八五”计划，国民经济增长速度由原定平均每年6%调高到8%至9%。3月15日至31日，八届全国人大一次会议在北京召开。李鹏在会上代表国务院作《政府工作报告》时强调：今后五年是实现我国现代化建设第二步战略目标的关键性五年。经济建设方面的基本任务是：全面贯彻党的十四大精神，抓住机遇，加快改革开放和现代化建设步伐，依靠优化结构、技术进步和改善管理，提高经济效益，努力保持社会供求总量基本平衡，使国民经济再上一个新台阶。报告还提出，按照建立社会主义市场经济体制的目标要求，我国从1993年起要力争在转换国有企业经营机制、发展各类市场、价格改革、劳动工资制度改革、推进社会保障和城镇住房制度改革、改善和加强宏观经济管理等方面取得突破性进展。

为全面推进经济体制改革，加快改革开放和社会主义现代化建设步伐，党中央在进行深入调查研究、广泛听取各方面意见的基础上，起草了《中共中央关于建立社会主义市场经济体制若干问题的决定》。1993年11月召开的中共十四届三中全会审议并通过了这个决定。该决定明确提出了建立社会主义市场经济体制的基本任务和要求，指出：“社会主义市场经济体制是同社会主义基本制度结合在一起的。建立社会主义市场经济体制，就是要使市场在国家宏观调控下对资源配置起基础性作用。为实现这个目标，必须坚持以公有制为主体、多种经济成分共同发展的方针，进一步转换国有企业经营机制，建立适应市场经济要求，产权清晰、权责明确、政企分开、管理科学的现代企业制度；建立全国统一开放的市场体系，实现城乡市场紧密结合，国内市场与国际市场相互衔接，促进资源的优化配置；转变政府管理经济的职能，建立以间接手段为主的完善的宏观调控体系，保证国民经济的健康运行；建立以按劳分配为主体，效率优先、兼顾公平的收入分配制度，鼓励一部分地区一部分人先富起来，走共同富裕的道路；建立多层次的社会保障制度，为城乡居民提供同我国国情相适应的社会保障，促进经济发展和社会稳定。这些主要环节是相互联系和相互制约的有机整体，构成社会主义市场经济体制的基本框架。必须围绕这些主要环节，建立相应的法律体系，采取切实措施，积极而有步骤地全面推进改革，促进社会生产力的发展。"[①] 这个决定把党的十四大提出的经济体制改革的目标和基本原则加以具体化，在某些方面有进一步发展，从而勾画了社会主义市场经济体制的基本框架，是党在 20 世纪 90 年代推进改革的行动纲领。此后，我国以建立社会主义市场经济体制为目标的改革进入整体推进和重点突破阶段，以前所未有的广度和深度大步向前迈进。

在深化改革的同时，我国的对外开放也取得新的突破，形成了多层次、多渠道、全方位开放的格局。对外开放的地域不断扩大、领域进一步拓宽；对外贸易多元化，利用外资大幅度增长；我国企业开始走出国门进行对外投资和跨国经营。

改革开放的加快推进，是在我国经济高速发展的基础上进行的。从 1992 年第一季度开始，我国经济开始不断升温。当年，我国国内生产总值达到 26638.1 亿元，比上年增长 14.2%；1993 年达到 35673

① 中共中央文献研究室编：《十四大以来重要文献选编》（上），中央文献出版社 2011 年版，第 453 页。

亿元，比上年增长13.9%。这种经济增长的速度，不仅大大超过世界各国经济增长的平均数，而且连续位居第一。在市场机制作用扩大、国民经济高速发展的同时，由于旧的调控机制逐渐失效、新的宏观调控机制尚未健全，因而出现了一些新的矛盾和问题，以往那种盲目扩张投资、竞相攀比速度等问题，演变为新形势下经济运行中的过热现象。这次过热表现为“四热、四高、四紧、一乱”：“四热”是房地产热、开发区热、集资热、股票热；“四高”是高投资规模、高工业增长、高货币发行和信贷投放、高物价上涨；“四紧”是交通运输紧张、能源紧张、重要原材料紧张、资金紧张；“一乱”是经济秩序混乱，特别是金融秩序混乱。这一年适逢政府换届，各地新一届政府产生后，都急于要多做些事情，到处都呈现出一派大兴土木、大干快上的景象。建设的规模远远超出了国家和地方的承受能力，没有资金，就通过各种形式乱集资或向银行拆借。“宏观经济越来越热，地方和部门各行其是，而中国的市场又很不成熟，‘看不见的手’在兴风作浪，‘看得见的手’怎么办？”[①]这对刚刚起步的新一轮经济体制改革，特别是对党的领导水平和驾驭市场经济的能力，是一个严峻考验。

与党面临的新形势和肩负的新任务相比，党的建设还存在着许多不适应的问题，突出的是：在深化改革、建立社会主义市场经济体制中遇到的问题，过去大都未曾遇到过，能否解决好这些问题，对各级党委和领导干部来说都是一个新的考验；艰巨复杂的任务，要求全党更好地执行民主集中制，增强党的团结统一，保持行动一致，但是一些党组织程度不同地存在软弱涣散问题，存在有令不行、有禁不止的

① 陈锦华：《国事忆述》，中共党史出版社2005年版，第260页。

纪律松弛问题；拜金主义、享乐主义、极端个人主义在一部分党员、干部中滋长，消极腐败现象变换形式在某些方面蔓延，严重损害党群关系。

特别是，“现在有一种情况，中央和国务院在民主基础上形成的正确决策，在有的地方、单位却得不到贯彻落实。有些事情，上面三令五申，有的人却仍然我行我素，继续搞‘上有政策下有对策’。这种违反民主集中制原则的行为，削弱党的力量，影响党的决策的贯彻落实。出现这些问题的一个重要原因，是没有正确对待和处理全局与局部、当前与长远、中央与地方的利益关系，往往只是从局部的、眼前的、小团体的利益出发，来决定自己对待中央和上级决策的态度，合意的执行，不合意的就不执行。”[①]

此外，由计划经济体制向市场经济体制的转变，在打开我国经济、政治和文化发展崭新局面的同时，也引起了我国社会结构、组织形式、利益关系和人们思想观念的深刻变革，基层党组织建设也面临许多新情况新问题。主要是：随着多种经济成分的发展、利益关系的调整和经营形式的多样化，需要改进基层党组织的工作；各种新建立的经济组织和社会组织日益增多，需要从实际出发建立党的组织，开展党的活动；大批劳动力在产业间转移和地区间流动，需要采取有效措施管理好流动中的党员；消极腐败现象侵蚀着党组织的肌体，需要加强对党员的教育和管理，坚持党的宗旨，保持工人阶级先锋队的本色。按照新形势的要求，党的基层组织建设还存在许多不适应的地方。特别是，目前有一部分基层党组织软弱涣散，有的甚至处于瘫痪

① 中共中央文献研究室编：《十四大以来重要文献选编》（上），中央文献出版社 2011 年版，第 287—288 页。

状态；有些基层干部作风不正，脱离群众；一些党员不起模范作用。这些问题的存在，同领导机关放松基层党组织建设工作是分不开的。

这一切，对党的建设提出了全方位的考验，特别是对党的组织建设提出了更加严峻的挑战，需要党根据十四大提出的历史任务和指导原则，进一步统筹规划，明确目标，突出重点，全面推进。

推进党的建设新的伟大工程

党的十四大是一次肩负着加快改革开放和现代化建设步伐重大历史使命的大会。这次大会不仅是中国改革开放和现代化建设进入新阶段的重要标志，而且是党的自身建设发展史上的一个里程碑。

党的十四大报告指出：新的历史时期，党所处的环境和肩负的任务有了很大变化，党的思想、政治、组织、作风建设都面临许多新情况和新问题，“一定要结合新的实际，遵循党的基本路线，坚持党要管党和从严治党，加强和改进党的建设，努力提高党的执政水平和领导水平，使我们这个久经考验的马克思主义的党，在建设有中国特色社会主义的伟大事业中更好地发挥领导核心作用”。[①] 为此，大会对加强党的建设和改善党的领导作出新的总体部署，提出了五个方面的任务和要求，分别是：（1）认真学习建设有中国特色社会主义的理论，增强贯彻执行党的基本路线的自觉性和坚定性；（2）加强领导班子建设，培养社会主义事业接班人；（3）密切党同群众的联系，坚决克服消极腐败现象；（4）加强基层党组织建设，充分发挥党员的先锋模范

① 中共中央文献研究室编：《十四大以来重要文献选编》（上），中央文献出版社 2011 年版，第 33 页。

作用；（5）坚持和健全民主集中制，维护党的团结和统一。

1994 年 9 月 25 日至 28 日，党中央召开十四届四中全会，集中讨论了党的建设问题，并作出《中共中央关于加强党的建设几个重大问题的决定》。

《决定》指出：我国正在进行伟大而艰巨的改革开放和社会主义现代化建设。当今世界发生大转折，各种政治力量的斗争错综复杂，以经济和科技为基础的综合国力较量日趋激烈，我们正面临着难得的发展机遇，也面临着严峻的挑战。我们党作为执政党，肩负着历史的重任，经受着时代的考验，必须加强自身建设，不断提高领导水平和执政水平。

《决定》认为：改革开放给党的建设注入了新的活力，同时党的建设也遇到了许多复杂情况。我们党已有 5400 多万党员，教育和管理的任务比过去任何时候都更加繁重。面对新情况，我们的工作还不适应。一些地方和单位党不管党、治党不严，纪律松弛、组织涣散，思想上组织上作风上存在着种种不容忽视的问题。特别是某些消极因素和腐败现象在党内滋长蔓延，严重侵蚀着党员和干部队伍。对此，全党必须引起高度警觉和重视，严肃认真、扎扎实实地加以解决。

《决定》提出：在当代世界风云变幻的条件下，在当代中国改革开放和现代化建设的伟大变革中，把党建设成为用建设有中国特色社会主义理论武装起来、全心全意为人民服务、思想上政治上组织上完全巩固、能够经受住各种风险、始终走在时代前列的马克思主义政党，这是以邓小平同志为核心的第二代中央领导集体开创的、以江泽民同志为核心的第三代中央领导集体正在领导全党继续进行的新的伟大的工程。

《决定》要求继续把党的思想建设放在首要地位，推动全党对建设有中国特色社会主义理论的学习不断向广度和深度发展。要围绕什么是社会主义、怎样建设社会主义这个基本问题，联系实际，把握理论的科学体系，统一全党思想，坚持党的基本路线一百年不动摇；要深刻认识执政党的党风是关系党的生死存亡的问题，继续抓好党的作风建设，把反腐败斗争深入持久地进行下去，在党员领导干部廉洁自律、查处违法违纪案件、纠正不正之风等方面不断取得新的进展，逐步建立健全有效的监督约束机制，进一步发扬艰苦奋斗的优良传统，密切党同人民群众的联系。

《决定》强调：党的思想建设、组织建设和作风建设是相辅相成的整体。当前，在全面贯彻落实中央关于思想建设和作风建设部署的同时，加强党的组织建设已经成为突出的环节。为此，特别要提出和解决组织建设方面的三个问题：一是必须进一步坚持和健全民主集中制，特别要注重制度建设，以完备的制度保障党内民主，维护中央权威，保证全党在重大问题上的统一行动。二是必须进一步巩固和加强数以百万计的党的基层组织，使之成为能够团结和带领群众进行改革开放和现代化建设的战斗堡垒。三是必须进一步培养和锻炼数以万计的党的中高级领导干部，特别是培养和选拔大批德才兼备的年轻干部，形成坚定地走建设有中国特色社会主义道路、善于研究新情况、解决新问题、干练而充满活力的领导层。“全党要在江泽民同志为核心的第三代中央领导集体的领导下，继续聚精会神抓党的建设，努力把党的建设提高到新的水平。”[①]

---

① 中共中央文献研究室编：《十四大以来重要文献选编》（中），中央文献出版社 2011 年版，第 1—19 页。

按照党的十四大和十四届四中全会作出的战略部署，全党紧密结合推进改革开放和发展社会主义市场经济的实践，全面推进党的建设新的伟大工程，取得新的重大进展，增强了党的创造力、凝聚力和战斗力，为初步建立起社会主义市场经济体制，顺利实现社会主义现代化建设第二步战略目标，提供了强有力的保证。

（一）坚持用邓小平建设有中国特色社会主义理论武装全党

为贯彻落实党的十四大精神，党中央坚持把加强思想理论建设放在首位，推动全党深入开展学习邓小平建设有中国特色社会主义理论活动，要求全党特别是县以上领导干部，认真学习邓小平同志的战略思想和理论观点，认真学习他运用马克思主义立场、观点和方法研究新情况、解决新问题的科学态度和创造精神，坚定社会主义、共产主义信念，不断提高政治素质和解决实际问题的能力，使精神力量变为加快改革开放和现代化建设的巨大物质力量。

1993 年 3 月 7 日，江泽民在中共十四届二中全会上讲话指出：党的各级领导干部要带头学好建设有中国特色社会主义的理论，系统地掌握这一理论的基本内容，并带动全党提高理论水平，使思想认识在新的高度上统一起来。6 月 25 日，在纪念中国共产党成立 72 周年座谈会上，他又强调：要保持全党思想上、政治上的高度一致，最根本的是坚持不懈地用建设有中国特色社会主义理论武装全党，特别是县以上领导干部。用建设有中国特色社会主义理论武装全党是加强和改进党的建设的一项根本性工作，是党的建设的一项长期战略任务，要贯穿于社会主义现代化建设的全过程。

1993 年 10 月，《邓小平文选》第三卷出版后，党中央及时作出决定，要求县处级以上领导干部带头学习，并强调指出：邓小平建设有中国特色社会主义理论是发展社会主义事业的伟大旗帜，是民族振兴和发展的强大精神支柱。从1993年底到1994年5月，党中央先后组织党、政、军各部门的主要领导干部以及部分专家学者，分四批到中央党校参加省部级主要领导干部理论研讨班，认真研读《邓小平文选》第三卷。各级党委从上到下一级抓一级，逐步建立健全县以上各级领导班子中心组学习制度，实施干部轮训培训制度，开展了讲师团宣讲活动。一个由高、中级干部带头，广大党员、干部参加的学习邓小平建设有中国特色社会主义理论的热潮逐步兴起，出现了多年来少有的学理论、用理论的好形势。

为指导和规范全党的理论学习和党员教育工作，1994年4月18日，中共中央办公厅转发了由中央组织部、中央宣传部联合制定的《关于加强和改进党员教育工作的若干意见》。《意见》指出：过去几年中，各级党组织围绕党的中心任务，联系改革开放、经济发展和社会稳定的实际，对广大党员进行了马克思列宁主义毛泽东思想基本理论、党的基本路线和党的基本知识的教育，经常性的形势、任务、政策教育，党风党纪教育和科学文化知识教育，收到了较好的效果。目前，一个学习建设有中国特色社会主义理论的热潮正在全党兴起。对党员教育的形式和方法，也正在积极进行有益的探索，积累新的经验。但是，从总体上看，党员教育工作还不适应新形势的需要，有些党组织对党员教育工作不够重视，不少地方的党员教育工作针对性不强，缺乏吸引力和感染力。因此，必须认真总结经验，采取改进措施，使党员教育工作得到应有的加强，全面提高党员素质，增强党组织的战斗力，动员全党为完成十四大提出的各项战略任务而共同奋斗。《意见》强调：当前和今后一个时期党员教育工作，必须以邓小平同志建设有中国特色社会主义的理论为根本指针，坚持“重在建设”，以立为本，把坚持党性原则与适应发展社会主义市场经济的要求统一起来，充分发挥广大党员的先锋模范作用；坚持以学习邓小平建设有中国特色社会主义的理论为根本任务，根据学习要精、要管用的原则，从不同层次、不同类型党员的特点出发，提出不同的学习要求，把学习建设有中国特色社会主义的理论同学习党章结合起来，同学习社会主义市场经济知识和有关的改革方案、法律法规结合起来，同学习业务知识、学习科学文化、学习实用技术结合起来，使广大党员真正成为发展社会主义市场经济的先锋战士，成为做好本职工作的内行和能手。

为进一步做好干部教育和培训工作，1994 年 5 月，中共中央印发了《关于新形势下加强党校工作的意见》。《意见》要求各级党校及时研究办学中的新情况，解决新问题，总结新经验，坚持以建设有中国特色社会主义的理论为指导，以提高教学质量为中心，以强化科研为基础，深化党校教育改革，加强师资队伍建设，逐步建立与完善具有中国特色的党校教学体制、科研体制、管理体制，更好地为党培养德才兼备的人才服务，为党的理论建设和党委、政府的科学决策服务，为改革开放和社会主义现代化建设服务。

在学习过程中，广大党员特别是县以上领导干部发扬理论联系实际的马克思主义学风，认真研读原著，掌握精神实质，并结合本部门、本地区的实际情况加以贯彻，取得了明显成效。一是加深了对什么是社会主义、怎样建设社会主义的认识和理解，坚定了走中国特色社会主义道路的信心。二是较好地把握了“解放思想，实事求是”这个贯穿于建设有中国特色社会主义理论全部观点的精髓。三是深切地体会到邓小平在长期实践中锤炼出的鲜明的革命风格和养成的创新精神，更加全面地认识到他对我国改革开放和社会主义现代化建设以及建设有中国特色社会主义理论的重大贡献。四是受到了深刻的社会主义和爱国主义教育，增强了推动中国发展的精神动力。

用邓小平建设有中国特色社会主义理论武装全党，是党的建设新的伟大工程的基础性工程，也是一项长期的战略任务。党的十四届四中全会提出，要用三年的时间，在全体党员中有计划、有步骤地开展一次建设有中国特色社会主义理论和党章的学习活动。为把理论学习引向深入，江泽民在总结前两年学习经验的基础上强调指出："要在认真研读邓小平同志的原著、全面系统地把握理论的科学体系上下功夫，在坚持解放思想、实事求是的科学态度和创造精神上下功夫，在运用理论研究解决当前重大问题上下功夫，特别是要搞清楚什么是社会主义、怎样建设和发展社会主义，提高执行党的基本路线的自觉性和坚定性。"①

党的十四届四中全会后，根据中央决定，增订再版了《邓小平文选》第一卷、第二卷。1994 年 11 月 2 日，中央办公厅转发中央宣传部、中央组织部关于学习《邓小平文选》第一卷、第二卷的通知，提出要把第一卷、第二卷、第三卷作为一个整体来学习，要求各级党委要切实加强对学习的领导，并带头搞好党委中心组的学习，各级党委的宣传、组织部门要加强指导，督促检查，交流经验，推动学习不断深入，进一步落实好用建设有中国特色社会主义理论武装全党的战略

① 《江泽民文选》第 1 卷，人民出版社 2006 年版，第 405 页。

任务，把改革开放和社会主义现代化建设事业继续推向前进。为贯彻落实中央提出的要求，中央宣传部于 1995 年组织编写并出版了《邓小平同志建设有中国特色社会主义理论学习纲要》。按照党中央部署，由高中级干部带头，广大党员干部参加的学习热潮迅速兴起。

党的十五大后，中央委员分批到中央党校学习邓小平理论。1998 年 6 月，党中央发出《关于在全党深入学习邓小平理论的通知》，进一步动员全党兴起学习邓小平理论的新高潮。按照中央要求，县以上各级党委围绕全面、正确、积极执行党的基本路线开展理论教育，采取党校培训、党委（党组）中心组学习、讲师团辅导、举办理论研讨班等有效形式，组织干部广泛深入学习理论。

据不完全统计，1993 年至 1996 年底，全国参加各种形式脱产学习的干部约 2100 万人次，其中包括县处级以上干部约 39 万人次，省部级干部约 1200 人次。与此同时，报刊、广播、电视等媒体不断加大理论宣传力度；教育系统开始把邓小平理论“进教材、进课堂、进学生头脑”作为一项重要任务提上日程；群众性的学习活动也在企业、农村、社区、军营、机关和校园开展起来。各级党委狠抓制度建设，不断创新方法，把坚持和完善领导干部脱产进修制度、党委中心组学习制度、在职干部自学制度、考核制度方面的有关内容以文件方式固定下来，有力推动了理论学习的深入开展。

（二）以坚持和健全民主集中制、巩固和加强基层党组织、培养和选拔德才兼备的领导干部为重点加强党的组织建设

在完善党的民主集中制方面，积极疏通和拓宽党内民主渠道，使党员对党内事务有更多的了解和参与，规定从党内选举到对领导干部

进行评议、监督，都要充分发扬民主。同时着眼于党的工作大局，重申党的组织原则，强调坚持“四个服从”[①]，维护党的团结和统一；提出按照“集体领导、民主集中、个别酝酿、会议决定”的原则，进一步完善党委内部的议事和决策机制；建立健全领导、专家、群众相结合的决策机制，逐步完善科学决策、民主决策制度；按照总揽全局、协调各方的原则，进一步加强和改善党的领导，既保证党委的领导核心作用，又充分发挥人大、政府、政协及人民团体等方面的作用。这些原则的实行，使党的民主集中制建设逐步走向制度化、规范化。

在推进党的基层组织建设方面，党中央印发《中国共产党普通高等学校基层组织工作条例》《关于进一步加强和改进国有企业党的建设工作的通知》《中国共产党党和国家机关基层组织工作条例》《中国共产党农村基层组织工作条例》，以及《关于加强社会团体党的建设工作的意见》和《关于在个体和私营等非公有制经济组织中加强党的建设工作的意见（试行）》等文件，有力指导和推动了各个领域党的基层组织建设。各级党组织坚持分类指导，以农村、企业、街道社区党的建设为重点，同时不放松高等学校、机关、事业单位以及新经济组织、新社会组织的党建工作，不断拓展新领域、扩大覆盖面，整体推进党的基层组织建设，取得了明显成效。

在农村，与推进农业产业化和农村经济结构战略性调整、着力增加农民收入的中心任务相适应，根据农民提出的“帮钱帮物，不如建个好支部”的要求，从 1994 年开始，各地共派出 300 多万名机关干

① “四个服从”，即党员个人服从党的组织，少数服从多数，下级组织服从上级组织，全党各个组织和全体党员服从党的全国代表大会和中央委员会。

部驻乡进村，围绕建设“五个好”[①]的目标要求，连续六年分期分批对后进村党组织进行整顿，着力解决村级组织要“有人管事、有钱办事、有章理事”的问题，农村基层组织软弱涣散的状况得到明显改善。在此基础上，以加强领导班子建设为重点，在全国范围内探索开展以创建“五个好”村党支部、“六个好”[②]乡镇党委和农村基层组织建设先进县为内容的“三级联创”活动；以构建健康、和谐的农村“两委”关系为目标，积极探索农村党组织发挥领导核心作用的途径和办法，党组织领导下的村民自治运行机制不断完善。同时，对农村党员干部进行分批轮训，提高了整体素质和带领群众脱贫致富的能力。

在国有企业，与推进改革攻坚、建立现代企业制度相适应，进一步明确党组织发挥政治核心作用的方针原则和参与企业重大问题决策的内容、途径和方法。实行党委班子成员与经营管理层双向进入、交叉任职的领导体制，党对国有企业的政治领导得到有效保证。紧紧围绕企业改革发展稳定和生产经营管理，努力探索开展党建工作的新途径、新方法，有效促进了企业的发展，发挥了较好的服务和监督保证作用。抓好企业领导班子建设，企业领导班子的整体素质和经营管理

---

① “五个好”，即建设一个好的领导班子，尤其要有一个好书记，能够团结带领群众坚决贯彻执行党的路线方针政策；培养锻炼一支好队伍，共产党员能够发挥先锋模范作用，干部能够发挥示范带头作用，共青团员能够发挥助手和后备军作用；选准一条发展经济的好路子，充分发挥当地优势，加快农民脱贫致富奔小康的步伐；完善一个好的经营体制，把集体统一经营的优越性和农户承包经营的积极性结合起来，增强经济发展的活力，引导和帮助农民走共同富裕的道路；健全一套好的管理制度，体现民主管理原则，保证工作有效运转，使村级各项工作逐步走上制度化、规范化的轨道。

② “六个好”，即选配一个坚决贯彻执行党的路线方针政策、公正廉洁、团结合作、战斗力强的好班子，首先要有一个党性强、作风正、能力强的乡镇党委书记；建设一支精干高效、素质优良、群众拥护的好的乡镇干部队伍；选准一条符合本地实际的发展经济、共同致富的好路子；建立一套行之有效的工作、管理和监督的好制度；保持一种密切联系群众、艰苦奋斗、实事求是的好作风；形成一个坚持两手抓、两手硬，促进物质文明和精神文明协调发展的好的工作格局。

能力进一步提高，企业经济效益和市场竞争能力进一步增强。

在城市街道社区，适应城市基层管理体制改革和推进社区建设的需要，注重抓好社区党组织的组建和党员教育管理工作，坚持以服务群众为重点，围绕精神文明建设、群众思想政治工作、社会治安综合治理、社区服务、提高市民素质等开展党建工作，党组织的凝聚力、战斗力不断增强，与人民群众的联系进一步密切。一些地方积极探索街道社区党建工作机制，初步形成了条块结合、优势互补，以街道党（工）委为核心，社区党组织为基础，社区全体党员为主体，社区内各单位基层党组织共同参加的街道社区党建工作格局。

在新经济组织、新社会组织，各地积极探索党的工作进入这些新领域的方式方法，采取单独建、联合建、挂靠建和区域统筹等方式，加快在"两新"组织中组建党组织的步伐，使党的工作覆盖面不断扩大，影响力不断增强。

在高等学校，坚决抵制淡化党的作用等错误主张，进一步确立了党委领导下的校长负责制的领导体制。

在党员队伍建设方面，党的十四大根据发展社会主义市场经济的新形势，对加强党员队伍建设提出新要求，强调要"切实加强和改进对党员的教育和管理，提高素质，增强党性，使党员成为坚决贯彻执行党的基本路线，献身改革开放和现代化事业，诚心诚意为人民谋利益，带领群众为经济发展和社会进步做出实绩的先进分子。在全党大力提倡解放思想、改革创新的精神，尊重科学、真抓实干的精神，顾全大局、团结协作的精神，谦虚谨慎、崇尚先进的精神，艰苦奋斗、无私奉献的精神，把共产党人的先进性在社会主义物质文明和精神文明建设中充分发挥出来”[①]。党的十四届四中全会进一步指出：“我们党已有五千四百多万党员，教育和管理的任务比过去任何时候都更加繁重。”“大批劳动力在产业间转移和地区间流动，需要采取有效措施管理好流动中的党员；消极腐败现象侵蚀着党组织的肌体，需要加强对党员的教育和管理，坚持党的宗旨，保持工人阶级先锋队的本色。”[②]面向新世纪，党的十五大对加强党员队伍建设提出更高要求，指出：“在新的历史条件下，共产党员保持先进性，要体现时代的要求，做到：胸怀共产主义远大理想，带头执行党和国家现阶段的各项政策，勇于开拓，积极进取，不怕困难，不怕挫折；诚心诚意为人民谋利益，吃苦在前，享受在后，克己奉公，多作贡献；刻苦学习马克思主义理论，增强辨别是非的能力，掌握做好本职工作的知识和本领，努力创造一流的成绩；在危急的时刻挺身而出，维护国家和人民的利益，坚决同危害人民、危害社会、危害国家的行为作斗争。”[③]

抓住领导班子建设这个关键，大力加强干部队伍建设，强调领导干部要自重、自省、自警、自励，要讲政治，坚持正确的政治方向、政治立场、政治观点，严守党的纪律。从 1992 年下半年到 1993 年上半年，对全国县以上各级党政领导班子进行了换届选举，使一大批德才兼备的中青年干部走上新的领导岗位。在省部级党政领导干部中，50 年代末 60 年代初参加工作的占主体；新的省部级政府班子成员中，大专以上文化程度的占 96%。县（处）级领导干部大多数是新中国

① 中共中央文献研究室编：《十四大以来重要文献选编》（上），中央文献出版社 2011 年版，第 37—38 页。
② 中共中央文献研究室编：《十四大以来重要文献选编》（中），中央文献出版社 2011 年版，第 4—5、12 页。
③ 中共中央文献研究室编：《十五大以来重要文献选编》（上），中央文献出版社 2011 年版，第 42—43 页。

成立后出生的，年富力强，知识面较宽，在改革开放实践中经受了锻炼、做出了实绩。1996年，中央制定《1996年—2000年全国干部教育培训规划》，对干部教育培训工作作出全面部署。广大党员干部按照中央要求，认真学习马克思主义基本理论，努力钻研社会主义市场经济知识、现代科学技术知识、法律知识和其他各方面知识，能力素质得到明显提高。

与此同时，中央还加大了干部制度改革的力度，在对干部的选拔、考核、任用、交流、监督等制度改革上取得了重要进展。在选拔任用干部方面，按照“扩大民主、完善考核、推进交流、加强监督”的要求，采取了一系列有效措施。1995年2月，党中央颁布《党政领导干部选拔任用工作暂行条例》，对干部选拔任用的基本原则、基本程序、基本方法和扩大民主、强化监督等方面作了明确规定，为从源头上预防和治理用人上的不正之风，推进干部工作的科学化、民主化、制度化，提供了基本规章。在此基础上，各级领导层的新老合作与交替加快了步伐，一大批中青年干部陆续走上各级领导岗位。到1997年党的十五大召开前，仅地（市、区）级党政领导班子中，40岁以下的干部就达到1300人；省、地、县三级领导班子中，具有大专以上学历的分别达到93.5%、91.57%和83.6%，党的中、高级干部平均年龄普遍实现了年轻化，文化程度及整体素质明显提高。2000年6月23日，中共中央办公厅印发《深化干部人事制度改革纲要》，对党政干部制度改革、国有企业人事制度改革、事业单位人事制度改革等作出进一步明确规定。

1998年11月21日，中共中央印发《关于在县级以上党政领导班子、领导干部中深入开展以“讲学习、讲政治、讲正气”为主要内容的党性党风教育的意见》。“三讲”教育采取自上而下的办法，分期分批进行。党中央对“三讲”教育高度重视，作出周密部署，进行精心指导。中央政治局常委分赴 7 个县（市）进行调研，指导工作。从 1998 年 11 月到 2000 年底，全国共有 70 万名县（处）级以上领导干部参加“三讲”教育活动，其中省部级领导班子成员达 2100 多人。党内外干部群众对“三讲”教育十分关注，表现出很高的参与热情，仅直接听动员报告、参加民主测评和帮助整改的就有 500 万人以上。通过“三讲”教育，广大干部普遍受到一次深刻的马克思主义教育，经受了一次党内政治生活的锻炼，贯彻党的基本路线和民主集中制原则的自觉性明显提高。

在各级党组织的积极努力和推动下，广大党员干部自觉加强党性锻炼，努力提高自身素质，始终站在改革开放和现代化建设前列，涌现出领导干部的楷模孔繁森等一大批具有时代特色的优秀共产党员。据统计，1997 年至 2001 年，被授予“全国劳动模范”称号的 2946 人中，有共产党员 2594 人，占 88.05%；获得全国“五一”劳动奖章的 5068 人中，有共产党员 4350 人，占 85.83%。这些先进模范人物奋战在各条战线，充分展示了当代共产党人的风采，成为改革开放和现代化建设的时代先锋。

在扎实推进党的各方面建设的同时，党的思想政治工作也得到加强。2000 年 6 月，中央召开思想政治工作会议，江泽民发表重要讲话强调，党的思想政治工作是经济工作和其他一切工作的生命线，是团结全党和全国各族人民实现党和国家各项任务的中心环节，是我们党和社会主义国家的重要政治优势。他在讲话中提出并阐述了如何认识社会主义发展的历史进程、如何认识资本主义发展的历史进程、如何认识我国社会主义改革实践过程对人们思想的影响、如何认识当今的国际环境和国际政治斗争带来的影响等当时直接影响干部群众思想的重大问题，强调指出，面对新形势新情况，思想政治工作在继承和发扬优良传统的基础上，必须在内容、形式、方式、方法、手段、机制等方面努力进行创新和改进，特别要在增强时代感和加强针对性、实效性、主动性上下功夫。

（三）加强党风廉政建设和反腐败斗争

在改革开放和发展社会主义市场经济的条件下，党中央坚持把党风廉政建设和反腐败斗争作为关系党和国家生死存亡的大事来抓。由于中国的经济体制、社会结构、利益格局和人的思想观念正在发生深刻变化，各种社会矛盾凸显，各方面体制机制还不完善，一些领域的腐败现象仍然易发多发，甚至会呈现发展蔓延的趋势。针对这种情况，1993 年，党中央作出加大反腐败斗争力度的重大决策，以后每年都对党风廉政建设和反腐败工作进行专门研究，通过中央纪律检查委员会全会向全党作出部署，并及时解决工作中的重大问题，“在党内已形成了领导干部廉洁自律、查处大案要案、纠正部门和行业不正之风为主要内容的反腐败三项工作格局，形成了党委统一领导、党政齐抓共管、纪委组织协调、部门各负其责、依靠群众支持和参与的反腐败领导体制和工作机制，形成了战略上总体规划、战术上分阶段部署、不断积小胜为大胜的工作路数”[①]。

1993 年 8 月，十四届中央纪委召开第二次全体会议。江泽民在会

① 《江泽民文选》第 2 卷，人民出版社 2006 年版，第 550 页。

上提出，要从三个方面着手做好反腐败工作：一是各级党政领导干部要带头廉洁自律；二是集中力量查办一批大案要案，重点查办发生在党政领导机关和司法部门、行政执法部门、经济管理部门工作人员中的案件；三是紧紧抓住本地区本部门本单位的突出问题，刹住群众最不满意的几股不正之风。根据江泽民讲话精神，会议提出反腐败斗争的新思路和新办法，这就是：紧密结合重大改革措施和行政、经济决策的实施来进行反腐败工作；坚决惩处腐败分子，坚决克服各种消极腐败现象，包括纠正不正之风；加强政策法规研究，及时制定行为规范；加强综合治理，既治标又治本；在反腐败斗争中，对广大党员主要是加强思想政治教育。会后，党中央、国务院着重抓了对各级党政领导干部廉洁自律情况的监督检查、集中力量查办大案要案、狠刹群众反映强烈的不正之风三个方面的工作，逐步形成了反腐败三项工作格局。2000 年 12 月 26 日，江泽民在十五届中央纪委第五次全会上提出“加大从源头上预防和治理腐败现象的力度”[①]。这标志着党的反腐倡廉方针开始向标本兼治、注重治本转变。

为保证党政领导干部做到廉洁自律，中央先后作出一系列规定。1995 年 1 月，十四届中央纪委第五次全会提出，建立党政机关县处级以上领导干部收入申报制度、党和国家机关工作人员在国内公务活动中收受礼品登记制度、国有企业业务招待费使用情况向职代会报告制度、干部报告个人重大事项制度。这是在发展社会主义市场经济条件下，对如何促进领导干部廉洁自律的重要探索。为进一步加强党内监督，充分发挥党的纪律检查机关对党政领导干部特别是省部级领导干

① 《江泽民文选》第 3 卷，人民出版社 2006 年版，第 187 页。

部的监督作用，1996 年 1 月，十四届中央纪委第六次全会提出选派部级干部到地方和部门巡视，负责了解省部级领导班子及其成员贯彻执行党的路线方针政策的情况及廉政情况，直接报告中央纪委，并及时报告党中央的具体监督措施。

为加强反腐倡廉工作，党中央、国务院进一步健全相关机构，制定一批加强党风廉政建设的法规制度，初步建立起与社会主义市场经济规则相适应的领导干部廉洁从政行为规范。1993 年 1 月，中央纪委、监察部合署办公，实行一套工作机构两个机关名称，履行党的纪律检查和行政监督两项职能的体制。1995 年 11 月，最高人民检察院反贪污贿赂总局（即国家反贪总局）正式成立。1997 年 2 月，制定《中国共产党纪律处分条例（试行）》。1998 年 11 月，发布《关于实行党风廉政建设责任制的规定》。截至 2002 年，全国省部级以上机关共制定党风廉政方面的党内法规及其他规范性文件 2000 余件。这些党内法规和规范性文件的制定和执行，使党风廉政建设和反腐败斗争得到依法有序进行。

各级党委、政府和纪检监察机关不断加大反腐败斗争力度，严肃查处违法违纪案件，取得重要阶段性成果。1992 年 10 月至 1997 年 6 月，全国纪检监察机关共立案 73.1 万多件，结案 67 万多件，给予党纪政纪处分的 66.93 万多人，其中开除党籍的 12.15 万多人，被开除党籍又受到刑事处分的 3.7 万多人。[①]1997 年 10 月至 2002 年 9 月，全国纪检监察机关共立案 86 万多件，结案 84 万多件，给予党纪政纪处分的 84 万多人，其中开除党籍的 13.7 万多人，被开除党籍又受到刑

① 《中国共产党第十五次全国代表大会文件汇编》，人民出版社 1997 年版，第 93 页。

事追究的 3.7 万多人。[①] 特别对一批大案要案进行查处，产生了大的震慑作用，维护了党纪国法的严肃性，为国家挽回了大量经济损失。在查办案件中，各级党委、纪委坚持实事求是原则，通过调查核实，既惩处了一批违纪违法者，又为 35.8 万多名受到失实举报的党员、干部澄清了是非。对有一般性问题的党员、干部，及时给予批评帮助，促其主动改正。

为进一步推进党风廉政建设，2001 年 9 月，党的十五届六中全会通过《中共中央关于加强和改进党的作风建设的决定》，对加强作风建设作出全面部署，提出“八个坚持、八个反对”[②] 的要求。各级党委、纪委按照中央要求，组织党员干部深入学习党内法规和廉政法律法规，运用报刊、广播、电视、电影等宣传反腐败斗争的重大成就，利用一些重大典型案例进行警示教育，促进广大党员干部提高党性觉悟，增强拒腐防变能力，解决思想作风、学风、工作作风、领导作风和生活作风中存在的突出问题，取得了显著成效。

探索解决两大历史性课题

党的十五大在总结历史经验的基础上，提出了“不断提高领导水平和执政水平，不断增强拒腐防变的能力”的理论命题和实践任务。这是以江泽民同志为核心的党中央深入思考“建设一个什么样的党、怎样建设党”，不断推进党的建设理论创新取得的重要成果，也是面

① 《中国共产党第十六次全国代表大会文件汇编》，人民出版社 2002 年版，第 109 页。
② “八个坚持、八个反对”，即坚持解放思想、实事求是，反对因循守旧、不思进取；坚持理论联系实际，反对照抄照搬、本本主义；坚持密切联系群众，反对形式主义、官僚主义；坚持民主集中制原则，反对独断专行、软弱涣散；坚持党的纪律，反对自由主义；坚持清正廉洁，反对以权谋私；坚持艰苦奋斗，反对享乐主义；坚持任人唯贤，反对用人上的不正之风。

向新世纪加强和改进党的建设的目标要求和历史任务。

早在1989年9月，江泽民在全国先进基层党组织和优秀党务工作者表彰大会上发表讲话时就提出："改革开放和社会主义现代化建设的宏伟事业，为党的建设注入了活力，也出现了许多前所未有的新情况和新问题。在继承和发扬党的优良传统的同时，要以马列主义、毛泽东思想为指导，加强调查研究，总结新的经验，搞好新时期党的建设，在实践中丰富和发展马克思主义的建党学说。"① 同年12月29日，江泽民在中共中央宣传部、中共中央政策研究室、中共中央组织部、中共中央党校举办的党建理论研究班上又指出："我们必须站在马克思主义的立场上，综观国内外全局，面对现实，把握未来，以高度的革命责任感和紧迫感，充分发动和依靠全党的力量来抓紧党的建设工作，在各方面从严治党，为全面提高党的战斗力而斗争。"② 为此，他明确提出"强化执政意识，提高执政本领"的问题，并且强调"要认真改善党的领导方式和活动方式"。③

1992年10月，党的十四大正式提出加强和改进党的建设要"努力提高党的执政水平和领导水平"。党的十五大科学总结党风廉政建设的基本经验，深化了对反腐败斗争长期性和艰巨性的认识，在强调"不断提高领导水平和执政水平"的同时，又提出了"不断增强拒腐防变的能力"问题。十五大以后，我们党在两年多的时间内先后遇到了亚洲金融危机和特大洪涝灾害，以及以美国为首的北约轰炸我驻南斯拉夫联盟共和国大使馆、"法轮功"组织聚众闹事、李登辉抛出分裂祖

① 中共中央文献研究室编：《江泽民思想年编（1989—2008）》，中央文献出版社2010年版，第8页。
② 江泽民：《论党的建设》，中央文献出版社2001年版，第3页。
③ 江泽民：《论党的建设》，中央文献出版社2001年版，第7页。

国的所谓“两国论”以及主张“台独”的陈水扁在台湾地区选举中当选等重大事件的考验。“可以说，形势常常是变幻莫测、不以我们的意志为转移的。这些突发事件发生了，我们就要去应对和处理。”①

根据客观形势的发展变化，结合党的建设总目标中关于“经得起各种风险考验”的要求，江泽民把“增强抵御风险的能力”作为党的建设面临的历史性课题加以思考，于 2000 年 2 月在广东省高州市领导干部“三讲”教育会议上，完整地提出了“提高领导水平和执政能力，增强拒腐防变和抵御风险的能力”这两大历史性课题，并且要求全党加以认真研究和解决。他指出：“我们党所处的历史地位、所肩负的新的任务、所面临的新形势和新课题，都要求我们必须全面加强党的建设，加紧解决党性党风方面存在的突出问题，保持党的先进性和纯洁性，增强党的凝聚力和战斗力，提高各级领导班子、领导干部的领导水平和执政能力，增强广大党员和干部拒腐防变和抵御风险的能力，从而使我们党更加坚强有力、更加朝气蓬勃地带领全国各族人民继续胜利前进。”②

（一）关于提高党的领导水平和执政能力

我们党处在执政地位，肩负着重大的领导责任，要把我们这样一个十几亿人口的发展中大国领导好，必须不断提高自身的领导水平和执政能力；发展社会主义市场经济，推进中国特色社会主义伟大事业，建设中国特色社会主义的经济、政治和文化，任务繁重，需要领导干部具有较高的领导能力和领导水平，能够科学判断形势，正确

① 《江泽民文选》第 3 卷，人民出版社 2006 年版，第 45 页。
② 江泽民：《论党的建设》，中央文献出版社 2001 年版，第 381—382 页。

把握大局，实事求是地决定政策，经得起各种风浪的考验。国际上政治多极化和经济全球化趋势日趋明显，科技进步日新月异，各国的综合国力竞争日趋激烈，国内社会经济成分、组织形式和人们的物质利益、就业方式日益多样化，在前进的道路上，机遇和挑战并存，困难和风险同在，考验着党的智慧和力量，也考验着党的各级领导干部的思想政治素质和实际工作能力。随着干部队伍新老交替的不断进行，新走上领导岗位的各级领导干部在知识、精力、年龄等方面有一定优势，但在政治经验、组织领导能力和思想作风等方面，同老一辈相比还有较大差距，需要继续锻炼和提高。因此，根据实践的发展变化不断提高党的领导水平和执政能力，是一项长期的重要任务。江泽民强调指出："我们的各项工作能否做好，我们能否在激烈的国际竞争中始终掌握主动，我们的事业最终能否成功，很大程度上取决于我们党的领导水平和执政能力。"[①]

提高党的领导水平和执政能力，需要不断改进党的领导方式和领导方法。在社会主义市场经济不断发展的条件下，如果再用过去计划经济体制下行政命令的方式方法来管理社会经济活动，显然是不行的。时代在前进，事业在发展，过去形成的行之有效的办法、手段要坚持，同时要在实践中不断探索新的办法和手段。党强调按照经济发展的客观规律开展经济建设，强调遵循国际通行的经济规则开展对外经济技术合作和交流，强调党委要发挥总揽全局、协调各方的作用，推进决策的科学化、民主化，实施依法治国方略，要求把依法治国和以德治国结合起来，这其中都包含着改进和完善党的领导方式、领导

① 江泽民：《论党的建设》，中央文献出版社 2001 年版，第 484 页。

方法的意义在内。2001 年 5 月，江泽民在安徽考察工作时指出，进一步改进领导方式和领导方法，实现领导方式和领导方法的创新，是当前加强党的建设，也是做好各项工作面临的一个重大课题。他还强调："领导方式和领导方法，不仅是工作方法的问题，也是思想方法和世界观的问题，是对人民群众的立场和态度的问题。"[①] 他要求地方各级领导干部坚持从实际出发，把中央的方针政策同本地区本部门的实际结合起来，把需要和可能结合起来，把开拓进取和求真务实结合起来，把工作热情和科学态度结合起来，创造性地开展工作，使各项工作更切合实际，更富有成效。

提高党的领导水平和执政能力，还需要不断加强党的执政能力建设。我们党是执政的党，党的领导要通过执政来体现。根据我国宪法的规定，各级政权组织，包括人大、政府和司法机关，都必须接受共产党的领导。然而，党不是政权本身，不能取代政权机关的职能。因此，要加强和改善党的领导，就必须处理好党政职能分开和发挥党的领导作用的关系，在党的统一领导下，根据各级党组织和政权机关、企事业单位行政组织的不同职能，进一步明确各自的职权和责任，体现不同层次、不同领域党组织的具体职能，充分发挥基层党组织的政治核心作用与战斗堡垒作用。对于各级党委和领导干部而言，面对执政条件和社会环境的深刻变化，要想不辱使命、不负重托，就必须适应新形势新任务的要求，在实践中掌握新知识，积累新经验，增长新本领。通过锲而不舍的努力，使我们党在世界形势深刻变化的历史进程中始终走在时代前列，在应对国内外各种风险考验的历史进程中始

① 江泽民：《论党的建设》，中央文献出版社 2001 年版，第 486 页。

终成为全国人民的主心骨，在建设有中国特色社会主义的历史进程中始终成为坚强的领导核心。

（二）关于增强党的拒腐防变和抵御风险能力

这一历史性课题的提出，是我们党正确分析国际国内形势的变化，深刻总结党的建设历史经验而得出的重要结论。20世纪90年代以来，我们党面临的执政环境错综复杂。国际上，以美国为首的西方霸权主义和强权政治有新的发展，它们对我国实施西化、分化的政治图谋没有也不可能改变，天下仍很不太平。国内改革和建设中的深层次问题逐渐显露出来，并且各种矛盾相互交织，社会成员的物质利益和其他要求也呈现出种种差异，国内外各种思想观念相互交错，可以预见和难以预见的困难和风险摆在我们的面前。这些深刻变化，都不可避免地会反映到党内，反映到领导干部队伍中来。另一方面，由于我们党长期执政，党内一些人产生了脱离群众、固步自封等倾向；由于我国处在社会主义初级阶段，许多方面的制度还不完善，资产阶级腐朽思想和封建残余思想还侵蚀着党员和干部队伍；由于一些地方和部门治党不严，思想政治工作和管理、监督不力，一些党员干部放松世界观改造，理想信念动摇，革命意志衰退。这一切，都严重地影响了党的凝聚力和战斗力，迫切需要我们党不断增强拒腐防变和抵御风险的能力。

增强拒腐防变和抵御风险的能力，必须大力加强和改进党的作风建设。江泽民反复强调，全党同志特别是领导干部要居安思危，忧党忧国忧民，兢兢业业、夙兴夜寐地做好各项工作，千万不能高枕无忧、歌舞升平，要不断增强忧患意识，清醒地认识复杂多变的国际国内环境给我们党提出的严峻挑战。2001 年 8 月，他在山西考察工作时指出："党的作风是党的形象，是党的性质、宗旨、纲领、路线的重要体现，是党的创造力、战斗力和凝聚力的重要内容……抓住作风建设，就抓住了新形势下全面推进党的建设一个十分重要的环节，抓住了提高党的领导水平和执政水平、提高拒腐防变和抵御风险能力的一个十分重要的切入点。"[①]

提高拒腐防变和抵御风险的能力，关键在于反对和防止腐败。党的十四大以后，江泽民每年都在中央纪委全体会议上发表讲话，对反腐败工作进行部署，提出树立持久作战的思想，深入开展反腐败斗争，强调必须加强思想政治建设，重申要大力发扬艰苦奋斗精神，提出全党必须维护和加强党的政治纪律、组织纪律、经济工作纪律和群众工作纪律，强调全党要进一步贯彻落实从严治党的方针。

在反腐倡廉的实践中，党形成了许多重要认识和经验。一是全党同志一定要从党和国家长治久安的高度，充分认识腐败现象的极端危害性和危险性，锲而不舍地把党风廉政建设和反腐败斗争进行到底。二是反腐倡廉工作具有长期性、艰巨性和复杂性，必须坚持不懈地与腐败现象进行斗争，既要有持久作战的思想，又要有紧迫感，抓紧工作，坚决斗争。三是反腐倡廉工作要贯穿改革开放的全过程，越是改革开放，越要加强反腐倡廉工作，以保证改革开放政策的正确执行，保证建设有中国特色社会主义事业沿着正确的航向前进。四是反腐倡廉是全党全社会的大事，要坚持党委统一领导、党政齐抓共管、纪委组织协调、部门各负其责、依靠群众支持和参与的反腐败领导体制和

① 江泽民：《论党的建设》，中央文献出版社 2001 年版，第 531 页。

工作机制，坚持领导干部廉洁自律、查处大案要案、纠正部门和行业不正之风为主要内容的反腐败三项工作一起抓的工作格局，战略上总体规划，战术上分阶段部署，从群众反映最强烈的问题抓起，不断取得反腐败斗争的阶段性成果。五是实行标本兼治、综合治理，坚持教育、法制、监督相结合，预防与惩治相结合，不断完善人、财、物等方面的管理和监督机制，完善反腐倡廉的工作机制。六是始终坚持党要管党、从严治党，把从严治党要求全面贯穿于党的思想、政治、作风、纪律和组织、制度建设，切实体现到对各级党组织、广大党员和干部进行教育、管理、监督等各个环节中，建立一套比较完善的便利、管用、有约束力的机制，以保证党的各级组织能够对党员、干部真正实行有效的教育、管理和监督。

“三个代表”重要思想的形成和初步实践

在继续推进中国特色社会主义伟大事业和党的建设新的伟大工程进程中，以江泽民同志为主要代表的中国共产党人，坚持解放思想、实事求是、与时俱进，科学分析和敏锐把握国际局势和国内形势新变化，着眼于马克思主义建党学说的运用和对实际问题的理论思考，深刻总结我们党 70 多年建设的经验、世界社会主义运动的历史经验以及世界上一些大党老党兴衰存亡的经验教训，在科学判断党的历史方位的基础上，提出并逐步形成“三个代表”重要思想，实现了党的建设理论的重大创新，为在新世纪全面推进党的建设新的伟大工程，提供了强大的思想武器。按照“三个代表”要求建设党，成为新世纪新阶段党的建设的首要任务和鲜明特色。

2000年2月20日，江泽民在广东省高州市领导干部“三讲”教育会议上，提出了“五个始终”的要求，即：“我们要使党始终保持工人阶级先锋队性质，始终代表最广大人民群众的利益，始终成为社会先进生产力的代表，始终领导全国各族人民促进社会生产力的发展，始终坚强有力地发挥好领导核心作用，也必须结合新的历史条件进一步从思想上、组织上和作风上把党建设好。”[①]

在参加完高州市“三讲”教育会议之后，江泽民又于2月21日至25日到深圳、顺德和广州市考察。25日，他在广州主持召开党建工作座谈会，明确提出了“三个代表”重要思想。他说：“总结我们党七十多年的历史，可以得出一个重要的结论，这就是：我们党所以赢得人民的拥护，是因为我们党在革命、建设、改革的各个历史时期，总是代表着中国先进生产力的发展要求，代表着中国先进文化的前进方向，代表着中国最广大人民的根本利益，并通过制定正确的路线方针政策，为实现国家和人民的根本利益而不懈奋斗。”他要求“所有的共产党员和领导干部，都要深刻认识和牢牢把握这‘三个代表’，用以指导自己的思想和行动”。[②]

“三个代表”重要思想提出后，江泽民于2000年5月到2001年6月先后到北京、吉林、黑龙江、上海、江苏、浙江、安徽、江西、广东、海南、甘肃、宁夏等地进行考察，并主持召开了近30次党建工作座谈会，听取各个方面的意见和建议。在考察过程中，他反复强调：“始终做到‘三个代表’，是我们党的立党之本、执政之基、力量之源。按照‘三个代表’要求抓党的建设，同新时期党的建设新的

① 江泽民：《论党的建设》，中央文献出版社2001年版，第381页。
② 中共中央文献研究室编：《十五大以来重要文献选编》（中），中央文献出版社2011年版，第284—285页。

伟大工程的总目标、总要求是一致的。推进党的思想建设、政治建设、组织建设、作风建设，都应该贯穿‘三个代表’要求。”[①]在此期间，江泽民还先后在中央召开的经济工作会议、统战工作会议和中央纪委会议上，从不同角度对新形势下加强和改善党的领导问题作了论述，使“三个代表”重要思想不断得到充实、完善。

为贯彻“三个代表”重要思想，党中央着重抓了两个方面的工作。

一是开展“三个代表”重要思想的学习教育活动。2000 年 11 月 30 日，中共中央办公厅印发了《关于在农村开展“三个代表”重要思想学习教育活动的意见》，要求从 2000 年冬、2001 年春开始，全国县（市）部门、乡镇、村的领导班子和基层干部用两年左右时间，有计划、有步骤地开展“三个代表”重要思想学习教育活动。在学习教育活动期间，各地立足于为农民排忧解难，解决了许多影响农民群众生产生活的实际问题，共修建乡村道路 170 多万公里，架设乡村桥梁 20 多万座，解决了 7 万多个村的用电问题，群众反映强烈的乱收费、乱罚款、乱集资和乱摊派也得到清理，大大减轻了农民负担。通过开展学习教育活动，广大农村基层干部的思想作风和工作作风有了明显改进，从而进一步推动了农村经济的发展和农民生活的改善，使这一活动收到了“干部受到教育，农民得到实惠”的良好效果。各企事业单位和各个部门也认真学习和积极贯彻“三个代表”重要思想。广大党员干部努力用自己的实际行动实践“三个代表”，使全国各条战线在迈进 21 世纪的时候都出现了新的可喜变化。

① 《江泽民文选》第 3 卷，人民出版社 2006 年版，第 15 页。

二是把党的建设作为重点课题，广泛开展专题调研。中央有关部门组成课题组，开展调查研究，广泛听取意见，了解各方面情况。除此之外，各地及许多部门也展开了多种形式的调研，为思考和解决新形势下的党建问题提供了大量有价值的材料。全党同志通过研究和讨论，取得了一些成果和共识，深切感到："三个代表"重要思想全面体现了党的基本理论、基本路线、基本纲领，涵盖了经济、政治、文化各个领域，是加强新时期党的建设的基本方针和行动指南。全面落实"三个代表"的要求，是在新的历史条件下党面临的重大理论和实践问题。进入新世纪后，党所处的国内外环境、党所肩负的任务和党员队伍的状况都在发生着深刻变化，如何不断提高党的执政能力和领导水平，不断提高拒腐防变和抵御风险的能力，有不少问题需要研究和解决。对此，江泽民在2000年10月召开的十五届五中全会上提出："要使全党同志深刻认识和全面、正确地把握'三个代表'的要求，还有大量的工作要做，首先需要从理论和实践的结合上进一步加以研究，进一步进行阐述。全党要围绕这个题目，紧密结合国内外形势的变化，紧密结合我国生产力发展和经济体制的深刻变革，紧密结合人民群众物质文化生活的发展要求，紧密结合党员干部队伍发生的重大变化，调查研究，形成共识，作出回答。"①

2001年7月1日，中共中央在北京隆重举行庆祝中国共产党成立80周年大会。江泽民代表党中央在会上发表重要讲话，全面总结了党的80年的光辉历程和基本经验，系统阐述了"三个代表"重要思想的科学内涵。他指出："总结八十年的奋斗历程和基本经验，展

① 江泽民：《论党的建设》，中央文献出版社2001年版，第442页。

望新世纪的艰巨任务和光明前途，我们党要继续站在时代前列，带领人民胜利前进，归结起来，就是必须始终代表中国先进生产力的发展要求，代表中国先进文化的前进方向，代表中国最广大人民的根本利益。”“三个代表”要求，是我们党的立党之本、执政之基、力量之源，也是我们在新世纪全面推进党的建设，不断推进理论创新、制度创新和科技创新，不断夺取建设有中国特色社会主义事业新胜利的根本要求。我们党要始终代表中国先进生产力的发展要求，就是党的理论、路线、纲领、方针、政策和各项工作，必须努力符合生产力发展的规律，体现不断推动社会生产力的解放和发展的要求，尤其要体现推动先进生产力发展的要求，通过发展生产力不断提高人民群众的生活水平。我们党始终代表中国先进文化的前进方向，就是党的理论、路线、纲领、方针、政策和各项工作，必须努力体现发展面向现代化、面向世界、面向未来的，民族的科学的大众的社会主义文化的要求，促进全民族思想道德素质和科学文化素质的不断提高，为我国经济发展和社会进步提供精神动力和智力支持。我们党始终代表中国最广大人民的根本利益，就是党的理论、路线、纲领、方针、政策和各项工作，必须坚持把人民的根本利益作为出发点和归宿，充分发挥人民群众的积极性主动性创造性，在社会不断发展进步的基础上，使人民群众不断获得切实的经济、政治、文化利益。“代表中国先进生产力的发展要求，代表中国先进文化的前进方向，代表中国最广大人民的根本利益，是统一的整体，相互联系，相互促进。发展先进的生产力，是发展先进文化，实现最广大人民根本利益的基础条件。人民群众是先进生产力和先进文化的创造主体，也是实现自身利益的根本力量。不断发展先进生产力和先进文化，归根到底都是为了满足人民群众日益增长的物质文化生活需要，不断实现最广大人民的根本利益。”[1]

“三个代表”重要思想的提出，赋予党的性质以鲜明的时代意义，赋予党的宗旨以鲜明的时代内涵，赋予党的任务以鲜明的时代特征。作为党的建设思想理论创新成果，“三个代表”重要思想在党的思想理论发展史上占有重要的历史地位。江泽民指出：“马克思主义不是教条，只有正确运用于实践并在实践中不断发展才具有强大的生命力。”[2] 马克思主义党的建设理论作为中国共产党建设与行动的指南，也必须经过“中国化”的历史过程，必须要同中国的社会实际、同中国共产党自身建设的实际紧密结合，不断开拓创新。毛泽东、邓小平的党建思想都是这方面的典范。“三个代表”重要思想的提出，是对党的性质、宗旨、根本任务的新概括，是对马克思主义建党学说的新发展，是新形势下对各级党组织和党员干部提出的新要求，是我们面向新世纪加强和改进党的建设的行动纲领。按照“三个代表”的要求建设党，标志着新时期党的建设进入了新的发展阶段。

三、现代化建设事业的发展和成就

由计划经济体制向社会主义市场经济体制的转变，实现了改革开放新的历史性突破，打开了我国经济、政治和文化发展的崭新局面。从十三届四中全会到党的十六大的 13 年间，国际局势风云变幻，我

① 江泽民：《论党的建设》，中央文献出版社 2001 年版，第 507 页。
② 江泽民：《论党的建设》，中央文献出版社 2001 年版，第 495 页。

国改革开放和现代化建设的进程波澜壮阔。这 13 年是我国综合国力大幅度跃升、人民得到实惠最多的时期，是我国社会长期保持安定团结、政通人和的时期，是我国国际影响显著扩大、民族凝聚力极大增强的时期。能取得这样的胜利，靠的是党的基本理论、基本路线和基本纲领的正确指引，靠的是党的高度团结统一，靠的是全党和全国各族人民的顽强奋斗。

经济总量翻两番和人民生活实现总体小康

在抓住机遇、加快发展方针指导下，1993 年我国经济得到较快发展，国内生产总值达到 35673 亿元，首次突破 3 万亿元大关，比上年增长 13.9%。一些重要产品的产量大幅度增加，企业技术改造和产品结构调整加快。农业继续获得丰收，粮食总产量 4565 亿公斤，达到历史最高水平。重点工程建设加速，京九、南昆等重要铁路干线建设进展顺利，高等级公路和重点港口建设加快。邮电通讯状况迅速改善。扣除物价上涨因素，全国城镇居民人均可支配收入比上年增加 9.5%，农村居民人均可支配收入增长 3.2%，城乡居民存款总额在年末达到 15204 亿元，比上年增长 29%。[①]

在加快改革和经济发展的过程中，由于一些地方和部门片面追求高速度，同时由于旧的宏观调控机制逐渐失效，新的调控机制尚未健全，以致出现了一些新的问题。党中央、国务院及时发现这些问题，果断作出加强宏观调控的决策。1993 年 6 月 24 日，中共中央、国务

① 中共中央党史和文献研究院：《中国共产党的一百年》（改革开放和社会主义现代化建设新时期），中共党史出版社 2022 年版，第 787 页。

院印发《关于当前经济情况和加强宏观调控的意见》，以整顿金融秩序为重点，提出 16 条加强和改善宏观调控的措施，主要是实行适度从紧的财政政策和货币政策，整顿金融秩序和流通环节，控制投资规模，加强价格监督。经过三年的努力，这次宏观调控取得显著成效，不仅成功地抑制了通货膨胀，而且保持了经济增长的较快速度，实现了从经济过热和通货膨胀到高增长、低通胀的“软着陆”，避免了经济大起大落，也为后来抵御亚洲金融危机的冲击打下了基础。

在加强宏观调控和深化改革过程中，“八五”计划提出的主要指标完成或超额完成，国民经济和社会发展取得显著成就。国民经济持续快速增长，国内生产总值年均增长 12.3%，1995 年达到 61340 亿元。原定 2000 年比 1980 年翻两番的目标提前五年实现。农村经济全面发展，农业总产值年均增长 7.4%。工业总产值年均增长 22.2%，产品结构调整加快。对外开放的总体格局基本形成。进出口总额累计超过 10000 亿美元，比“七五”时期增长一倍以上。实际利用外资超过 1600 亿美元，其中外商直接投资占 70%，投资结构有所改善。1995 年末国家外汇储备达到 736 亿美元。“八五”期间城乡人民生活继续改善。扣除物价因素，城镇居民人均可支配收入年均增长 7.9%，农村居民人均可支配收入年均增长 4.3%。1995 年 1 月 1 日，《中华人民共和国劳动法》正式施行，劳动者的合法权益有了强有力的法律保障。社会主义民主法制建设和精神文明建设进一步加强，科技、教育、文化、卫生、体育等各项社会事业全面发展。我国社会生产力、综合国力和人民生活都上了一个新的台阶。[①]

① 中共中央党史和文献研究院：《中国共产党的一百年》（改革开放和社会主义现代化建设新时期），中共党史出版社 2022 年版，第 789—790 页。

“八五”期间，经济社会发展也出现了不少问题和困难。比较突出的是前期通货膨胀比较严重，五年商品零售价格年均上涨 11.6%；国有企业生产经营困难较多；农业仍然是国民经济的薄弱环节；收入分配关系还没有理顺，部分社会成员收入悬殊；经济秩序还比较混乱；腐败现象未得到有效遏制。党中央认真总结经验，牢牢把握抓住机遇、深化改革、扩大开放、促进发展、保持稳定的指导方针，着手研究制定新的发展规划和战略目标。1995 年 9 月，党的十四届五中全会通过《中共中央关于制定国民经济和社会发展“九五”计划和 2010 年远景目标的建议》，对“九五”时期实现第二步发展战略目标作出新部署，即：到 2000 年在我国人口将比 1980 年增长 3 亿左右的情况下，实现人均国民生产总值比 1980 年翻两番；基本消除贫困现象，人民生活达到小康水平；加快现代企业制度建设，初步建立社会主义市场经济体制。2010 年的主要奋斗目标是：实现国民生产总值比 2000 年翻一番，使人民的小康生活更加宽裕，形成比较完善的社会主义市场经济体制。根据中共中央的建议，国务院制定了《中华人民共和国国民经济和社会发展“九五”计划和 2010 年远景目标纲要（草案）》。1996 年 3 月，八届全国人大四次会议批准实施了这个计划纲要。

在奋力把中国特色社会主义事业推向 21 世纪的进程中，按照十五大的战略部署，党带领人民坚定不移推进改革开放和现代化建设，正确应对 1997 年亚洲金融危机、1998 年特大洪涝灾害、1999 年“法轮功”破坏社会稳定和以美国为首的北约轰炸我驻南斯拉夫联盟共和国大使馆的野蛮行径等方面的严峻挑战，充分显示了我国社会主义制度的优越性和党中央驾驭全局、解决复杂问题的能力，使党和人民在推进改革开放和现代化建设、实现跨世纪发展奋斗目标的道路上更加充满信心。

在应对各种困难和风险挑战的过程中，党和政府不为任何困难所惧，不被任何干扰所惑，推动改革开放和现代化建设取得新的成就。到2000年，“九五”计划的主要任务完成或超额完成，国民经济持续快速健康发展，综合国力进一步增强。国内生产总值2000年达100280亿元，平均每年增长8.6%。人均国民生产总值比1980年翻两番的目标提前3年在1997年完成。2000年国家财政收入达13395亿元，平均每年增长16.5%。全方位对外开放格局基本形成。2000年进出口总额达4743亿美元，其中出口2492亿美元，分别比1995年增长69%和67%。五年累计实际利用外资2898亿美元，比“八五”时期增长79.9%。国家外汇储备2000年底达到1656亿美元，比1995年底增加920亿美元。到2000年，我国主要工农业产品产量位居世界前列，商品短缺状况基本结束。在经济持续增长基础上，人民生活继续改善。城乡居民收入大幅度增加，城乡居民家庭人均可支配收入，2000年分别达到6256元和2282元，平均每年实际增长5.7%和5.0%。“八七”扶贫攻坚目标基本实现，到2000年底，全国农村没有解决温饱的贫困人口（按1978年贫困标准）减少到3209万人。与此同时，社会保障体系的基本框架初步形成，以城镇职工基本养老保险、失业保险、城镇职工基本医疗保险为主要内容的社会保险制度初步确立。

“九五”计划的完成，使我国实现了现代化建设第二步战略目标，人民生活总体上达到小康水平，为实施“十五”计划、迈向第三步战略目标奠定了良好基础。这是我国改革开放和社会主义现代化建设事业取得的伟大成就，是中华民族发展史上一个新的里程碑。

到2000年，我国成功实现了由计划经济体制向社会主义市场经济体制的转变，社会主义市场经济体制基本框架初步建立。国有大中型企业建立现代企业制度的改革取得重要进展，三年脱困的目标基本实现。在公有制经济进一步发展的同时，私营经济、个体经济得到较快发展，多种所有制经济共同发展的格局迅速形成。市场体系建设继续推进，资本、技术、劳动力等要素市场迅速发展，市场在资源配置中的基础性作用明显增强。财税体制改革继续完善，金融改革步伐加快，城镇住房制度、社会保障制度和政府机构等方面改革取得重大进展，国家宏观调控体系进一步健全。与此同时，加快价格改革步伐，积极理顺价格关系，建立以市场价格为主的价格形成机制。1993年底，中央农村工作会议作出粮食定购实行“保量放价”的决定，即保留定购数量，收购价格随行就市，这意味着实行了多年的粮食价格“双轨制”终于结束。同时，钢铁、煤炭等重要生产资料价格也相继并轨。到1996年，价格“双轨制”基本结束。到2000年，市场调节价在社会商品零售总额、农副产品收购总额和生产资料销售总额中所占比例分别达到95.8%、92.5%和87.4%。社会主义市场经济体制的初步建立，使我国经济发展的体制环境发生重大变化。

面对即将到来的新世纪，党准确把握国际形势发展变化，适应我国社会主义市场经济体制初步建立和第二步战略目标实现以后的新要求，顺应人民群众新期待，为经济和社会发展制定了新的蓝图。2000年10月，党的十五届五中全会通过《中共中央关于制定国民经济和社会发展第十个五年计划的建议》，指出从新世纪开始，我国将进入全面建设小康社会、加快推进社会主义现代化的新的发展阶段。今后五到十年，是我国经济和社会发展的重要时期，是进行经济结构战略性调整的重要时期，也是完善社会主义市场经济体制和扩大对外开放的重要时期。制定“十五”计划，要把发展作为主题，把结构调整作为主线，把改革开放和科技进步作为动力，把提高人民生活水平作为根本出发点。要全面估量加入世界贸易组织后的新形势，充分体现发展社会主义市场经济的要求。面对改革开放和现代化建设新阶段的形势和任务，必须坚持党的基本理论、基本路线和基本纲领，进一步解放思想，实事求是，正确处理改革、发展、稳定的关系，推动经济发展和社会全面进步。

各项建设事业的发展进步

市场经济是法制经济。与经济体制转轨相适应，国家的法制建设也进入快车道。自 1993 年 3 月八届全国人大一次会议将“国家实行社会主义市场经济”写入宪法修正案后，有关社会主义市场经济的立法步伐明显加快。当年 12 月，八届全国人大五次会议通过《中华人民共和国公司法》，确立公司这个市场主体的法律地位，加快了国企建立现代企业制度的进程。1996 年 3 月，八届全国人大四次会议通过《中华人民共和国行政处罚法》，这是我国第一部专门规范行政行为程序、促进行政机关依法行政的法律，对于治理当时存在的各种行政处罚乱象、确保市场经济持续稳定发展起到重要保障作用。

根据十五大提出的依法治国基本方略，全国人大及其常委会进一步加强立法工作，制定了一批发展社会主义市场经济的法律。1998 年 12 月，九届全国人大常委会第六次会议通过《中华人民共和国证券法》，使规范和保障资本市场的健康发展得到法律保障。1999 年 3 月，九届全国人大二次会议通过《中华人民共和国合同法》，并对 80 年代出台的经济合同法（1981 年）、涉外经济合同法（1985 年）、技术合同法（1987 年）进行整合规范。从此，我国的市场交易规则更加完备，人民群众合法权益得到更有效的保护。九届全国人大二次会议还将依法治国、建设社会主义法治国家载入宪法，这是中国特色社会主义民主政治发展的一个重要成果，标志着我国社会主义民主法制建设进入到一个新的阶段。

2000 年 3 月，九届全国人大三次会议通过《中华人民共和国立法法》，使我国立法工作进入更加科学、更加民主、更为规范的新阶段。2001 年，国务院发布了《行政法规制定程序条例》和《规章制定程序条例》，进一步推动了依法行政、依法治国的进程。为适应不断扩大对外开放特别是加入世界贸易组织的需要，我国还及时修改了一批法律和法规，包括三个有关外资的企业法、多个与知识产权保护有关的法律以及海关法、保险法等，进一步完善了我国对外开放的法律环境。

基层群众自治在新中国第一部宪法中即有规定。改革开放以来，基层群众自治在新形势下更加活跃和发展起来。在农村，民主选举村民委员会由点到面、逐步推开，村民进行自我管理、自我教育、自我服务的能力进一步增强，村民自治制度逐步完善。这项制度对于培养农民的民主意识和政治参与习惯起到了重要作用。1998 年 11 月，九届全国人大常委会第五次会议审议通过修订后的《中华人民共和国村民委员会组织法》。从此，村民自治驶上快车道。在城市，社区居民委员会直选和社区居民自治制度逐步推行。1999 年，民政部在全国

26 个城市（区）进行社区建设试点，主要内容是实行民主选举，通过民主决策、民主管理、民主监督，加强居委会建设。企业职工代表大会制度，是职工参与企业管理、监督企业干部的基本形式，是我国基层民主制度的重要组成部分。随着经济体制改革的深化，国有企业职工代表大会在民主管理、民主监督方面的积极作用得到进一步发挥，非公有制企业也逐步建立起职工代表大会制度。企业的职工代表大会为基层的民主政治建设和企业改革发展，发挥了积极的推动作用。

经过多年探索，在社会主义民主政治建设上，党确立了一条基本原则，这就是：坚持党的领导、人民当家作主和依法治国的有机统一。这个基本原则，反映了中国特色社会主义政治发展的基本规律。

这一时期，党中央高度重视少数民族地区的经济和社会发展，并根据 20 世纪 90 年代世界性的民族和宗教问题日渐突出、国内改革不断深化的实际情况，作出一系列重要决策和部署，加强和改进民族工作和宗教工作，强调各族人民要始终同呼吸、共命运、心连心，树立汉族离不开少数民族、少数民族离不开汉族、各少数民族之间也相互离不开的思想，促进民族地区共同发展、共同繁荣。在加强和改进宗教工作方面，党中央妥善处理了在新的国际国内形势下出现的日益复杂的宗教问题，依法加强对宗教事务的管理，积极引导宗教与社会主义社会相适应，保持了宗教界的稳定。

与此同时，党和政府高举民族团结的旗帜，坚决打击国内外敌对势力和分裂势力利用民族问题、宗教问题进行政治渗透和分裂中国的活动。1995 年，围绕班禅转世灵童问题，同达赖集团进行了针锋相对的斗争，并取得重大胜利。1996 年，中共中央政治局常委会专门研究了维护新疆稳定的问题，明确指出影响新疆稳定的主要危险是民族分裂主义势力和利用宗教进行的非法活动。为此，党中央提出并坚持积极做中亚国家领导人的工作，与他们达成共同反对宗教极端势力的共识，为维护新疆稳定提供了有利条件。此外，坚持独立自主自办教会的原则，要求正确处理与梵蒂冈的关系，做好新形势下的天主教工作。

同时，精神文明和先进文化建设稳步发展。党中央坚持“两手抓，两手都要硬”的方针，采取一系列重大措施，动员全党全社会的力量，继续推进社会主义精神文明建设，大力发展中国特色社会主义文化，取得新的重大进展。为繁荣发展社会主义文化，中央宣传部从1991年开始组织实施精神文明建设“五个一工程”奖评选活动，每年进行一次，评选上一年度各省区市、中央部委以及解放军总政治部等单位组织生产、推荐申报的精品佳作。这些作品贴近社会大众的审美心理，满足广大群众精神文化需求，为进一步坚持为人民服务、为社会主义服务的方向和贯彻百花齐放、百家争鸣的方针，弘扬时代主旋律，繁荣社会主义文化，发挥了导向和示范作用。1996年10月，党的十四届六中全会作出《关于加强社会主义精神文明建设若干重要问题的决议》，对新形势下社会主义精神文明建设作出部署。为深入贯彻十四届六中全会精神，大力推进农村精神文明建设，促进农村文化建设，满足广大农民的精神文化生活需求，改善农村社会风气，密切党群干群关系，1996年12月，中央宣传部、国家科委、农业部、文化部等10部委联合发出《关于开展文化科技卫生“三下乡”活动的通知》，从1997年正式开始实施。农村尤其是“老少边穷”地区，缺医少药，信息闭塞，科技落后，文化生活贫乏。文化、科技、卫生下乡，是农村所缺、农民所盼。“三下乡”活动如雪中送炭，使广大农村群众获得了致富信息和技术，获得了健康知识和医疗服务，获得了精神文化的享受。

在不断推进精神文明建设过程中，形式多样的精神文明建设活动在社会各界广泛开展，包括推广文明服务用语，制定市民、村民公约，开展百城万店无假货活动，实行社会服务承诺制，文明上岗优质服务，组织青年志愿者服务队等。一些窗口行业还开展了“为人民服务，树行业新风”等活动，收到良好效果。共青团中央、中国青少年发展基金会实施的救助贫困地区失学少年儿童的“希望工程”[①]，中国儿童少年基金会组织实施的救助贫困地区失学女童重返校园的“春蕾计划”[②]，中国社会服务促进会发起的旨在提高孤儿素质、改善其生活状况的“救孤计划”[③]等活动，在全社会进一步弘扬了扶危济困的美德。

党的十五大以后，中国特色社会主义文化建设以实施“精品战略”为核心，通过加强管理和深化改革，出现了繁荣发展的新局面。国家陆续制定和完善出版、印刷、音像制品、营业性演出以及广播电视等方面的管理条例，为文化精品进入市场提供法律保障和政策扶持，使健康的文化产品占据文化市场的主导地位。到 2000 年底，全国广播、电视人口覆盖率分别达到 92.5% 和 93.7%，比 1995 年分别

---

① “希望工程”是共青团中央、中国青少年发展基金会以救助贫困地区失学少年儿童为目的，于 1989 年发起的一项公益事业。其宗旨是建设希望小学，资助贫困地区失学儿童重返校园，改善贫困地区办学条件，促进基础教育的发展。

② “春蕾计划”，是一项旨在帮助因生活贫困而辍学或濒临辍学的女童重返校园接受学校教育的爱心工程。1989 年，在全国妇联领导下，由中国儿童少年基金会发起并组织实施。为了加强女童素质教育，培养女童自力更生建设家乡的本领，中国儿基会还设立了“春蕾计划实用技术培训专项基金”。

③ “救孤计划”是在民政部指导下，中国社会服务促进会于 1993 年 10 月推出的。它主要面向社会募集款物，对孤儿进行助养助学，改造福利院危旧房屋，添置医疗设备，致力于提高孤儿素质。

提高 13.7% 和 9.2%。反映时代精神、贴近人民生活的优秀作品不断涌现，群众文化生活日益丰富多彩，健康文明的社会氛围逐渐形成，社会主义文化阵地更加巩固。对外文化交流不断扩大，我国文化的国际影响力显著增强。

党和政府高度重视和大力加强公民思想道德建设。2001 年 9 月，中共中央印发《公民道德建设实施纲要》，提出要把法制建设与道德建设、依法治国与以德治国紧密结合起来。通过公民道德建设的不断深化和拓展，逐步形成与发展社会主义市场经济相适应的社会主义道德体系。通过道德建设，在全民族牢固树立建设有中国特色社会主义的共同理想和正确的世界观、人生观、价值观，在全社会大力倡导“爱国守法、明礼诚信、团结友善、勤俭自强、敬业奉献”的基本道德规范，努力提高公民道德素质，促进人的全面发展，培养一代又一代有理想、有道德、有文化、有纪律的社会主义公民。在党中央的号召下，各地区各部门加强领导、重在建设，各行各业注意以人为本、教育引导，广大群众注重道德培养，全社会逐渐形成重视思想道德建设的氛围和良好风尚。

科技、教育、文化、卫生、体育等事业全面进步，群众精神文化生活日益丰富。“九五”时期，科技经费投入累计达 5828 亿元，是“八五”时期的 1.9 倍，平均每年取得科技成果 3 万余项。航空航天、信息、新材料和生物工程等高科技领域取得一批重要成果。“神舟”号飞船试验飞行成功，载人航天事业迈出重要步伐。数字高清晰度电视、稀土材料应用和生物技术等重大科研成果产业化取得重要进展。全国普及九年义务教育的人口覆盖率 2000 年达到 85%。医疗保健体制和卫生体制改革迈出较大步伐，城镇社区卫生服务、农村合作医疗和初级卫生保险体系进一步健全，人民群众健康水平有新的提高。

基础设施建设不断加强，生态环境有较大改善。“九五”期间，全社会固定资产投资总规模达13.87亿元，集中力量办成了一些多年想办而没有办成的大事。我国基础产业和基础设施建设长期滞后的局面大为改观，能源、交通、通讯和原材料的“瓶颈”制约得到缓解，经济发展的后劲大为增强。与此同时，生态环境建设力度加大。大河大湖的水污染防治、大气污染防治等工作全面展开，并取得阶段性成果。

第三章

完善市场经济体制与提高党的执政能力

当人类社会跨入21世纪的时候，我国进入全面建设小康社会、加快推进社会主义现代化的新的发展阶段。进入新世纪新阶段，国际局势风云变幻，综合国力竞争空前激烈，党坚持深化改革开放，加快发展步伐，坚定不移推进全面建设小康社会进程。前进过程中，党领导人民战胜突如其来的非典疫情，成功应对亚洲金融危机、国际金融危机等经济风险，积累了有效应对外部经济风险冲击、保持经济平稳较快发展的重要经验；妥善处置一系列重大突发事件，取得一系列新的历史性成就，巩固和发展了改革开放和社会主义现代化建设大局。我国经济总量从世界第六位跃升到第二位，社会生产力、经济实力、科技实力迈上一个大台阶，人民生活水平、居民收入水平、社会保障水平迈上一个大台阶，综合国力、国际竞争力、国际影响力迈上一个大台阶，国家面貌发生新的历史性变化。党的执政能力建设和先进性建设扎实推进，党的建设改革创新迈出重要步伐。干部队伍建设和人才工作取得新进展，创先争优活动和学习型党组织建设深入进行，党风廉政建设和反腐败斗争取得新成效，党的建设科学化水平不断提高。

在全面建设小康社会进程中，以胡锦涛同志为主要代表的中国共产党人，继续推进实践基础上的理论创新，围绕坚持和发展中国特色社会主义提出一系列紧密相连、相互贯通的新思想、新观点、新论断，形成了以人为本、全面协调可持续发展的科学发展观。科学发展观是马克思主义同当代中国实际和时代特征相结合的产物，是马克思主义关于发展的世界观和方法论的集中体现，对新形势下实现什么样的发展、怎样发展等重大问题作出科学回答，把党对中国特色社会主义规律的认识提高到新的水平，是马克思主义中国化重大成果，是发展中国特色社会主义必须长期坚持的指导思想。

一、完善市场经济体制

世纪之交，我国胜利实现了现代化建设“三步走”战略的第一步、第二步目标，人民生活总体上实现了由温饱到小康的历史性跨越。这是社会主义制度的伟大胜利，是中华民族发展史上一个新的里程碑。从新世纪开始，我国进入全面建设小康社会、加快推进社会主义现代化的新的发展阶段。这是我国经济和社会发展的重要时期，是进行经济结构战略性调整的重要时期，也是完善社会主义市场经济体制和扩大对外开放的重要时期。

全面建设小康社会的目标任务

2002 年 11 月 8 日至 14 日，中国共产党第十六次全国代表大会在北京举行。大会正式代表 2114 人，特邀代表 40 人，代表着全国 6600 多万名党员。江泽民代表第十五届中央委员会作题为《全面建设小康社会，开创中国特色社会主义事业新局面》的报告。大会通过了这个报告和《中国共产党章程（修正案）》，批准了中央纪律检查委员会的工作报告，选举产生了新一届中央委员会和中央纪律检查委员会。

党的十六大是党在 21 世纪召开的第一次全国代表大会，也是我们党在开始实施社会主义现代化建设第三步战略部署的新形势下召开的一次十分重要的代表大会。大会的主题是：高举邓小平理论伟大旗帜，全面贯彻“三个代表”重要思想，继往开来，与时俱进，全面建设小康社会，加快推进社会主义现代化，为开创中国特色社会主义事业新局面而奋斗。

围绕这一主题，江泽民在报告中明确回答了新世纪新阶段中国共产党举什么旗、走什么路、实现什么样的发展目标等重大问题，从而向世人昭示：在新世纪新阶段，中国共产党高举的旗帜，就是马克思列宁主义、毛泽东思想和邓小平理论的旗帜，就是“三个代表”重要思想的旗帜；中国共产党要走的道路，就是中国特色社会主义道路；中国共产党带领人民在新世纪前 50 年所要实现的目标，就是全面建设小康社会进而实现现代化的目标。

报告综观全局，分析指出：21 世纪头 20 年，对我国来说，是一个必须紧紧抓住并且可以大有作为的重要战略机遇期。根据党的十五大提出的到 2010 年、建党一百年和新中国成立一百年的发展目标，我们要在本世纪头 20 年，集中力量，全面建设惠及十几亿人口的更高水平的小康社会，使经济更加发展、民主更加健全、科教更加进步、文化更加繁荣、社会更加和谐、人民生活更加殷实。这是实现现代化建设第三步战略目标必经的承上启下的发展阶段，也是完善社会主义市场经济体制和扩大对外开放的关键阶段。经过这个阶段的建设，再继续奋斗几十年，到本世纪中叶基本实现现代化，把我国建成富强民主文明的社会主义国家。

据此，报告勾画了全面建设小康社会的宏伟蓝图，提出了全面建设小康社会的具体目标：

一是在优化结构和提高效益的基础上，国内生产总值到 2020 年力争比 2000 年翻两番，综合国力和国际竞争力明显增强。基本实现工业化，建成完善的社会主义市场经济体制和更具活力、更加开放的经济体系。城镇人口的比重较大幅度提高，工农差别、城乡差别和地区差别扩大的趋势逐步扭转。社会保障体系比较健全，社会就业比较充分，家庭财产普遍增加，人民过上更加富足的生活。

二是社会主义民主更加完善，社会主义法制更加完备，依法治国基本方略得到全面落实，人民的政治、经济和文化权益得到切实尊重和保障。基层民主更加健全，社会秩序良好，人民安居乐业。

三是全民族的思想道德素质、科学文化素质和健康素质明显提高，形成比较完善的现代国民教育体系、科技和文化创新体系、全民健身和医疗卫生体系。人民享有接受良好教育的机会，基本普及高中阶段教育，消除文盲。形成全民学习、终身学习的学习型社会，促进人的全面发展。

四是可持续发展能力不断增强，生态环境得到改善，资源利用效率显著提高，促进人与自然的和谐，推动整个社会走上生产发展、生活富裕、生态良好的文明发展道路。

以上四大目标，符合中国国情和现代化建设的实际，符合人民的愿望，意义十分重大。实现了这些目标，我们的国家必将更加繁荣富强，人民的生活必将更加幸福美好，中国特色社会主义必将进一步显示出巨大的优越性。

报告还对经济建设和经济体制改革、政治建设和政治体制改革、文化建设和文化体制改革、国防和军队建设、“一国两制”和实现祖国的完全统一、对外工作等作出战略部署，为全面建设小康社会、加快推进社会主义现代化指明了方向。

在经济建设和经济体制改革方面，报告提出：根据世界经济科技发展新趋势和我国经济发展新阶段的要求，本世纪头 20 年经济建设和改革的主要任务是，完善社会主义市场经济体制，推动经济结构战略性调整，基本实现工业化，大力推进信息化，加快建设现代化，保持国民经济持续快速健康发展，不断提高人民生活水平。前 10 年要全面完成“十五”计划和 2010 年的奋斗目标，使经济总量、综合国力和人民生活水平再上一个大台阶，为后 10 年的更大发展打好基础。为此，需要走新型工业化道路，大力实施科教兴国战略和可持续发展战略；需要全面繁荣农村经济，加快城镇化进程；需要积极推进西部大开发，促进区域经济协调发展；需要坚持和完善基本经济制度，深化国有资产管理体制改革；需要健全现代市场体系，加强和完善宏观调控；需要深化分配制度改革，健全社会保障体系；需要坚持“引进来”和“走出去”相结合，全面提高对外开放水平；需要千方百计扩大就业，不断改善人民生活。

在政治建设和政治体制改革方面，报告提出：发展社会主义民主政治，最根本的是要把坚持党的领导、人民当家作主和依法治国有机统一起来。党的领导是人民当家作主和依法治国的根本保证，人民当家作主是社会主义民主政治的本质要求，依法治国是党领导人民治理国家的基本方略。中国共产党是中国特色社会主义事业的领导核心。共产党执政就是领导和支持人民当家作主，最广泛地动员和组织人民群众依法管理国家和社会事务，管理经济和文化事业，维护和实现人民群众的根本利益。报告强调：政治体制改革是社会主义政治制度的自我完善和发展。推进政治体制改革要有利于增强党和国家的活力，发挥社会主义制度的特点和优势，充分调动人民群众的积极性创造性，维护国家统一、民族团结和社会稳定，促进经济发展和社会全面进步。要坚持从我国国情出发，总结自己的实践经验，同时借鉴人类政治文明的有益成果，绝不照搬西方政治制度的模式。要着重加强制度建设，实现社会主义民主政治的制度化、规范化和程序化。为此，需要坚持和完善社会主义民主制度、加强社会主义法制建设、改革和完善党的领导方式和执政方式、改革和完善决策机制、深化行政管理体制改革、推进司法体制改革、深化干部人事制度改革、加强对权力的制约和监督、维护社会稳定。

在文化建设和文化体制改革方面，报告提出：文化的力量，深深熔铸在民族的生命力、创造力和凝聚力之中，要深刻认识文化建设的战略意义，推动社会主义文化的发展繁荣。为此，需要牢牢把握先进文化的前进方向，发展面向现代化、面向世界、面向未来的，民族的科学的大众的社会主义文化；需要坚持弘扬和培育以爱国主义为核心的团结统一、爱好和平、勤劳勇敢、自强不息的伟大民族精神，并将其纳入国民教育和精神文明建设全过程；需要切实加强思想道德建设，建立与社会主义市场经济相适应、与社会主义法律规范相协调、与中华民族传统美德相承接的社会主义思想道德体系，加强和改进思想政治工作；需要大力发展教育和科学事业，深化教育改革，坚持教育创新，优化教育结构，合理配置教育资源，制定科学和技术长远发展规划，坚持社会科学和自然科学并重，充分发挥哲学社会科学在经济和社会发展中的重要作用；需要积极发展文化事业和文化产业，坚持和完善支持文化公益事业发展的政策措施，支持文化产业发展，增强我国文化产业的整体实力和竞争力；需要继续深化文化体制改革，理顺政府和文化企事业单位的关系，深化文化企事业单位内部改革，完善文化市场管理机制，为繁荣社会主义文化创造良好的社会环境。

十六大以后，党中央立足社会主义初级阶段基本国情和新的阶段性特征，科学分析国际国内形势的新变化，深刻把握我国发展面临的新课题新矛盾，在全面建设小康社会的进程中更加坚定地推动经济社会走上科学发展的道路。

完善社会主义市场经济体制

经过改革开放以来 20 多年的探索，特别是党的十四大后 10 年的努力，我国已经初步建立起社会主义市场经济体制。但是，这一体制还很不完善，生产力发展仍面临一些体制性障碍，这突出表现在：城乡体制分割，产权制度不健全，国有企业建立现代企业制度和国有经济布局调整的任务还未完成，资本等要素市场发育滞后，市场秩序比较混乱，政府职能转变还不到位，社会管理和公共服务职能薄弱，科技、教育、文化、卫生和社会保障等方面的体制还不完善等。这些体制性问题的存在，不适应全面建设小康社会的新形势，也不适应经济全球化和科技进步加快的国际环境。

面对社会主义市场经济体制需要完善的客观要求，党的十六大提出了完善社会主义市场经济体制的改革任务。为贯彻党的十六大精神，2003 年 10 月，党的十六届三中全会通过《中共中央关于完善社会主义市场经济体制若干问题的决定》，进一步明确了完善社会主义市场经济体制的目标和任务。主要目标是：按照统筹城乡发展、统筹区域发展、统筹经济社会发展、统筹人与自然和谐发展、统筹国内发展和对外开放的要求，更大程度地发挥市场在资源配置中的基础性作用，增强企业活力和竞争力，健全国家宏观调控，完善政府社会管理和公共服务职能，为全面建设小康社会提供强有力的体制保障。主要任务是：完善公有制为主体、多种所有制经济共同发展的基本经济制度；建立有利于逐步改变城乡二元经济结构的体制；形成促进区域经济协调发展的机制；建设统一开放竞争有序的现代市场体系；完善宏观调控体系、行政管理体制和经济法律制度；健全就业、收入分配和社会保障制度；建立促进经济社会可持续发展的机制。[①]

《决定》提出，深化经济体制改革，必须坚持以下五大原则：一是坚持社会主义市场经济的改革方向，注重制度建设和体制创新；二是坚持尊重群众的首创精神，充分发挥中央和地方两个积极性；三是坚持正确处理改革发展稳定的关系，有重点、有步骤地推进改革；四是坚持统筹兼顾，协调好改革进程中的各种利益关系；五是坚持以人为本，树立全面、协调、可持续的发展观，促进经济社会和人的全面

① 中共中央文献研究室编：《十六大以来重要文献选编》（上），中央文献出版社 2011 年版，第 465 页。

发展。

《决定》总结了20多年来改革开放的经验，在理论和实践的结合上对社会主义市场经济理论实现了进一步突破和创新，是新世纪指导完善我国经济体制改革的纲领性文件。

党的十六届三中全会后，按照这一《决定》的部署，改革的推进主要是力求取得重点领域和关键环节的新突破。

一是完善基本经济制度。巩固和发展公有制经济、发挥国有经济的主导作用，鼓励、支持、引导非公有制经济的发展。

实行国有经济布局和结构调整，目的是使国有资本加快向关系国家安全和国民经济命脉的重要行业和关键领域集中。在这个基础上，国家进一步深化国有资产管理体制改革。2003年3月，国务院成立国有资产监督管理委员会，从机构设置上实现了政企分开，使国有资产保值增值的责任得到落实。同时，国有企业股份制改革取得重大进展。通过改革，国有企业数量虽然有所减少，但实力不断增强。涌现出一批具有国际竞争力的大公司大集团。如神华集团有限责任公司2007年煤炭产量、销量都达到世界一流水平。中国远洋运输集团船队规模居世界第二，经济效益也名列同行业前茅。

为鼓励、支持和引导非公有制经济健康发展，2005年2月，国务院颁布《关于鼓励支持和引导个体私营等非公有制经济发展的若干意见》，该文件共36条，简称“非公经济36条”。其后，有关部门又相继出台了40多个配套文件，形成一整套鼓励非公有制经济发展的政策法律体系，为非公有制经济公平竞争和发展创造了良好的环境。随着发展环境的变化，非公有制经济发展呈现出一些新特点和新趋势：经营领域加速向基础设施、公共事业拓展；形成一批资本密集、技术密集的大企业、大集团。2007 年 3 月，我国社会主义市场经济体制下第一部《中华人民共和国物权法》颁布实行，强调国家保障一切市场主体的平等法律地位和发展权利，国家、集体、私人的物权和其他权利人的物权受法律保护，任何单位和个人不得侵犯。物权法对于坚持社会主义基本经济制度、规范社会主义市场经济秩序、维护人民群众切身利益，产生了重大而深远的影响。各种所有制经济平等竞争、相互促进的格局日益形成。

二是继续改革宏观管理体制。主要是进一步健全国家计划和财政政策、货币政策等相互配合的宏观调控体系，进一步深化财政、金融体制改革。

在财政体制改革方面，主要是完善财政转移支付制度和公共财政制度。国家逐步规范和调整了财政转移支付办法，加大了对中西部地区的支持力度和对经济社会发展薄弱环节的支持力度。与此同时，全国大部分省份推进了“省直管县”和“乡财县管”改革试点，这项改革规范了省以下财政分配关系，提高了财政资金运用效率，促进了县乡财政健康发展。

在税收改革方面，2007 年 3 月，十届全国人大五次会议通过《中华人民共和国企业所得税法》，统一了内外资企业所得税制度，并于 2008 年 1 月 1 日开始实施。改革开放以来，为吸引外资、发展经济，中国对外资企业采取了有别于内资企业的税收政策。从平均税负看，内资企业要高于外资企业。这种内外资企业不平等的税负政策，对于引进外资起到了非常重要的作用，在一定的时期内有一定的合理性。但是，经过近 30 年的改革开放，我国社会经济状况发生了巨大变化，特别是随着社会主义市场经济体制改革的进一步深化和宏观经济形势的发展，内外资企业所得税制度不统一的弊端日益显现，主要是它违反社会主义市场经济下国民待遇原则和税负公平原则。改革势在必行。统一内外资企业的所得税制度，为各类企业创造了一个成熟规范、公平竞争的税收法制环境。从 2009 年 1 月 1 日起，在全国范围内实施增值税向消费型增值税转型的改革，将生产型增值税（即对企业新购进固定资产所含税款不予抵扣）改为消费型增值税（即允许企业抵扣新购进机器设备所含税款），这一改革消除了生产型增值税存在的重复征税因素，规范和完善了增值税制度，减轻了纳税人负担，也有利于增强企业技术创新的积极性和竞争能力，有利于提高经济自主增长能力。

在金融改革方面，着力加快对国有商业银行如中国银行、建设银行、交通银行、工商银行等的股份制改革。积极培育和发展外汇市场。2005 年 7 月 21 日，我国宣布开始实行以市场供求为基础、参考“一篮子货币”进行调节、有管理的浮动汇率制度。由于坚持主动性、可控性、渐进性原则，人民币汇率形成机制改革顺利实施。人民币汇率弹性明显增强，保持在合理、均衡水平上的基本稳定。2009 年 7 月，中国人民银行发布《跨境贸易人民币结算试点管理办法实施细则》，跨境贸易人民币结算试点在上海等地正式启动；2011 年 1 月，中国人民银行发布《境外直接投资人民币结算试点管理办法》，规定凡获准开展境外直接投资的境内企业均可以人民币进行境外直接投资，人民币的国际化开始起步。2009 年 10 月，创业板市场正式推出，首批 28 家企业挂牌上市，有力地促进了资本资源与技术创新的有机融合。

在投资体制改革方面，2004 年 7 月，国务院发布《关于投资体制改革的决定》，主要是推进政府管理职能转变，确立企业投资主体地位，规范政府投资行为，加强和改善投资宏观调控。

三是健全现代市场体系。

2002 年，党的十六大提出“健全统一、开放、竞争、有序的现代市场体系”的任务。之后主要抓了两方面工作：一是整顿、规范市场秩序。二是推进要素市场发展。在资源性产品价格改革方面取得重要进展，成品油价格和税费改革全面实施。通过改革和整顿，使要素市场化程度稳步提高，市场秩序明显好转。

四是坚持扩大对外开放。

加入世界贸易组织后，我国认真履行各项承诺，积极做好过渡期各项工作。深化涉外经济体制改革，促进贸易投资便利化。放开外贸经营权，大幅度降低关税，取消进口配额、许可证等非关税措施，金融、商业、电信等服务业开放不断扩大。通过改革，我国进出口商品结构逐步优化，利用外资质量进一步提高。

在推进重点领域和关键环节改革、加快解决影响社会和谐突出问题的同时，党中央还着力加强对经济的宏观调控、解决经济发展过热问题，努力实现经济的又好又快发展。

进入 21 世纪，在成功抵御亚洲金融危机和克服国内有效需求不足之后，我国经济增长率逐渐回升。然而，从 2003 年起，中国经济开始升温。这次经济升温仍然是主要由投资拉动的。2003 年全社会固定资产投资增长超过 20%，一些行业投资超高速增长，其中钢铁比 2002 年增长 96.6%，电解铝增长 92.9%，水泥增长 121.9%。在需求带动下各种价格止跌回升。特别是到 2003 年，粮食生产连续四年下降，导致年底粮价和食品价格迅速上涨。

针对经济发展过程中出现的问题，党中央、国务院发现早、措施果断，及时加强和改善了宏观调控。2002 年中央经济工作会议就对出现低水平重复建设问题提出预警。2004 年初，中央明确指出，适当控制固定资产投资规模，坚决遏制部分行业和地区盲目投资、低水平重复建设，是今年宏观调控的一项重要任务，合理调整投资与消费的关系，是今年宏观调控的重要方面。2004 年全国两会以后，根据经济运行中出现的投资膨胀加剧、物价回升加快等新情况，紧紧把住信贷和土地两个闸门，及时加大了调控力度。在实施宏观调控中，既坚决抑制部分行业的盲目投资和低水平扩张，又采取得力措施加强农业特别是粮食生产，加强经济社会发展的薄弱环节。注重实际效果，综合运用经济手段、法律手段和必要的行政手段，不失时机地推进改革，使经济运行的体制环境得到改善。

为巩固宏观调控的成果，2004 年 12 月初举行的中央经济工作会议，确定 2005 年实施“双稳健”的宏观经济政策，即稳健的财政政策和货币政策，不再继续实施扩张性即积极的财政政策 。2006 年 12 月，中央经济工作会议进一步提出了“又好又快”发展的方针。从此前的“又快又好”到此时的“又好又快”，虽然只是“好”与“快”的顺序调整，却更加体现了贯彻落实科学发展观、正确实施宏观调控的客观要求，也是形成经济与社会、人与自然之间的和谐发展，实现全面建设小康社会宏观目标的现实需要。

由于政策的预见性、科学性，这一轮宏观调控，使我国经济保持了平稳较快增长，综合国力和国际影响力大幅提升，发展方式逐步转变，发展潜力不断提高，发展活力持续增强，经济社会发展各领域都开创了新局面。加强和改善宏观调控的成功实践，使我们党加深了对社会主义市场经济规律的认识，增强了驾驭社会主义市场经济的本领。

贯彻落实科学发展观

党的十六大顺利实现了中央领导集体的新老交替。新选进中央委员会的成员占一半以上，全部是中华人民共和国成立后参加工作的，平均年龄 55.4 岁，具有大专以上文化程度的占 98.6%，显示了党和国家的事业后继有人，充满希望。

党的十六大以后，在以胡锦涛同志为总书记的党中央领导下，全党和全国人民踏上了完善社会主义市场经济体制和全面建设小康社会的新征程。

2002 年 12 月 5 日至 6 日，胡锦涛带领中央书记处的同志到西柏坡学习考察，回顾党带领人民进行伟大革命斗争的历史，重温毛泽东在党的七届二中全会上的重要讲话，号召全党同志特别是领导干部要牢记毛泽东关于“两个务必”的告诫，大力发扬艰苦奋斗的作风，为实现党的十六大确定的目标和任务开拓进取、团结奋斗。

正当全党全国人民意气风发地为实现全面建设小康社会宏伟目标而奋斗的时候，2003 年春，我国遭遇了一场突如其来的非典疫情。面对这场严峻考验，全党全国人民在党中央和国务院的坚强领导下，坚持一手抓防治非典疫情，一手抓经济建设这个中心不动摇，夺取了抗击非典和促进发展的双胜利。

通过抗击非典斗争，党更加深刻地认识到我国经济发展和社会发展、城市发展和农村发展还不够协调等突出矛盾。2003 年 7 月 28 日，胡锦涛在全国防治非典工作会议上的讲话中指出：从今后的工作来说，“我们要更好坚持全面发展、协调发展、可持续发展的发展观，更加自觉地坚持推动社会主义物质文明、政治文明、精神文明协调发展，坚持在经济社会发展的基础上促进人的全面发展，坚持促进人与自然的和谐”[①]。此后，胡锦涛在江西视察时又强调“要牢固树立协调发展、全面发展、可持续发展的科学发展观，积极探索符合实际的发展新路子”[②]。

2003年10月，党的十六届三中全会通过了《中共中央关于完善社会主义市场经济体制若干问题的决定》。《决定》指出，为适应经济全球化和科技进步加快的国际环境，适应全面建设小康社会的新形势，必须加快推进改革，进一步解放和发展生产力，为经济发展和社会全面进步注入强大动力。要按照统筹城乡发展、统筹区域发展、统筹经济社会发展、统筹人与自然和谐发展、统筹国内发展和对外开放的要求，更大程度地发挥市场在资源配置中的基础性作用，增强企业活力和竞争力，健全国家宏观调控，完善政府社会管理和公共服务职能，为全面建设小康社会提供强有力的体制保障。深化经济体制改革，必须坚持社会主义市场经济的改革方向；坚持尊重群众的首创精神；坚持正确处理改革发展稳定的关系；坚持统筹兼顾；坚持以人为本，树立全面、协调、可持续的发展观，促进经济社会和人的全面发展。《决定》阐明了科学发展观的基本要求，是指导我国今后一个时期经济体制改革的纲领性文件。

科学发展观的提出，是党对20多年来改革开放实践的经验总结，反映了中国共产党对发展问题的新认识，体现了全面建设小康社会的

① 《胡锦涛文选》第二卷，人民出版社2016年版，第67页。
② 《继承发扬党的优良革命传统 加快全面建设小康社会步伐》，《人民日报》2003年9月3日。

迫切要求，既顺应时代发展潮流，又符合当代中国国情。为切实贯彻落实科学发展观，党中央、国务院相继作出一系列重大决策，推动经济社会实现又好又快发展。

从2003年下半年开始，面对经济运行中出现的一些新的不健康不稳定因素，党中央进一步加强和完善了宏观调控。其中主要是解决两个问题：一是针对粮食播种面积连续5年减少、粮食产量持续下降的局面，进一步加强农业，促进粮食生产。二是针对固定资产投资总量增长过快的问题，积极改善投资结构。经过采取有针对性的调控措施，抑制了经济运行中的不健康不稳定因素，避免了经济发展大的起落，保持了国民经济持续快速增长的势头。2006年12月，中央经济工作会议进一步提出“又好又快”发展的方针，更加体现了贯彻落实科学发展观的客观要求，促进了经济与社会、人与自然之间的和谐发展。

为实现全面建设小康社会的奋斗目标，贯彻落实科学发展观，党中央把农业、农村、农民问题作为全党工作的重中之重，放在更加突出的位置。2004年12月，胡锦涛在中央经济工作会议上提出：我国现在总体上已到了以工促农、以城带乡的发展阶段。在着眼城乡统筹发展的基础上，2005年10月，党的十六届五中全会提出建设“生产发展、生活宽裕、乡风文明、村容整洁、管理民主”的社会主义新农村的历史任务。2004年以后，中央连续颁发有关“三农”问题的“一号文件”，就促进农民增加收入、提高农业综合生产能力、推进社会主义新农村建设、发展现代农业、加强农村基础建设、促进农业稳定发展农民持续增收、加大统筹城乡发展力度、加快水利改革发展和推进农业科技创新等作出部署，提出一系列支农、惠农政策，加快社会主义新农村建设的步伐。

贯彻落实科学发展观的一项根本任务，就是要实现社会和谐。这是中国特色社会主义事业总体布局和全面建设小康社会的内在要求，也是广大人民群众的根本利益和共同愿望。党的十六大报告第一次把“社会更加和谐”作为党的重要奋斗目标。随着改革和发展的不断深入，构建社会主义和谐社会的任务得到逐步落实。

2004 年 9 月，党的十六届四中全会明确提出构建社会主义和谐社会的任务，把提高构建社会主义和谐社会的能力确定为加强党的执政能力建设的重要内容。2005 年 2 月，在党中央举办的省部级主要领导干部提高构建社会主义和谐社会能力专题研讨班上，胡锦涛发表讲话，提出了构建民主法治、公平正义、诚信友爱、充满活力、安定有序、人与自然和谐相处的社会主义和谐社会的总目标。2005 年 10 月，党的十六届五中全会把构建社会主义和谐社会确定为贯彻落实科学发展观的一项重大任务，并提出了工作要求和政策措施。

在此基础上，2006 年 10 月，党的十六届六中全会通过了《中共中央关于构建社会主义和谐社会若干重大问题的决定》。《决定》全面把握我国发展的阶段性特征，深刻分析影响我国社会和谐的突出矛盾和问题，明确提出了当前和今后一个时期构建社会主义和谐社会的指导思想、目标任务、原则和工作部署。《决定》从五个方面对构建社会主义和谐社会作出部署。一是坚持协调发展，加强社会事业建设。二是加强制度建设，保障社会公平正义。三是建设和谐文化，巩固社会和谐的思想道德基础。四是完善社会管理，保持社会安定有序。五是激发社会活力，增进社会团结和睦。

构建社会主义和谐社会战略任务的提出，使中国特色社会主义事业的总体布局由社会主义经济建设、政治建设、文化建设“三位一体”发展为社会主义经济建设、政治建设、文化建设、社会建设“四位一体”，从而使中国特色社会主义发展模式更加清晰。这是党在探索社会主义社会建设方面取得的又一个新的认识成果。

2007 年 10 月召开的中国共产党第十七次全国代表大会提出，要深入贯彻落实科学发展观，继续解放思想，坚持改革开放，推动科学发展，促进社会和谐，为夺取全面建设小康社会新胜利而奋斗。胡锦涛在《高举中国特色社会主义伟大旗帜　为夺取全面建设小康社会新胜利而奋斗》的报告中，对科学发展观的内涵和根本要求作了进一步阐述，指出：科学发展观，第一要义是发展，核心是以人为本，基本要求是全面协调可持续，根本方法是统筹兼顾。科学发展观，是立足社会主义初级阶段基本国情，总结我国发展实践，借鉴国外发展经验，适应新的发展要求提出来的，是对党的三代中央领导集体关于发展的重要思想的继承和发展，是马克思主义关于发展的世界观和方法论的集中体现，是同马克思列宁主义、毛泽东思想、邓小平理论和“三个代表”重要思想既一脉相承又与时俱进的科学理论，是我国经济社会发展的重要指导方针，是发展中国特色社会主义必须坚持和贯彻的重大战略思想。

根据贯彻落实科学发展观的要求，报告适应国内外形势的新变化，顺应各族人民过上更好生活的新期待，把握经济社会发展趋势和规律，坚持中国特色社会主义的基本纲领，在十六大确立的全面建设小康社会目标基础上，对我国发展提出了新的更高要求。具体内容是：增强发展协调性，努力实现经济又好又快发展。在优化结构、提高效益、降低消耗、保护环境的基础上，实现人均国内生产总值到 2020 年比 2000 年翻两番。社会主义市场经济体制更加完善。扩大社会主义民主，更好保障人民权益和社会公平正义。公民政治参与有序扩大。加强文化建设，明显提高全民族文明素质。社会主义核心价值体系深入人心。加快发展社会事业，全面改善人民生活。建设生态文明，基本形成节约能源资源和保护生态环境的产业结构、增长方式、消费模式。

大会一致同意将科学发展观写入党章，一致同意在党章中把党的基本路线中的奋斗目标表述为“把我国建设成为富强民主文明和谐的社会主义现代化国家”。大会认为，把科学发展观和经济建设、政治建设、文化建设、社会建设“四位一体”的中国特色社会主义事业总体布局写入党章，对于夺取全面建设小康社会新胜利、开创中国特色社会主义事业新局面具有重大意义。

促进区域和城乡协调发展

区域、城乡发展不平衡，是制约我国经济社会发展的突出问题。十六大以后，党中央对统筹区域、城乡协调发展作出新的决策部署。

西部大开发战略在世纪之交实施后，按照党中央提出的重点先行、适当超前的方针，经过不懈努力，西部地区基础设施建设取得重要进展。其中重点展开了青藏铁路、西电东送、西气东输等标志性工程建设。青藏铁路建设尤为引人注目。它全长 1956 千米，是世界上海拔最高、线路最长的高原铁路，工程建设面临着多年冻土、高寒缺氧、生态脆弱等三大世界性工程技术难题。我国工程技术人员经过多年攻关，相继克服了这三大难题。2006 年 7 月 1 日，经过工人、技术人员在恶劣自然条件下极其艰苦的施工，青藏铁路终于全线建成通车。青藏铁路建成通车，对于青海、西藏两省区加快经济社会发展、改善各族群众生活，对于促进民族团结和巩固祖国边防，具有十分重大的意义。2000 年 11 月 8 日，西电东送工程全面启动。2004 年 12 月 30 日，西气东输工程（新疆轮南至上海）全线建成并正式运营。这些工程的建成，有利于将西部能源资源优势转化为经济优势。实施西部大开发伊始，国家就十分注意处理开发与环境保护之间的关系，相继实施退耕还林、退牧还草和三江源保护工程，生态建设和环境保护取得显著成效。西部地区还注意培育特色优势产业，陆续启动“两基”[①] 攻坚计划等。西部大开发战略的深入实施，使西部地区经济社会发展呈现良好局面，城乡面貌发生历史性变化，人民生活得到明显改善。各族群众精神风貌昂扬向上，为建设经济繁荣、社会进步、生活安定、民族团结、山川秀美的西部地区而努力奋斗。

在西部大开发扎实推进过程中，党中央着眼于实现区域协调发展，相继作出振兴东北地区等老工业基地、促进中部地区崛起等重大决策，以解决东北地区和中部地区发展相对滞后的问题。

2003 年 10 月，党的十六届三中全会提出要振兴东北地区等老工业基地。同月，中共中央、国务院印发《关于实施东北地区等老工业基地振兴战略的若干意见》。中央有关部门、东北三省制定一系列相关政策，支持东北地区改革发展。东北地区资源型城市转型以及国有企业、国有林区垦区等多项改革扎实推进，发展活力和支撑能力增强。在振兴东北地区等老工业基地的进程中，沈阳提出“东北振兴，沈阳先行”的口号。沈阳装备制造业乘势推进结构调整，产业升级步

① “两基”，即基本普及九年制义务教育、基本扫除青壮年文盲。

伐加快，成为沈阳最重要的支柱产业。特变电工股份有限公司沈阳变压器集团先后获得三个工业国债项目，全面承接了国家“十一五”重大科研攻关项目中输变电领域的研制课题。通过技术储备和不断自主创新，沈变集团产品结构调整集中向高端产品倾斜，市场占有率不断提高。民营企业沈阳远大集团多年坚持打造自己的品牌、自己的核心技术、自己的市场网络，通过提高产品技术含量超越一个个对手，市场从发展中国家扩展到发达国家，产品由低端走向尖端。经过大刀阔斧的调整改造，经过自主创新的锤炼，老工业基地沈阳正快步成为具有国际竞争力的世界级装备制造业基地。

为解决制约中部地区发展的问题，2004 年 9 月，党的十六届四中全会明确提出促进中部地区崛起。2006 年 4 月，中共中央、国务院印发《关于促进中部地区崛起的若干意见》。国务院有关部门就促进中部地区崛起提出相应的配套措施，加大了促进中部地区发展的支持力度。中部地区改革发展迈出新步伐，承东启西的区位优势进一步凸显，可持续发展能力显著提高。武汉城市圈、中原城市群、长（沙）株（洲）（湘）潭城市群、皖江城市带、鄱阳湖生态经济区、太原城市圈等重点经济区加快发展，成为带动地区发展的重要增长极。

国家继续支持东部地区率先发展。在继续发挥经济特区、上海浦东新区改革开放示范作用的基础上，2006 年国务院批准天津滨海新区为全国综合配套改革试验区。国家还积极推动长江三角洲、台湾海峡西岸等重点地区的开发开放，提出《关于进一步推进长江三角洲地区改革开放和经济社会发展的指导意见》。东部地区加快调整经济结构，发展方式转变和产业升级步伐明显加快。

随着以上发展战略的实施，区域协调发展取得明显成效。中西部地区、东北地区均呈现加速发展态势。2011 年，中部地区、西部地区生产总值占全国的比重分别为 21.2%、19.0%，分别比 2002 年提高了 2.0、1.5 个百分点。条件较好地区进一步推进开发开放，新的区域增长极不断涌现。经济特区、上海浦东新区、天津滨海新区开发开放迈出新步伐，长三角、珠三角和京津冀三大都市圈仍是我国经济发展的“三大引擎”。成都、重庆、武汉城市圈、长株潭城市群作为国家新批准的综合配套改革试验区，发挥了中心城市的辐射带动作用。广西北部湾、关中—天水、成渝三大西部重点经济区发展势头强劲，成为我国区域发展中新的活跃力量。

推动科学发展、促进社会和谐的另一个重要方面，是促进城乡协调发展。党的十六大明确提出统筹城乡经济社会发展。2003 年 12 月 31 日，中共中央、国务院印发《关于促进农民增加收入若干政策的意见》，强调按照统筹城乡经济社会发展的要求，坚持“多予、少取、放活”[①] 的方针。2004 年 9 月，胡锦涛在十六届四中全会第三次全体会议上指出：“综观一些工业化国家发展历程，在工业化初始阶段，农业支持工业、为工业提供积累是带有普遍性的趋向；但在工业化达到相当程度以后，工业反哺农业、城市支持农村，实现工业与农业、城市与农村协调发展，也是带有普遍性的趋向。”[②] 经过几十年的发展，我国总体上已到了以工促农、以城带乡的发展阶段。2005 年 10 月，党的十六届五中全会明确提出建设社会主义新农村的重大战略任务。同年 12 月，中共中央、国务院印发《关于推进社会主义新农村建设的若干意见》，对社会主义新农村建设作了部署。2006 年 4 月至

① “多予、少取、放活”是 2002 年 1 月召开的中央农村工作会议作为增加农民收入的指导思想首次提出的。
② 《胡锦涛文选》第 2 卷，人民出版社 2016 年版，第 247 页。

2007年1月，在中央党校等干部院校举办50期培训班，对全国5474名县委书记、县长进行“建设社会主义新农村”专题培训，对于贯彻落实科学发展观、推动社会主义新农村建设起到了重要作用。

为推进现代农业发展和社会主义新农村建设，从2004年起，中央每年印发有关“三农”问题的“一号文件”，主题分别为促进农民增加收入、提高农业综合生产能力、推进社会主义新农村建设、发展现代农业、加强农村基础建设、促进农业稳定发展农民持续增收、加大统筹城乡发展力度、加快水利改革发展和推进农业科技创新等。这些“一号文件”的鲜明特点，就是加快社会主义新农村建设，促进城乡经济社会发展一体化，促进农民持续增收。

随着农村经济发展，党和政府还采取一系列重大措施，切实减轻农民负担。2005年12月29日，十届全国人大常委会第十九次会议决定自2006年1月1日起废止《中华人民共和国农业税条例》。从此，中国农民告别绵延2600多年的“皇粮国税”。这一重大决策，让无数农民为之激动万分。2006年9月29日，河北省灵寿县青廉村农民王三妮拿出自己的钱，铸成一个“告别田赋鼎”，用这种特殊的方式表达了农民对取消农业税的喜悦心情。据统计，到2006年全面取消农业税后，与免税前的1999年同口径相比，全国农村税费改革每年减轻农民负担1250亿元，人均减负140多元，平均减负率达到80%，农民负担重的状况得到根本性扭转。

在采取措施增加农民收入、减轻农民负担基础上，国家以解决制度缺失为重点，按照广覆盖、保基本、多层次、可持续的原则，积极构建我国农村社会保障制度基本框架。以农村最低生活保障、新型农村合作医疗、新型农村社会养老保险、农村五保供养等为主要内容的农村社会保障体系逐步形成，被征地农民社会保障、农民工工伤、医疗等社会保险逐步健全，改变了农村无社保的局面。

国家还进一步推进农村改革，进行了包括乡镇机构、农村义务教育、县乡财政管理体制改革在内的农村综合改革和集体林权制度改革，取得积极进展。在社会主义新农村建设的伟大进程中，农村改革发展揭开了新的篇章。

在应对国际金融危机中推进改革开放

从2007年开始的美国次贷危机，到2008年演化成一场全球性的金融危机，并且迅速由金融领域扩散到实体经济领域，由美国扩散到世界主要经济体，其来势之猛、扩散之快、影响之深，实属罕见。受国际金融危机严重冲击，我国经济社会发展遇到严重困难，对外贸易出口困难，有效需求不足矛盾凸显，经济增长下行压力加大。

美国次贷危机爆发后，党中央密切关注危机的发展态势，特别是可能对我国经济发展带来的风险和产生的冲击，一再强调树立忧患意识，做好应对危机的预案。2008年7月25日，中央政治局召开会议，明确将宏观调控的首要任务从年初的“防止经济增长由偏快转为过热、防止价格由结构性上涨演变为明显通货膨胀”，调整为“保持经济平稳较快发展、控制物价过快上涨”。

从9月开始，国际金融危机冲击迅速加剧。我国经济第四季度增速急剧下滑，大批企业出现停产、半停产甚至倒闭，就业压力迅速加大，经济社会发展面临很大困难。党中央、国务院全面分析、准确判断，果断决策、从容应对，将宏观调控的着力点转到“防止经济增速过快下滑”上来。10 月，党的十七届三中全会强调要采取灵活审慎的宏观经济政策，着力扩大国内需求特别是消费需求，保持经济稳定、金融稳定、资本市场稳定。11 月初，国务院常务会议研究部署进一步扩大内需、促进经济平稳较快增长的十项措施。11 月 6 日，中央政治局常务委员会会议决定把促进经济平稳较快增长作为经济工作的首要任务，果断实施积极的财政政策和适度宽松的货币政策，大规模增加政府投资。2009 年初，中央又出台一系列政策措施，形成了应对国际金融危机、促进经济平稳较快增长的一揽子计划，主要包括：大规模增加政府投资，实行结构性减税，大范围实施汽车、钢铁等十个重点产业调整振兴规划，大力推进科技进步和自主创新，大幅度提高社会保障水平，等等。一揽子计划把克服当前困难与着眼长远相结合，是推动我国经济实现平稳较快发展的正确决策。

经过艰苦努力，我国在世界上率先实现经济回升向好。从 2009 年第二季度起，我国经济止跌回升，全年经济增长 9.4%。事实证明，我国应对国际金融危机冲击的方针、政策和举措总体上是有效的。

应对国际金融危机的过程，也是深化改革、扩大开放的过程。党中央强调要始终坚持推动发展和深化改革相结合，通过不断推进改革，既从制度上更好发挥市场在资源配置中的基础性作用，又形成有利于科学发展的宏观调控体系，为经济社会发展提供强大动力和制度保障。在此期间，经济体制改革在重点领域和关键环节继续取得新的进展和突破。

在所有制改革方面，国有经济战略性调整和国有大型企业改革加快推进。2011 年，国资委监管的中央企业从 2007 年的 159 家减少到 117 家，并且有超过 80% 的资产集中在石油石化、电力、国防和通信等关键领域以及运输、矿业、冶金等支柱行业。2010 年 5 月，国务院印发《关于鼓励和引导民间投资健康发展的若干意见》，明确民间资本可以进入能源、军工、电信、航空等传统垄断行业，非公有制经济发展的体制环境得到进一步改善。

在财税体制改革方面，从 2009 年 1 月 1 日起，在全国范围内逐步实施增值税向消费型增值税转型的改革，以消除生产型增值税存在的重复征税因素，减轻纳税人负担。推进个人所得税改革，以减轻中低收入者的税收负担，鼓励消费；进行成品油税费改革和资源税改革，充分发挥税收对节能减排的调节作用。

在金融体制改革方面，2009 年 1 月 15 日，中国农业银行股份有限公司成立。此前，中国工商银行、中国银行、中国建设银行和交通银行完成股份制改造并成功上市。我国大型商业银行股份制改革基本完成。2009 年之前，中国跨境贸易不能使用人民币结算，进出口企业面临着比较大的汇率风险。2009 年 4 月，国务院决定在上海等地开展跨境贸易人民币结算试点，受到企业的普遍欢迎。2011 年 8 月，国务院决定将跨境贸易人民币结算地区扩大至全国。2009 年 10 月，创业板市场正式推出，促进了资本资源与技术创新的有机融合。为改善农村金融服务，2006 年底，国务院决定调整放宽农村地区银行业金融机构准入政策。到 2011 年底，全国金融机构空白乡镇从 2009 年 10 月此项工作启动时的 2945 个减少到 1696 个。

为适应经济社会发展的需要，国家还适时推出以全方位改革为主要特征的综合配套改革试验。2005 年 6 月，国务院批准上海浦东新区进行综合配套改革试点。此后至 2011 年，国务院还批准天津滨海新区、重庆市、成都市、深圳市、武汉城市圈和长株潭城市群、沈阳经济区、山西省、浙江省义乌市、厦门市进行不同类型的综合配套改革试验。这些改革试验，旨在对制约经济社会发展的重点难点问题进行探索，在转变政府职能、调整产业结构、深化金融体制改革、提升对外开放水平、统筹城乡发展、建设资源节约型和环境友好型社会等方面取得了积极进展。

在农村改革发展方面，2008 年 10 月，党的十七届三中全会通过《中共中央关于推进农村改革发展若干重大问题的决定》，要求大力推进改革创新，充分保障农民土地承包经营权，加强农村制度建设，积极发展现代农业，提高农业综合生产能力，加快发展农村公用事业，促进农村社会全面进步。2011 年，中共中央、国务院印发《中国农村扶贫开发纲要（2011 —2020 年）》，决定将国家扶贫标准由 2009 年的 1196 元提高到 2300 元（2010 年不变价）。这个标准比 2009 年提高了 92%，1.22 亿农村低收入人口因此纳入扶贫开发范围。农民种田，不仅不交公粮，还能收到各种各样的种粮补贴，这在中国历史上是从未有过的大事。农村社会事业的进步和各项社会保障制度的建立，增强了广大农民的幸福感、尊严感和安全感。建设社会主义新农村的战略决策和一系列政策措施的实施，进一步催发了农村大地的勃勃生机。粮食产量自 2004 年实现 8 年连续增长，2011 年达到 5.9 亿吨。2011 年农民人均纯收入实现连续 8 年较快增长。城乡结构和城乡关系向着城乡一体化方向继续发展。农业和农村经济保持持续向好的强劲势头，为保持国民经济平稳较快发展、维护社会和谐稳定大局提供了重要支撑。

在扩大对外开放方面，中国履行加入世界贸易组织承诺，大规模开展法律法规清理修订工作，中央政府共清理法律法规和部门规章

2300 多件，地方政府共清理地方性政策和法规 19 万多件。中国对外开放政策的稳定性、透明度、可预见性不断提高。在不断扩大对外开放过程中，对外贸易、利用外资、对外投资等领域取得重要进展，开放型经济水平不断提高。2002 年至 2011 年中国加入世界贸易组织的十年间，出口和进口分别以年均 21.7% 和 21.8% 的速度增长，远高于同期世界 11.5% 和 11.1%，也远高于中国国内生产总值的增长速度。中国坚持实行平等、互利、合作、共赢的对外开放政策，给世界经济发展以有力推动。中国货物贸易额的全球排名由 2002 年第六位上升到第二位；累计外商直接投资居发展中国家首位；对外直接投资 2010 年居世界第五位。中国每年平均进口 8955 亿美元的商品，为贸易伙伴创造大量就业岗位和投资机会。实践证明，中国加入世界贸易组织，扩大对外开放，既惠及 13 亿中国人民，也使世界各国人民获益。中国的发展是和平的发展、开放的发展、合作的发展、共赢的发展，其勃勃生机和巨大潜力在不断扩大对外开放中日益得到充分发挥。

二、党的执政能力建设和先进性建设

全面建设小康社会，加快推进社会主义现代化建设，必须毫不放松地加强和改善党的领导，全面推进党的建设新的伟大工程。站在新的历史起点上，以胡锦涛同志为总书记的党中央深刻分析国际国内形势的变化，重新审视党所处的历史方位和所担负的历史任务，坚持以党的执政能力建设和先进性建设为主线推进党的各项建设，取得新的重大进展，提高了党的建设科学化水平。

加强党的执政能力建设

加强执政能力建设，是党执政后的一项根本建设，是党始终面临和不断探索解决的一项重大课题和战略任务。经过十三届四中全会到十六届四中全会的探索，执政能力建设的战略思想在党的执政实践中逐步形成并日益成熟。

2002 年 11 月，在总结党的建设历史经验的基础上，党的十六大首次提出了加强党的执政能力建设的重大命题和重大任务。同时，党的十六大报告还将“执政能力”的内涵初步概括为五个方面，这就是：（1）必须以宽广的眼界观察世界，正确把握时代发展的要求，善于进行理论思维和战略思维，不断提高科学判断形势的能力；（2）必须坚持按照客观规律和科学规律办事，及时研究解决改革和建设中的新情况新问题，善于抓住机遇加快发展，不断提高驾驭市场经济的能力；（3）必须正确认识和处理各种社会矛盾，善于协调不同利益关系和克服各种困难，不断提高应对复杂局面的能力；（4）必须增强法制观念，善于把坚持党的领导、人民当家作主和依法治国统一起来，不断提高依法执政的能力；（5）必须立足全党全国工作大局，坚定不移地贯彻党的路线方针政策，善于结合实际创造性地开展工作，不断提高总揽全局的能力。

在新世纪之初，党之所以提出加强党的执政能力建设，主要原因有三个方面。

第一，党所处的历史方位尖锐地提出了提高党的执政能力的要求。党的建设实践中遇到的许多新情况新问题，都来自党的历史方位的变化。党的十六大明确揭示了这一变化：“我们党历经革命、建设和改革，已经从领导人民为夺取全国政权而奋斗的党，成为领导人民掌握全国政权并长期执政的党；已经从受到外部封锁和实行计划经济条件下领导国家建设的党，成为对外开放和发展社会主义市场经济条件下领导国家建设的党。”[①] 这两个根本性转变，是认识和思考党的建设问题的前提和出发点。执政的共产党应该是一个什么样的党，怎样建设这个党？这个问题看似简单，回答起来其实并不容易。苏共探索了 70 多年也未能解决好这个问题，最后连执政地位都保不住。同时，世界上其他一些长期执政的大党、老党纷纷下台，给中共领导人以深刻的警示。这些党执政失败的原因非常复杂，但最根本的一条是因为执政能力弱化，在新的历史条件下不能胜任时代提出的要求。

第二，国际国内形势的变化迫切要求我们党不断提高执政能力。进入 21 世纪，国际局势发生冷战结束以来最为深刻的变化，世界多极化和经济全球化在曲折中发展，科技进步日新月异，综合国力竞争日趋激烈。如何在竞争中争得先机、立于不败之地，这对党的执政能力的考验是直接的、严峻的。中国加入世界贸易组织后，在更大的范围内和更高程度上对外开放，要求党的领导干部改变一些长期习惯的行为方式和思维方式，调整领导方式和领导方法。另一方面，随着社会主义市场经济的发展，影响经济和社会发展的诸多矛盾和问题日益凸现，社会经济成分、组织形式、就业方式、利益关系和分配方式日益多样化，使得党只有通过不断提高执政能力，才能正确处理改革发展稳定的关系，推动社会主义物质文明、政治文明和精神文明的协调发展，增强综合国力，逐步实现全体人民的共同富裕，满足社会成员

① 中共中央文献研究室编：《十六大以来重要文献选编》（上），中央文献出版社 2011 年版，第 9 页。

日益增长的对社会主义民主政治和精神文化发展的要求。

第三，党所担负的历史任务要求我们党加强执政能力建设。中国共产党能不能长期执政、科学执政，直接决定着社会主义制度和整个国家的命运。党是在一个经济文化比较落后、正在探索现代化道路的国家里执政的，不仅担负着建设中国特色社会主义的任务，也担负着实现中华民族伟大复兴的历史使命。党的双重历史使命意味着，和其他政党相比，更需要具有强大的执政能力和高超的执政水平。改革开放以来，中国特色社会主义建设的伟大成就证明，我们党的执政能力总体上是强的，但在新形势和新任务面前，党的执政能力仍然存在着某些不适应的方面。党的领导方式和执政方式需要改进，党的领导体制和工作机制在一些方面还有待进一步科学化，部分党员领导干部的素质和能力需要进一步提高，党风存在一些严重问题，在一些领域存在消极腐败现象滋生蔓延的趋势。所有这些，都损害着党的形象和威信，影响着党的执政能力的发挥。

基于上述三个方面因素的考量，党的十六大从战略高度提出了“加强党的执政能力建设”的重大命题。十六大后，中共中央宣传部组织编写的《“三个代表”重要思想学习纲要》进一步明确提出：推进党的建设新的伟大工程的重点是，加强党的执政能力建设，不断提高科学判断形势的能力、驾驭市场经济的能力、应对复杂局面的能力、依法执政的能力、总揽全局的能力。这样，加强党的执政能力建设，也就成为十六大以来加强执政党建设的重点。2004 年 9 月，党的十六届四中全会专门作出《中共中央关于加强党的执政能力建设的决定》，鲜明提出了科学执政、民主执政、依法执政的重要思想，明确了加强党的执政能力建设的指导思想、总体目标、主要任务和各项部署。

《决定》共有九个部分，归纳起来有几个方面的内容。

一是关于加强党的执政能力建设的重要性和紧迫性。《决定》站在时代和战略的高度，着重从新世纪新阶段国内外环境的深刻变化和党肩负的历史使命对党的执政能力建设提出的新要求，从当前党的执政能力建设存在的突出问题等方面，阐述了加强党的执政能力建设的重要性和紧迫性。

二是关于党执政 55 年来的主要历史经验。《决定》总结和阐述了党长期执政的六条主要经验。这就是：第一，必须坚持党在指导思想上的与时俱进，用发展着的马克思主义指导新的实践；第二，必须坚持推进社会主义的自我完善，增强社会主义的生机和活力；第三，必须坚持抓好发展这个党执政兴国的第一要务，把发展作为解决中国一切问题的关键；第四，必须坚持立党为公、执政为民，始终保持党同人民群众的血肉联系；第五，必须坚持科学执政、民主执政、依法执政，不断完善党的领导方式和执政方式；第六，必须坚持以改革的精神加强党的建设，不断增强党的创造力、凝聚力、战斗力。

三是关于加强党的执政能力建设的指导思想、总体目标和主要任务。《决定》指出："加强党的执政能力建设的总体目标是：通过全党共同努力，使党始终成为立党为公、执政为民的执政党，成为科学执政、民主执政、依法执政的执政党，成为求真务实、开拓创新、勤政高效、清正廉洁的执政党，归根到底成为始终做到'三个代表'、永远保持先进性、经得住各种风浪考验的马克思主义执政党，带领全国各族人民实现国家富强、民族振兴、社会和谐、人民幸福。""加强党的执政能力建设的主要任务是：按照推动社会主义物质文明、政治文明、精神文明协调发展的要求，不断提高驾驭社会主义市场经济的能力、发展社会主义民主政治的能力、建设社会主义先进文化的能力、构建社会主义和谐社会的能力、应对国际局势和处理国际事务的能力。”①

《决定》的第四至第八部分分别论述了加强党的执政能力建设的主要任务。第九部分强调要“以提高党的执政能力为重点，全面推进党的建设新的伟大工程”。

《决定》初步构建了有关党的执政能力建设的理论框架，是中国共产党历史上第一份关于加强党的执政能力建设的纲领性文件，是新世纪新阶段推进党的建设新的伟大工程、开创中国特色社会主义伟大事业新局面的战略部署和行动指南。

2007 年 10 月，党的十七大提出，必须把提高领导水平和执政能力作为各级领导班子建设的核心内容，着力提高党推进科学发展、促进社会和谐的素质和能力。党的十七大通过的党章修正案增写了坚持科学执政、民主执政、依法执政的内容。

党的十六大到十七大五年间，党的执政能力建设从重大命题的提出到理论体系、战略思想的逐步形成，经历了一个从概念、框架、体系、战略不断丰富和发展的过程，这标志着党的执政能力建设思想理念的日益成熟。

保持和发展党的先进性

党的十六大以后，党中央提出了加强党的先进性建设的重大战略

① 中共中央文献研究室编：《十六大以来重要文献选编》（中），中央文献出版社 2011 年版，第 276 页。

思想，把先进性建设作为党的各方面建设的一条主线，通过在全党开展保持共产党员先进性教育活动，增强了基层党组织的创造力、凝聚力和战斗力，进一步发挥了党员的先锋模范作用。

按照党的十六大和党的十六届四中全会的部署，为切实加强党的执政能力建设，确保党始终走在时代前列，更好地肩负起历史使命，中共中央决定，自 2005 年 1 月开始，在全党范围开展以实践“三个代表”重要思想为主要内容的保持共产党员先进性教育活动。这是党中央为加强党的先进性建设作出的重大战略决策。

党的十六大以后，党中央积极推动这一决策的落实，于 2002 年 12 月召开全国组织工作会议，对搞好这次教育活动提出了明确要求和具体部署。2003 年初，中央决定在全国 19 个单位开展保持共产党员先进性教育活动试点工作，以便统一思想认识、积累工作经验，提出在全党开展教育活动的具体意见。2004 年 11 月，党中央正式作出决定，从 2005 年 1 月开始，用一年半左右的时间，在全党开展一次保持共产党员先进性的教育活动。同日，中共中央下发《关于在全党开展以实践“三个代表”重要思想为主要内容的保持共产党员先进性教育活动的意见》。

《意见》提出，保持共产党员先进性教育活动，从目标要求上，就是要提高党员素质，加强基层组织，服务人民群众，促进各项工作。从总体进程上，这次保持共产党员先进性教育活动分三批进行，每批半年左右时间。第一批是县及县以上党政机关和部分企事业单位，时间从 2005 年 1 月开始到 2005 年 6 月基本结束。第二批是城市基层和乡镇机关，时间从 2005 年 7 月开始到 2005 年 12 月基本结束。第三批是农村和部分党政机关，时间从 2006 年 1 月开始到 2006 年 6

月基本结束。在方法步骤上，集中教育分三个阶段进行，即学习动员、分析评议和整改提高。

2005 年 1 月，党中央召开了保持共产党员先进性教育活动工作会议，对开展先进性教育活动进行了动员。2 月，中央保持共产党员先进性教育活动领导小组向各地各部门发出通知，要求参加第一批先进性教育活动的单位把学习培训工作引向深入，并对第一批先进性教育活动单位提出五点要求：一是要采取有效措施，将学习培训覆盖到全体党员；二是要确保学习培训时间，达到“学习培训的时间一般不少于 40 个小时”的要求；三是要认真组织开展新时期保持共产党员先进性具体要求的大讨论；四是要转变党员的作风，切实解决好党员党性党风方面存在的突出问题；五是要进一步做好关心群众生产生活的工作。

按照党中央提出的“关键是要取得实效、真正成为群众满意工程”的要求，各地区各部门制定了先进性教育活动的具体实施方案。在历时一年半的时间里，全党共有 350 多万个基层党组织、近 7000 万名党员参加了先进性教育活动。其间，各级党组织精心组织，广大党员积极参加，人民群众大力支持，以学习实践“三个代表”重要思想为主线，全面落实科学发展观，坚持正面教育、自我教育为主，坚持理论联系实际，坚持教育活动与生产工作“两不误、两促进”，主题鲜明，领导有力，措施得当，工作扎实，进展顺利，基本实现了“提高党员素质、加强基层组织、服务人民群众、促进各项工作”的目标，取得了显著成果。

党的十七大回顾改革开放近 30 年的伟大历史进程，得出一个基本结论，这就是：改革开放以来我们取得一切成绩和进步的根本原因，归结起来就是开辟了中国特色社会主义道路，形成了中国特色社会主义理论体系。这个理论体系，就是包括邓小平理论、“三个代表”重要思想以及科学发展观等重大战略思想在内的科学理论体系。

党的十七大报告指出，在新的发展阶段继续全面建设小康社会、发展中国特色社会主义，必须坚持以邓小平理论和“三个代表”重要思想为指导，深入贯彻落实科学发展观。科学发展观，第一要义是发展，核心是以人为本，基本要求是全面协调可持续，根本方法是统筹兼顾。深入贯彻落实科学发展观，要求我们切实加强和改进党的建设。要站在完成党执政兴国使命的高度，把提高党的执政能力、保持和发展党的先进性，体现到领导科学发展、促进社会和谐上来，落实到引领中国发展进步、更好代表和实现最广大人民的根本利益上来，使党的工作和党的建设更加符合科学发展观的要求，为科学发展提供可靠的政治和组织保障。

党的十七大对以改革创新精神加强和改进党的建设进行了部署，明确提出在全党开展深入学习实践科学发展观活动和在党的基层组织和党员中深入开展创先争优活动，从而把党的先进性建设加以深化和拓展，引向经常化。

从 2008 年 2 月下旬开始至 8 月底，中央在江苏省、江西省、四川省和中央组织部、财政部、国土资源部等 23 个单位开展了深入学习实践科学发展观活动试点工作，为全党开展深入学习实践科学发展观活动积累了经验。2008 年 9 月 5 日，中共中央政治局召开会议，决定从 2008 年 9 月开始，用一年半左右的时间，在全党分批开展深入学习实践科学发展观活动。9 月 14 日，中共中央下发《关于在全党开展深入学习实践科学发展观活动的意见》，对在全党开展深入学习实践科学发展观活动作出全面部署。

按照中央决定，从 2008 年 9 月开始，用一年半左右时间，在全党分批开展深入学习实践科学发展观活动。学习实践活动自上而下分三批展开，每批时间半年左右，到 2010 年 2 月基本完成。第一批 2008 年 9 月开始，2009 年 2 月基本完成；第二批 2009 年 3 月开始，8 月基本完成；第三批 2009 年 9 月开始，2010 年 2 月基本完成。学习实践活动分三个阶段进行：学习调研阶段，重点要抓住学习培训、深入调研、围绕科学发展进行解放思想讨论三个环节；分析检查阶段，重点要抓住召开领导班子专题民主生活会、形成领导班子分析检查报告、组织群众评议三个环节；整改落实阶段，重点要抓住制定整改落实方案、集中解决突出问题、完善体制机制三个环节。

为开展好这次活动，党中央举行了全党深入学习实践科学发展观活动动员大会暨省部级主要领导干部专题研讨班、省部级主要领导干部深入贯彻落实科学发展观加快经济发展方式转变专题研讨班。胡锦涛先后九次主持召开中央政治局常务委员会会议、中央政治局会议，听取学习实践活动情况汇报，研究部署有关工作。中央政治局常委同志带头参加学习实践活动，分别建立学习实践活动联系点并前往联系点了解情况、调查研究，为学习实践活动提供了经验，起到了重要的示范和引导作用，推动学习实践活动有序、有效地进行。中央党建工作领导小组先后八次听取学习实践活动情况汇报，进行专题研究，提出指导意见。以习近平为组长的中央学习实践活动领导小组切实履行职责，加强对每个批次、每个阶段学习实践活动的统筹谋划和组织指导。

到 2010 年 2 月底，持续一年半的学习实践活动结束，共有 370 多万个党组织、7500 多万名党员参加了这次学习实践活动。经过全党共同努力，学习实践活动基本实现了预定目标，取得了丰硕的认识成果、实践成果、制度成果。这次学习实践活动创造的成果和经验，对深入贯彻落实科学发展观，以改革创新精神加强和改进新形势下党的建设，不断夺取全面建设小康社会新胜利、开创中国特色社会主义事业新局面，具有十分重要的意义。

2010 年 4 月，中共中央办公厅在党内转发中央组织部、中央宣传部《关于在党的基层组织和党员中深入开展创先争优活动的意见》并发出通知，对开展创先争优活动作出部署，要求各地区各部门结合实际认真贯彻执行。《意见》详细规定了开展创先争优活动的总体要求、主要内容、实施原则、活动方式和组织领导责任，是指导各地区各部门开展创先争优活动的规范性文件。《意见》提出：创先争优活动，以创建先进基层党组织、争当优秀共产党员为主要内容。先进基层党组织的基本要求是，学习型党组织建设成效明显，出色完成党章规定的基本任务，努力做到领导班子好、党员队伍好、工作机制好、工作业绩好、群众反映好等“五个好”；优秀共产党员的基本要求是，模范履行党章规定的义务，努力做到带头学习提高、带头争创佳绩、带头服务群众、带头遵纪守法、带头弘扬正气等“五带头”。

5 月，中央创先争优活动领导小组在北京召开第一次会议，对迅速在全党兴起创先争优活动热潮进行研究部署。为了使创先争优活动有计划、有节奏地持续推进，这次会议明确规定了开展创先争优活动的具体步骤和阶段划分，提出：从 2010 年 4 月开始，着重围绕迎接建党 90 周年开展活动，兴起创先争优的热潮；从 2011 年 7 月开始，着重围绕迎接党的代表大会开展创先争优活动，引导基层党组织和广大党员以昂扬向上的精神风貌，更加出色的工作业绩，向党献礼。全国基层党组织和广大党员意气风发、昂扬向上，以高度的自觉、饱满的激情和无穷的活力进一步行动起来，认真学习贯彻中央精神和政策要求，结合工作实际研究制定贯彻落实的具体措施和办法，采取有力措施不断推动创先争优活动向纵深发展。

保持和发展先进性是党的自身建设的根本任务和永恒课题。在党的基层组织和党员中深入开展的这场创建先进基层党组织、争当优秀共产党员活动，是巩固和拓展全党深入学习实践科学发展观活动成果的重要举措，是党的建设一项重要的经常性工作。这次创先争优活动，既是中国共产党长期重视基层组织建设和党员队伍建设的重要经验的继续，又融入了新阶段、新形势对基层组织和党员队伍的新要求，具有鲜明的时代特色，在内容、方式、方法上都有创新，对于进一步抓好学习实践科学发展观活动中的整改落实工作、完善长效机制、推动学习实践科学发展观向深度和广度发展，对于激发各级党组织和广大党员生机活力、提高党的执政能力、保持和发展党的先进性，对于加强和改进新形势下党的建设，推动党的建设更好地服务党和国家工作大局、服务本地区本部门本单位中心工作、加快转变经济发展方式、促进经济社会又好又快发展，都具有十分重要的意义。

党内制度建设步伐加快

制度建设是党的建设总体布局中的一项基础性建设，关系党的各方面建设的成效，关系党和国家的前途和命运。从党的十六大到党的十七大，是党的制度建设快速、深入和全面发展时期。以胡锦涛同志为总书记的党中央，深入研究新世纪新阶段党的建设面临的新形势和新问题，致力于从各个方面加强党的制度建设，切实体现了党的十六大提出的“把思想建设、组织建设和作风建设有机结合起来，把制度建设贯穿其中”的党建思想，进一步丰富和发展了马克思主义党的学说，为创新发展执政党建设理论作出了重大贡献。

（一）健全党内学习制度

十六大以后，党中央高度重视全党的学习问题，使集中性的学习教育活动与经常性的学习相结合，加快推进党内学习制度建设，使党内学习更加规范化、常态化，并深入持久地开展下去。学习制度的建立和完善，为提高党员干部的理论水平、思想觉悟、业务能力、思维能力、工作水平和党的执政能力奠定了良好的基础，提供了重要保障。

一是建立中央政治局集体学习制度。2002 年 12 月 26 日，第十六届中央政治局进行第一次集体学习，中共中央总书记胡锦涛主持学习并发表重要讲话。他强调，中央政治局经过讨论认为，为了适应党和国家事业发展的需要，为了更好地承担起党和人民所赋予的重任，我们必须进一步加强学习。除了自学，中央政治局还要进行集体学习。今天这次学习活动，是新一届中央政治局集体学习的第一次，开了个头。这要作为一项制度长期坚持。从 2002 年 12 月到 2007 年 9 月，十六届中央政治局共进行了 44 次集体学习。学习的内容也不再局限于法学范畴，而扩展到经济、政治、文化、社会、党建、历史、军事、环境、卫生、教育、科技、能源、“三农”、就业、民族等多个领域。中央政治局集体学习制度的确立，是党的建设历史上一个重大创新，为全党的学习起到了示范作用和导向作用，为建设学习型社会和学习型政党提供了最生动的实践范例，为党的发展壮大注入了新的生机和活力。

二是坚持和完善中心组学习制度。党的十六大以后，以胡锦涛同志为总书记的党中央把抓好领导干部的理论和业务学习、带动全党的学习作为重点任务，进一步坚持和完善党委（党组）理论学习中心组学习制度，指导各地不断改进方法、完善制度、注重实效，开展了一系列内容丰富、主题突出、形式多样、生动活泼、针对问题、富有成效的中心组学习研讨活动，大力推动中心组学习向制度化、规范化迈进。这主要体现在：突出学习主题，加强理论武装；树立务实学风，坚持以实际问题为中心开展学习研究；积极改进学习方式，探索创新学习载体；建立和落实领导干部的学习考核和激励机制；加强组织领导，充分发挥中心组学习的表率和带动作用。

三是建立健全党员学习教育制度。推动全党学习活动不断深入，关键是促进党员学习规范化、经常化、制度化。党的十六大以后，以在全党开展保持共产党员先进性教育活动为契机，党中央积极建立健全党员学习教育制度，形成党员学习教育长效机制。从 2005 年 1 月到 2006 年 6 月，全党开展了保持共产党员先进性教育活动。拓展制度建设新视野，总结制度建设新成果，努力形成使党员长期受教育、永葆先进性的长效机制，是这次党内马克思主义教育活动的一大特色。在认真总结先进性教育活动经验的基础上，中央先进性教育活动领导小组和中央组织部研究起草了《关于加强党员经常性教育的意见》等适用于全党的四个保持共产党员先进性长效机制文件，并由中央办公厅在 2006 年 6 月 21 日正式印发。其中，《关于加强党员经常性教育的意见》对党员学习教育制度作出了明确规定，要求采取举办培训班、上党课、举行报告会和组织专题研讨等形式，有计划地组织好党员的集体学习。

这些具体规定，进一步丰富和完善了学习制度的内容，是中央建立健全党员学习教育制度的重要成果和生动体现，为更好地推动党员学习活动提供了重要的制度保障，也标志着我们党的党内学习制度建设又向前迈出了一大步。

（二）健全党内民主制度

“党内民主是党的生命。”党的十六大提出这个科学命题，标志着党对民主建设的认识达到新高度。从党的十六大到党的十七大的五年间，党内民主建设迈出了重要步伐，从党中央到基层党组织，对党内民主建设的探索不断向深层次推进，取得了一系列理论、实践和制度化成果。

一是健全党员权利保障制度。在党内民主建设中坚持党员主体地位，首先必须保障党章赋予党员的各项权利。按照十六大的部署，党的十六届四中全会对保障党员权利提出新举措，要求：建立和完善党内情况通报制度、情况反映制度、重大决策征求意见制度，逐步推进党务公开，增强党组织工作的透明度，使党员更好地了解和参与党内事务；营造党内不同意见平等讨论的环境，鼓励和保护党员讲真话、讲心里话；加强党代表同选举单位党员的联系，听取和反映党员的意见和建议。2004 年 9 月，中共中央正式颁布了《中国共产党党员权利保障条例》，对党员的知情权、参与权、选择权和监督权等各项权利作了更加规范、具体的规定，对党员权利的保障措施作了进一步完善，对党的各级组织、党的各级领导干部在保障党员权利方面应承担的责任作了明确界定，是关于保障党员权利方面的一部十分重要的党内法规。它的颁布实施，对于全面贯彻落实党的十六大和十六届四中全会精神，坚持和健全民主集中制原则，进一步发展党内民主，充分发挥党员的积极性、主动性、创造性，提高党的创造力、凝聚力和战斗力，增强党的生机活力，具有十分重要的意义。

二是健全和完善党的代表大会制度与党的委员会制度。党的代表大会制度和党的委员会制度，是党内民主发展的重要制度载体，在党内民主的发展中具有举足轻重的地位。党的十六大报告提出，要以完善党的代表大会制度和党的委员会制度为重点，建立健全党内民主制度；扩大在市、县进行党的代表大会常任制的试点，积极探索党的代表大会闭会期间发挥代表作用的途径和形式。党的十六届四中全会通过的《中共中央关于加强党的执政能力建设的决定》提出，要积极探索党的代表大会闭会期间发挥代表作用的途径和形式，建立党的代表大会代表提案制度，建立代表提议的处理和回复机制，扩大在市、县实行党代会常任制的试点，进一步发挥党的中央和地方各级委员会全体会议的作用。党的十六大以后，党代会常任制的试点规模进一步扩大，浙江、四川、湖北、江苏、广东、山东、山西、广西、陕西等全国很多地方都进行了相关试点工作。从试点情况来看，主要探索是：建立党代会年会制，每年召开一次党员代表大会，决定重大问题，地方党委主要领导向大会作述职报告，接受评议；建立党代表常任制，通过差额选举甚至竞争直选产生党代表，党代表在会上通过提案、评议等方式发挥作用，在会下开展调研，联系、了解群众意愿和要求。党的各级委员会是由同级党的代表大会选举产生的党的领导机构，在代表大会闭会期间负责领导党的工作。发挥党的委员会全体会议作用的关键，是要使全体会议从一般的功能性会议发展成为制度性会议，从而成为具有实质性意义的组织机构。充分发挥党的委员会全体会议的作用，对于确立全委会的权威、健全党委全委会的工作制度具有重要意义，是健全完善党的委员会制度的关键环节。

三是改革和完善党内选举制度。党内选举制度是党内民主的一项根本制度，是党内民主发展程度的重要标志。它突出表现在使全体党员充分行使自己的权利，保障党员作为选举人表达真实意志和意愿。党的十六大提出了“改革和完善党内选举制度”的任务。党的十六届四中全会又提出，完善党内选举制度，改进候选人提名方式，适当扩大差额推荐和差额选举的范围和比例，逐步扩大基层党组织领导班子成员直接选举的范围。根据这些要求，一些地方积极健全和完善候选人提名方式，在候选人的产生过程中充分发扬党内民主，广泛听取党员的意见，实行民主推荐，并把组织提名与党员提名结合起来，多数人不同意的不作为候选人。一些地方适当扩大差额选举的比例，在选举之前使党员或党员代表全面了解候选人的主要业绩、领导能力以及廉政勤政等情况，切实尊重党员的选举意志。一些地方开始试行“直选制”“公推公选制”“两推一选制”等制度，在实践中逐步扩大基层党政领导班子直接选举的范围。特别是在一些地方的农村党支部换届选举中，采取“两推一选”（即分别由党员和村民民主推荐党支部委员候选人，经上级党组织考察后进行党内直接选举）的方式选举党支部，实践证明效果很好，是农村基层党组织选举制度的成功探索，也得到了积极推行。

四是建立健全党内监督制度。民主和监督密不可分，监督既是民主建设的重要内容，也是推进党内民主建设的有力保障。党的十六大修改通过的新党章在总纲中增加了“加强对党的领导机关和党员领导干部的监督，不断完善党内监督制度”的要求。2003 年 12 月，中共中央印发《中国共产党党内监督条例（试行）》，第一次以党内法规的形式对党内监督重点、途径和办法等重大问题作出了规定。其后，中央根据实践需要陆续颁布了一些操作性较强的法规细则和其他相关党内法规，进一步健全完善党内监督制度。2005 年 12 月，中共中央办公厅印发中央纪委、中央组织部《关于对党员领导干部进行诫勉谈话和函询的暂行办法》《关于党员领导干部述职述廉的暂行规定》，这两个法规和党内监督条例一起构成了从原则规定到细则制度的监督框架。2007 年 4 月 22 日，中共中央办公厅印发《地方党委委员、纪委委员开展党内询问和质询办法（试行）》。建立健全党的监督制度是党进行自我约束、自我完善的重要手段，一系列党内监督法规的制定实施，极大地推动了党内监督工作走上规范化和制度化的轨道。

（三）健全干部人事制度

按照党的十六大和党的十六届四中全会的部署，各级党组织认真贯彻落实《深化干部人事制度改革纲要》和《党政领导干部选拔任用工作条例》，加大改革力度，加快改革步伐，努力建立科学规范、充满活力、有利于优秀人才脱颖而出的选人用人机制，在逐步形成与完善社会主义市场经济体制和发展社会主义民主政治相适应的干部人事制度体系上取得了新的成果。

一是完善干部选拔任用机制。党的十六大提出，要认真贯彻领导干部选拔任用条例，注重在改革和建设的实践中考察和识别干部，把那些德才兼备、实绩突出和群众公认的人及时选拔到领导岗位上来；扩大党员和群众对干部选拔使用的知情权、参与权、选择权和监督权，打破选人用人中论资排辈的观念和做法，促进人才合理流动。十六届四中全会对深化干部人事制度改革作出新部署，要求“坚持德才兼备、注重实绩、群众公认，坚持任人唯贤、公道正派，把那些政治上靠得住、工作上有本事、作风上过得硬的干部选拔到各级领导岗位上来。继续推行和完善民主推荐、民主测评、差额考察、任前公示、公开选拔、竞争上岗、全委会投票表决、党政领导干部辞职等制度”[①]。据此，中央坚持扩大干部工作中的民主，拓宽选人视野和用人渠道，进一步完善科学的干部选拔任用机制，主要是：（1）制定了《公开选拔党政领导干部工作暂行规定》《党政机关竞争上岗工作暂行规定》等五个党政领导干部选拔任用法规文件；（2）加大运用公开选拔和竞争上岗方式选任干部的力度，有的地方探索厅处级联考、分类选拔的方式改进和完善公开选拔工作[②]；（3）试行基层党政主要领导干部“公推直选”的试点，四川、湖北、江苏等地积极探索对乡镇党委书记、乡镇长进行“公推直选”；（4）切实扩大选人视野，拓宽用人渠道，跨地区、跨部门、跨系统选贤任能，真正形成了广纳群贤的生动局面。

二是创建干部政绩考核评价体系。党的十六大提出，要注重在改革和建设的实践中考察和识别干部。党的十六届四中全会进一步提出：“抓紧制定体现科学发展观和正确政绩观要求的干部实绩考核评

① 中共中央文献研究室编：《十六大以来重要文献选编》（中），中央文献出版社 2011 年版，第 292 页。
② 参见仲研：《稳步推进的干部人事制度改革——十六大以来党的干部人事制度改革成就巡礼》，《共产党员》2007 年第 15 期。

价标准。”[1]为此，中央组织部将研究制定《体现科学发展观要求的地方党政领导班子和领导干部综合考核评价试行办法》作为一项重点工作，从2004年初开始进行了历时两年半时间的深入试点和反复修改。2006年7月，经中央同意，中央组织部印发实施《体现科学发展观要求的地方党政领导班子和领导干部综合考核评价试行办法》。该办法印发后，在地方领导班子换届考察中得到普遍运用，既进一步扩大了民主，又体现了正确的用人导向，发现和选拔了一大批善于领导科学发展的优秀干部，实现了考核评价制度的重要突破。此外，党政工作部门领导班子和领导干部综合考核评价办法也进入试点。在做好以上工作的同时，各地还普遍加强了对干部的平时考核和定期考核。2007年1月4日，中央组织部、人事部印发《公务员考核规定（试行）》，对正确评价公务员的德才表现和工作实绩，规范公务员考核工作作出规定。该规定的出台和实施，对促进公务员勤政廉政、提高工作效能、建设高素质的公务员队伍具有重要意义。干部考核评价体系的不断完善，为选准用好干部，形成正确的用人导向，努力建设一支政治上靠得住、工作上有本事、作风上过得硬、人民群众信得过的高素质干部队伍，发挥了重要的基础性作用。

三是实行党政领导干部任期、交流、任职回避和辞职制度。党的十六大提出，要实行党政领导干部职务任期制、辞职制和用人失察失误责任追究制。党的十六届四中全会又提出，要加大干部交流力度，进一步落实和完善领导干部任职回避制度。2006年6月，中共中央办公厅印发《党政领导干部职务任期暂行规定》（主要是为了规范党政

① 中共中央文献研究室编：《十六大以来重要文献选编》（中），中央文献出版社2011年版，第292页。

领导干部职务任期和任期管理工作，保持领导干部任期内的稳定，增强干部队伍的活力）、《党政领导干部交流工作规定》（主要是为了推进干部交流工作，进一步优化领导班子结构，提高领导干部的素质和能力，加强党风廉政建设，促进经济社会发展）、《党政领导干部任职回避暂行规定》（主要是为了加强对党政领导干部的管理和监督，保证领导干部公正履行职责，促进党风廉政建设）等三个法规文件。这标志着党的干部人事工作越来越科学化、规范化，干部人事制度体系越来越完备。这一阶段，干部人事制度上的一个重大突破，就是着力健全干部退出机制，在推进干部能上能下上取得新进展。党政领导干部辞职制度和职务任期制度的建立和实施，为推进干部能上能下提供了重要依据和措施。在地方领导班子换届工作中，各地按照任期制的相关规定，对任期届满的干部不再提名，民主推荐得票不过半数或在全委会述职中获赞成票不过半数的领导干部也不再继续提名。河北省、山东省等地出台相关政策规定，继续探索对不称职、不胜任现职干部的认定标准和调整办法，调整不称职、不胜任现职干部的力度不断加大。①

四是健全领导干部的监督管理制度。党的十六大把建立健全管理监督机制确立为深化干部人事工作的重点，并提出了明确思路，即："建立结构合理、配置科学、程序严密、制约有效的权力运行机制，从决策和执行等环节加强对权力的监督，保证把人民赋予的权力真正用来为人民谋利益。重点加强对领导干部特别是主要领导干部的监督，加强对人财物管理和使用的监督。强化领导班子内部监督，完

① 参见仲研：《稳步推进的干部人事制度改革——十六大以来党的干部人事制度改革成就巡礼》，《共产党员》2007 年第 15 期。

善重大事项和重要干部任免的决定程序。改革和完善党的纪律检查体制，建立和完善巡视制度。发挥司法机关和行政监察、审计等职能部门的作用。实行多种形式的领导干部述职述廉制度，健全重大事项报告制度、质询制度和民主评议制度。认真推行政务公开制度。加强组织监督和民主监督，发挥舆论监督的作用。”[①] 此后，党中央陆续制定出台了多部党内法规，包括《党政领导干部选拔任用工作监督检查办法（试行）》《中国共产党党内监督条例（试行）》《建立健全教育、制度、监督并重的惩治和预防腐败体系实施纲要》《关于对党员领导干部进行诫勉谈话和函询的暂行办法》《关于党员领导干部述职述廉的暂行规定》《关于党员领导干部报告个人有关事项的规定》《地方党委委员、纪委委员开展党内询问和质询办法（试行）》等。这些党内法规印发实施后，从中央到各级党委、党组织和广大党员认真学习贯彻执行，完善监督管理制度，加强对重点环节和重点部位权力行使的监督，把党内监督与党外监督结合起来，扩大公民有序的政治参与，形成监督合力，使党内监督工作的水平得到不断提高。

（四）进一步完善党的领导制度

党的领导制度是党的领导原则的规范化和制度化，是党的各级组织、领导干部在领导工作与领导活动中必须遵循的工作规则、程序和行为准则。健全的领导制度对于保证党的领导工作和领导活动的正常进行，发挥党的各级领导机关和领导干部的作用，领导推动党和国家事业的健康发展，具有十分重要的作用。党的十六大以后，中央和各

① 中共中央文献研究室编：《十六大以来重要文献选编》（上），中央文献出版社 2011 年版，第 28 页。

级党组织按照党的十六大和十六届四中全会的部署，把坚持和完善党的领导制度作为加强党的建设的一项重要任务，在一些方面取得了较大进展。

一是健全党的领导体制和工作机制。坚持党的领导，必须加强和改善党的领导。党面临的形势和任务的变化，要求党的领导方式和领导体制也要相应地加以改变，以更好地发挥党的领导作用。健全完善党的领导体制、工作机制和执政机制，是提高党的执政能力、巩固党的执政地位的重要保证，也是一个重大的理论和实践课题。党的十六大围绕加强和改善党的领导、全面推进党的建设新的伟大工程这个主题，对党的领导制度建设作出部署，提出“一定要准确把握当代中国社会前进的脉搏，改革和完善党的领导方式和执政方式、领导体制和工作制度，使党的工作充满活力”的战略任务。大会通过的新党章增加了党必须按照总揽全局、协调各方的原则，在同级各种组织中发挥领导核心作用，以及完善领导体制、增强执政能力的内容。十六届四中全会又提出规范党政机构设置，完善党委常委会的组成结构；规范各类领导小组和协调机构，一般不设实体性办事机构，把完善党的领导体制和工作机制的工作又向更深层面推进了一步。根据以上部署，中央和地方主要在两个方面进行了落实和努力：一是按照党总揽全局、协调各方的原则，进一步明确和规范党政关系。二是以明确权责为重点，完善地方党委领导体制和工作机制，健全部门党组（党委）工作机制，健全党对国有企业和事业单位领导的体制机制。

二是坚持和完善集体领导与个人分工负责相结合的制度。党的集体领导制度是党的领导制度中的重要组成部分，其贯彻执行的好坏对党和国家的事业发展关系重大。鉴于“文化大革命”期间党的集体领导制度遭到严重破坏，给党和国家造成严重灾难的惨痛教训，十一届三中全会以后，党恢复和发展了集体领导制度。在总结长期实践经验的基础上，党的十六大通过的新党章明确规定：党的各级委员会实行集体领导和个人分工负责相结合的制度。凡属重大问题都要按照集体领导、民主集中、个别酝酿、会议决定的原则，由党的委员会集体讨论，作出决定；委员会成员要根据集体的决定和分工，切实履行自己的职责。党的十六届四中全会进一步丰富了这一制度的内容，提出既要“充分发挥集体领导作用”“增强整体合力”，又要“减少地方党委副书记职数，实行常委分工负责”。[①] 以上这些原则和要求为全党在新的历史条件下坚持和完善集体领导与个人分工负责相结合的制度指明了方向。在实践中，地方各级党委主要从以下方面进行了探索和完善：一是健全常委会议事的具体制度和运行机制。二是健全党委内部的监督制约机制，重点解决领导人独断专行的问题。三是进一步明确、规范常委成员的分工和职能定位，做到专职副书记与常委的分工原则上不重叠，常委之间的分工不交叉，党政之间工作不冲撞，既发挥常委一班人的积极性主动性，实现领导班子整体功能的充分发挥，又让每个常委对分管的工作能够负责、敢于负责，切实履行职责。

三是继续完善科学决策制度。决策是党的领导工作和领导活动的重要内容，也是党领导国家和社会的重要职能。健全完善党的科学决策制度，是保证党的决策正确和决策效果的根本途径。党的十六大提出，要完善深入了解民情、充分反映民意、广泛集中民智、切实珍惜民力的决策机制，推进决策科学化民主化。党的十六届四中全会对改

① 中共中央文献研究室编：《十六大以来重要文献选编》（中），中央文献出版社 2011 年版，第 293、399 页。

革和完善党的决策机制作出了具体部署，提出了健全完善党的决策制度的一些重要举措。从党的十六大开始，中央和地方各级党委主要从以下四个方面进行了积极探索：一是完善重大决策的规则和程序，通过多种渠道和形式广泛集中民智，使决策真正建立在科学、民主的基础之上。二是建立健全决策公开制度，增加决策的透明度。三是建立决策失误责任追究制度，健全纠错改正机制。四是建立多种形式的决策咨询机制和信息支持系统，充分发挥专家和研究咨询机构的作用，重视决策的"智囊团""思想库"建设。

不断健全完善党的领导制度，对于党按照客观规律进行领导活动，充分调动人民群众的积极性、主动性、创造性，完成党和国家的各项工作，具有非常重要的意义。

建立健全惩治和预防腐败体系

如何有效预防和惩治腐败，是党在改革开放条件下长期面临的一个重大课题。反腐败仅仅靠坚定的决心是不行的，必须讲科学，找到行之有效的方法。改革开放以来，在反腐倡廉工作实践中，党中央不断总结经验，探索和寻找解决腐败问题的系统方法。以胡锦涛同志为总书记的党中央从关系党的生死存亡高度，总结党的反腐倡廉工作经验，提出标本兼治、综合治理、惩防并举、注重预防的方针，建立健全惩治和预防腐败体系。

2002 年 11 月，党的十六大明确提出，要坚持标本兼治、综合治理的方针，逐步加大治本的力度，从源头上预防和解决腐败问题。党的十六大后，新一届党中央对惩防体系建设作了进一步的探索，提出了更加明确的目标和要求。2003 年 10 月，党的十六届三中全会在总结以往经验的基础上，提出了建立健全与社会主义市场经济体制相适应的惩治和预防腐败体系的目标。2004 年，党的十六届四中全会从加强党的执政能力建设的高度，提出要坚持标本兼治、综合治理、惩防并举、注重防御的方针，抓紧建立健全惩治和预防腐败体系。

为贯彻落实党中央关于建立惩防体系的战略思想，2004 年初，十六届中央纪委第三次全体会议对建立健全惩防体系作了部署。同年 5 月，中央成立惩防体系建设起草工作领导小组，组建了专门的起草班子。经过深入调研和广泛征求意见，起草了《建立健全教育、制度、监督并重的惩治和预防腐败体系实施纲要（送审稿）》，报经中央审议通过后，于 2005 年 1 月正式印发实施。《建立健全教育、制度、监督并重的惩治和预防腐败体系实施纲要》提出了构建惩治和预防腐败体系的指导思想、主要目标、工作任务和基本要求，确定到 2010 年建成惩治和预防腐败体系基本框架，强调：要推进从源头上防治腐败的制度改革和创新，同时提高制度建设的质量和水平，实现制度建设的与时俱进；反腐倡廉教育要以领导干部为重点，把反腐倡廉教育贯穿于领导干部的培养、选拔、管理、使用等各个方面，坚持教育与管理、自律与他律相结合，督促领导干部加强党性修养，廉洁自律，自觉经受住发展社会主义市场经济和改革开放条件下长期执政的考验；要加强对领导机关、领导干部特别是各级领导班子主要负责人的监督，认真检查党的路线、方针、政策和决议的执行情况，监督民主集中制及领导班子议事规则落实情况，凡属重大决策、重要干部任免、重大项目安排和大额度资金的使用，必须由领导班子集体作出决定，认真执行集体领导和个人分工负责相结合的制度，检查领导干部个人重大事项报告、述职述廉、民主评议、谈话诫勉、回复组织函询等制度的执行情况，切实加强巡视工作，健全机构，增强力量，综合运用巡视成果；要加强对干部选拔任用工作、财政资金运行的监督，对国有资产和金融的监管以及对资本运营各个环节的监管，建立健全金融机构监管协调机制和内控机制，有效防止金融领域违纪违法案件的发生。

2007 年 10 月，党的十七大报告强调，要以完善惩治和预防腐败体系为重点加强反腐倡廉建设，深化改革和创新体制，形成拒腐防变教育长效机制、反腐倡廉制度体系和权力运行监控机制。党的十七大新修订的《中国共产党章程》，增写了反腐倡廉的内容，如“坚持权为民所用、情为民所系、利为民所谋”；“坚持标本兼治、综合治理、惩防并举、注重预防的方针，建立健全惩治和预防腐败体系”；等等，从而使党章真正成为党风廉政建设的总纲。党的十七大第一次将反腐倡廉建设纳入党的建设之中，这是我们党深刻总结反腐倡廉实践经验、准确把握我国现阶段反腐倡廉形势得出的科学结论，也是推进党风廉政建设和反腐败斗争必须抓好的战略任务。

为全面贯彻党的十七大精神，进一步落实建立健全惩治和预防腐败体系实施纲要，推进惩治和预防腐败体系建设，2008 年 5 月，党中央制定颁布了《建立健全惩治和预防腐败体系 2008 —2012 年工作规划》。《工作规划》由 8 个部分组成，明确了开展这项工作的指导思想、重要目标、工作原则、基本任务、具体措施和办法。《工作规划》指出，经过 2008 年至 2012 年这 5 年的工作，基本实现以下目标：（1）建成惩治和预防腐败体系基本框架；（2）初步建立拒腐防变教育长效机制；（3）逐步健全反腐倡廉法规制度；（4）基本形成权力运行监控机制；（5）深化从源头上防治腐败的体制改革；（6）改进党风政风，进一步遏制腐败现象，提高人民群众的满意度。

《实施纲要》和《工作规划》颁布以来，在党中央、国务院坚强领导下，各级党委、政府和纪检监察机关认真贯彻落实文件精神，坚持标本兼治、综合治理、惩防并举、注重预防的方针，全面推进惩治和预防腐败体系建设，反腐倡廉建设取得显著成效。这突出表现在以下几个方面：

进一步加强了领导干部党性修养和作风建设。各级党委把加强领导干部党性修养、树立和弘扬良好作风作为一项重大政治任务来抓，制定并认真落实关于加强领导干部作风建设的具体措施，解决领导干部作风方面存在的一些突出问题，促进了党的作风建设的加强，带动了政风、民风的进一步好转。比如，认真落实中央关于党政机关厉行节约、坚决制止公款出国（境）旅游、改进公务接待等文件精神。仅2009年，通过财政预算压缩出国（境）、车辆购置及运行、公务接待等3项经费158.06亿元。

严肃查处了一批违纪违法案件。2009年，全国纪检监察机关共立案134504件，结案132808件，给予党纪政纪处分138708人。涉嫌犯罪被移送司法机关处理5366人。严肃查处了陈绍基、王华元、黄松有、王益等一批大案要案，震慑了腐败分子，增强了干部群众对反腐败斗争的信心。深入开展治理商业贿赂专项工作，共查办商业贿赂案件15548件，涉案金额39.1亿元。紧紧围绕中央保增长、保民生、保稳定等一系列决策部署的贯彻落实，深入开展监督检查工作。重点对2008年新增1000亿元和2009年新增2800亿元中央投资落实情况进行监督检查，及时纠正检查中发现的问题，严肃查处一批违纪违法案件，有力促进了中央投资项目的顺利实施。

坚决纠正一批损害群众利益的不正之风。2009 年，中央加强对强农惠农政策落实情况的监督检查，纠正农村土地承包、流转和征收征用中损害农民利益的问题，治理涉农乱收费、乱罚款和集资摊派问题，减轻农民负担 6.7 亿元。继续深入治理教育收费中的突出问题。30 个省（自治区、直辖市）开展了以政府为主导的网上药品集中采购，食品药品安全专项整治工作取得进展。进一步加大对社保基金、住房公积金、扶贫资金和救灾救济资金的监管力度。

研究制定了一批反腐倡廉法规制度。大力加强反腐倡廉基础性法规和制度建设，制定《关于实行党政领导干部问责的暂行规定》，修订《中华人民共和国行政监察法》《中国共产党党员领导干部廉洁从政若干准则（试行）》《关于实行党风廉政建设责任制的规定》等法规文件。积极推动纪检监察工作制度化建设，研究起草纪律检查机关案件监督管理工作条例、申诉工作条例等法规制度。

加大从源头上防治腐败的力度，重点领域和关键环节改革取得新突破。2009 年，行政审批制度改革继续推进，清理和审核国务院部门现有行政审批事项 2057 项。各省（自治区、直辖市）共取消行政审批事项 1925 项，下放行政审批和其他管理事项 2116 项。促进科学发展的干部考核评价机制不断完善，司法体制机制改革取得成效。严格执行党政领导干部问责有关规定，对 7036 名领导干部进行了问责。①

经过中央、地方及有关部门的共同努力，党的反腐倡廉建设逐步形成教育、制度、监督、改革、纠风、惩处等相互促进、相互配合的

① 以上数字均引自 2010 年 2 月贺国强在中国共产党第十七届中央纪律检查委员会第五次全体会议上的工作报告。

良性互动局面，有力地推进了惩治和预防腐败体系建设。惩防体系建设初见成效，不仅解决了一些腐败案件，还对腐败分子起到了一定震慑作用，遏止了一些领域腐败滋生的势头。

提高党的建设科学化水平

中国共产党是在马克思主义的科学理论指导下建立和发展起来的。从根本上说，党的建设是按照科学化的要求前进的。但是，由于客观和主观方面的原因，党建工作中仍然可能出现主观主义等违背规律的现象，可能出现失误和不尽如人意的地方。另一方面，形势和任务在不断地发展变化，许多问题需要重新认识，许多新问题需要探索解决，这就是说，不断提高科学化水平，是历史和时代对共产党的永恒的要求。党的十七届四中全会正是根据世情、国情、党情的新变化和党的建设的新要求，提出了提高党的建设科学化水平这个重大命题和重大任务。

全会总结党执政60年来加强自身建设的基本经验，深刻分析党的建设面临的新形势新任务，审议通过《中共中央关于加强和改进新形势下党的建设若干重大问题的决定》，提出了加强和改进新形势下党的建设的六项任务，即：建设马克思主义学习型政党，提高全党思想政治水平；坚持和健全民主集中制，积极发展党内民主；深化干部人事制度改革，建设善于推动科学发展、促进社会和谐的高素质干部队伍；做好抓基层打基础工作，夯实党执政的组织基础；弘扬党的优良作风，保持党同人民群众的血肉联系；加快推进惩治和预防腐败体系建设，深入开展反腐败斗争。这六大任务，集中反映了党的十七大确立的思想建设、组织建设、作风建设、制度建设和反腐倡廉建设“五位一体”的党的建设总体布局，统筹兼顾了党的各方面建设，既突出重点，又相互配套、相互促进，从整体上提高了党的建设任务内容的科学性和系统性。

通过学习提高全党马克思主义水平，努力掌握和运用一切科学的新思想、新知识、新经验，是我们党在长期实践中形成的宝贵经验、优良传统和重要政治优势，也是党始终走在时代前列、引领中国发展进步的决定性因素。党的十七届四中全会明确指出，世界在变化，形势在发展，中国特色社会主义实践在深入，加强和改进新形势下党的建设，巩固党的领导执政地位，保持发展党的先进性，必须把我们党建设成马克思主义学习型政党，使党的理论和实践始终体现时代性、把握规律性、富于创造性。

党的十六大曾把“形成全民学习、终身学习的学习型社会，促进人的全面发展”作为全面建设小康社会的重要目标之一摆在全党面前，为推动学习型政党建设提供了良好的社会基础和浓厚的氛围条件。党的十六届四中全会首次郑重提出“努力建设学习型政党”，把建设学习型政党的要求与党的执政能力建设密切结合起来，从而深化了对这一问题的认识。党的十七大提出，要按照建设学习型政党的要求，深入学习贯彻中国特色社会主义理论体系，着力用马克思主义中国化最新成果武装全党。为了贯彻落实这一重大部署，党的十七届四中全会按照“科学理论武装、具有世界眼光、善于把握规律、富有创新精神”的根本要求，对建设马克思主义学习型政党这一重大而紧迫的战略任务进行了具体部署：一是推进马克思主义中国化、时代化、大众化，二是用中国特色社会主义理论体系武装全党，三是开展社会主义核心价值体系学习教育，四是建设学习型党组织。建设马克思主义学习型政党，是新形势新任务对党的建设提出的新要求，是在新的历史条件下继承和发扬党的优良传统、发挥党的政治优势的必然要求，是保持和发展党的先进性、提高党的执政能力的战略任务和重要途径，也是党的建设新的伟大工程的重要组成部分。

党的干部是党的纲领路线方针政策的制定者和执行者，是中国特色社会主义事业的组织者、建设者和骨干力量。这就要求我们要抓住重要战略机遇期，全面建设小康社会、加快推进社会主义现代化，就必须把干部队伍建设放在更加突出的位置，解放思想、实事求是、与时俱进，不断深化干部人事制度改革，建设一支善于治国理政和推动科学发展、促进社会和谐的高素质干部队伍。

全面建设小康社会、不断开创中国特色社会主义事业新局面的历史任务，对各级干部提出的要求集中起来就是必须具备深化改革开放、推动科学发展、促进社会和谐的能力和本领。党的十七届四中全会着眼于党和国家事业发展的需要、立足于加强新形势下党的建设的总体部署，提出了“建设善于推动科学发展、促进社会和谐的高素质干部队伍”的重大任务，对推进干部队伍建设从以下五个方面进行了具体部署：一是选拔任用干部要坚持德才兼备、以德为先用人标准；二是完善干部选拔任用机制；三是提高领导班子和领导干部推动科学发展、促进社会和谐能力；四是培养造就大批优秀年轻干部；五是健全干部管理机制。这些部署和措施，对于培养造就高素质干部队伍、把各方面优秀人才集聚到党和国家事业中来发挥了积极的促进作用，为坚持和发展中国特色社会主义提供了重要组织保障。

不同的历史时期，党的干部选用标准的重点和内容是有差异的。以什么样的标准选拔使用干部，事关干部队伍建设的方向和成败。始终把干部队伍建设放在党的建设的重要位置，是我们党极为宝贵的历史经验和重要的政治优势。尽管历史时期不同，但干部队伍建设的根本方向总是与党所面临的历史任务相一致的。推动科学发展、促进社会和谐的艰巨任务必然要求建设一支与其相适应的干部队伍。把推动科学发展、促进社会和谐作为干部队伍建设的根本方向和要求，极大地增强了干部队伍建设的针对性和有效性，也提高了党的干部工作的科学化水平。

2009 年 9 月，中共中央政治局常委、中央书记处书记、中央党校校长习近平在中央党校学习贯彻十七届四中全会精神报告会上对“提高党的建设科学化水平”这个重大命题作出理论阐释。他指出，提高党的建设科学化水平，归根到底是要准确把握和自觉运用马克思主义执政党建设规律，研究新情况、解决新问题、创造新经验，在以科学理论指导党的建设、以科学制度保障党的建设、以科学方法推进党的建设上不断取得实实在在的成效。他还进一步阐明了提高党的建设科学化水平的具体要求，强调：以科学理论指导党的建设，最根本的是坚持用马克思主义中国化理论成果指导党的建设，深入研究推动科学发展、促进社会和谐对党的建设提出的新要求，认真总结执政能力建设和先进性建设的新鲜经验，不断推进党建理论创新。以科学制度保障党的建设，最根本的是严格遵循执政党建设规律进行制度建设，不断增强党内生活和党的建设制度的严密性和科学性，既要有实体性制度又要有程序性制度，既要明确规定应该怎么办又要明确规定违反规定怎么处理，减少制度执行的自由裁量空间，推进党的建设的科学化、制度化、规范化。以科学方法推进党的建设，最根本的是既要继承和发展党在长期实践中积累的党的建设成功方法，又要积极探索运用现代科学方法，包括探索运用信息网络技术，探索运用现代管理学、组织学、心理学等现代科学方法，借鉴外国执政党建设的有益做法，不断提高党建工作水平。[①]

提高党的建设科学化水平这个重大命题和重大任务的提出，是中国共产党总结建党近 90 年特别是执政 60 年来自身建设经验的重要结论，是解决现阶段党的建设中存在的各种问题的迫切需要，同时也是实现新形势下党所面临的各项任务的必然要求。它反映了党对自身建设状况的正确估计和永远探索前进的革命精神，要求全党在深刻认识党执政规律和自身建设规律的基础上发挥主观能动性，不断把党的建设推向前进。

三、现代化建设事业的发展和成就

世纪之交，世界上有一些人怀疑中国在经历 20 多年的快速发展之后还能否持续发展，有的人甚至预言中国经济即将崩溃。然而，在中国共产党的坚强领导下，经过全国人民的共同努力，中国经济继续保持快速发展势头，用无可争辩的事实证明中国经济不仅没有崩溃，而且成为全球经济发展的重要支撑和引擎。

经济总量大幅跃升与人民生活水平再上新台阶

“十五”计划的五年，是在风浪中奋勇前行的不平凡的五年。

① 习近平：《加强和改进新形势下党的建设的纲领性文献》，《人民日报》2009 年 10 月 9 日。

“十五”期间，我国摆脱亚洲金融危机带来的冲击后，又成功战胜非典疫情和重大自然灾害，不失时机地推进改革开放、加强和改善宏观调控，保持了经济平稳较快发展，社会生产力、综合国力都迈上一个新台阶。五年间，国内生产总值增长 59.6%，年均增长 9.8%，由居世界第六位上升为第五位。财政收入增长 1.4 倍，年均增加 3650 亿元。农业特别是粮食生产出现重要转机。主要工业品产量大幅增长，高技术产业快速发展，基础产业和基础设施建设取得重要成就，经济社会信息化程度迅速提高。改革开放成果丰硕，农村、国有企业、金融、财税、投资等改革和市场体系、社会保障体系建设都取得重大进展。进出口贸易总额增长两倍，实际利用外商直接投资累计 2740.8 亿美元。人民生活明显改善，城镇居民人均可支配收入和农村居民人均可支配收入分别实际增长 57.2% 和 32.1%，家庭财产普遍增多，城乡居民最低生活保障制度初步建立，贫困人口基本生活得到保障，居民消费结构优化，衣食住行用水平不断提高，享有的公共服务明显增强。政治建设、文化建设、社会建设均取得新的进展。

“十五”时期，经济社会发展也存在一些矛盾，党和政府工作中还存在不少问题，主要是国内外形势发展变化使国家的发展面临许多新的挑战和风险，如：经济运行中一些突出问题和深层次矛盾依然存在；固定资产投资增长过快，货币信贷投放过多，国际收支不平衡；长期形成的结构性矛盾和增长方式粗放问题仍然突出。特别是影响经济发展的体制机制障碍还相当严重，改革攻坚任务繁重，涉及群众利益的突出问题有待进一步解决，国际经济环境变化不确定因素和潜在风险增加。党中央高度重视存在的挑战和风险，努力通过制定“十一五”规划加以克服和应对。

2005 年 10 月，党的十六届五中全会通过《中共中央关于制定国民经济和社会发展第十一个五年规划的建议》，确定了未来五年我国经济社会发展所要遵循的原则，并确定了奋斗目标、指导方针和主要任务。根据十六届五中全会的《建议》，国务院制定了《中华人民共和国国民经济和社会发展第十一个五年规划纲要（草案）》。2006 年 3 月，十届全国人大四次会议审议通过了“十一五”规划纲要。《纲要》提出了“十一五”时期经济社会发展的主要目标，强调在优化结构、提高效益、降低消耗的基础上，实现 2010 年人均国内生产总值比 2000 年翻一番。由于人口总量的增加，这个“人均”指标，比中央以前提出的 10 年国内生产总值翻一番的要求更高了。《纲要》提出的另一个重要指标是资源利用效率显著提高，单位国内生产总值能源消耗比“十五”期末降低 20% 左右。《纲要》还提出了建设社会主义新农村、促进区域协调发展、深化体制改革、实施互利共赢的开放战略、推进社会主义和谐社会建设、加强社会主义民主政治建设、加强社会主义文化建设、加强国防和军队建设的主要任务和政策措施。

“十一五”规划纲要确定的目标、任务和政策措施，既与全面建设小康社会的目标相衔接，又反映了经济社会发展的客观要求和阶段性特征。“十一五”规划还第一次将延续 50 多年的“计划”改为“规划”，这一字之差体现了社会主义市场经济条件下中长期规划的功能定位，反映了我国发展理念、经济体制、政府职能的重大变革。

“十一五”期间，党团结带领全国各族人民成功应对四川汶川特大地震（2008 年 5 月）、南方雨雪冰冻极端天气（2008 年初）、青海玉树强烈地震（2010 年 4 月）和甘肃舟曲特大泥石流（2010 年 8

月）等严重自然灾害并取得恢复重建的胜利，依法坚决平息和妥善处理了 2008 年 3 月 14 日西藏拉萨等地打砸抢烧严重暴力犯罪事件和 2009 年 7 月 5 日新疆乌鲁木齐打砸抢烧严重暴力犯罪事件，坚决打击了暴力恐怖势力、民族分裂势力和宗教极端势力的破坏活动，维护了民族团结和社会稳定。

在成功应对各种风险挑战的同时，我国改革开放不断深化，现代化建设顺利推进。经济平稳较快发展，胜利完成了“十一五”规划确定的主要目标和任务，国民经济迈上新台阶。国内生产总值年均增长 11.3%；2010 年国内生产总值超过 40 万亿元，经济总量由 2005 年的世界第五位跃升至第二位，先后超过德国和日本，成为仅次于美国的世界第二大经济体。财政收入从 2005 年的 3.16 万亿元增加到 8.31 万亿元，货物进出口总额从 1.42 万亿美元增加到 2.97 万亿美元。各项社会事业加快发展，人民生活明显改善，城镇居民人均可支配收入和农村居民人均可支配收入年均分别实际增长 9.6% 和 9.4%。

经济快速发展为科技进步提供了重要支撑。国家实施创新驱动发展战略，加快国家创新体系建设，在重要学科前沿和战略必争领域取得一批重大自主创新成果，载人航天、探月工程、超级计算机实现重大突破。继 2003 年“神舟五号”飞船成功实现载人航天飞行之后，2008 年 9 月 27 日，“神舟七号”飞船航天员成功进行中国人的第一次太空漫步。“十一五”期间，我国成功发射“嫦娥一号”和“嫦娥二号”探测器，首次绕月探测宣告成功。在第二次探测中，对探月工程二期月面软着陆地区进行详细观察，为实现探月工程二期“落月巡视勘察”目标打下了基础。三峡水利枢纽、青藏铁路、南水北调等重大工程建设捷报频传，展现了我国改革开放和现代化建设的巨大成就。

国家加大对少数民族地区加快发展的支持力度。党中央在推进西藏、新疆跨越式发展和长治久安方面作出一系列重大决策部署。2010年1月，中央召开第五次西藏工作座谈会，强调坚持民族区域自治制度，坚持走有中国特色、西藏特点的发展路子，以经济建设为中心，以民族团结为保障，以改善民生为出发点和落脚点，紧紧抓住发展和稳定两件大事，确保经济社会跨越式发展，确保国家安全和西藏长治久安，确保各族人民物质文化生活水平不断提高，确保生态环境良好，努力建设团结、民主、富裕、文明、和谐的社会主义新西藏。党中央还对加快四川、云南、甘肃、青海省涉藏州县经济社会发展作出全面部署，要求切实把四省藏区工作摆到重要议事日程，加大政策支持力度，推动藏区发展迈出新步伐。2010年5月，中央召开新疆工作座谈会，强调坚持民族区域自治制度，坚持各民族共同团结奋斗、共同繁荣发展，深入实施稳疆兴疆、富民固边战略，始终把推动科学发展作为解决一切问题的基础，始终把改革开放作为促进发展的强大动力，始终把保障和改善民生作为全部工作的出发点和落脚点，始终把加强民族团结作为长治久安的根本保障，始终把维护社会稳定作为发展进步的基本前提，努力推进新疆跨越式发展和长治久安。在中央正确部署、全国人民大力支援下，经过西藏、新疆各族人民的共同努力，推进西藏、新疆跨越式发展和长治久安工作全面有序展开。

“十一五”期间，我国还办好了许多喜事。2008年8月8日至24日，以“同一个世界、同一个梦想”为口号的第二十九届夏季奥运会在北京举行。随后，第十三届残疾人奥运会于9月6日至17日在北京举行。在中国举办奥运会，是中华民族的百年期盼。2001年7月13日，国际奥委会作出决定，将第二十九届奥运会举办权授予中国北京。中国政府坚持贯彻绿色奥运、科技奥运、人文奥运理念，依靠广大人民群众，坚持开展国际交流合作，为北京奥运会、残奥会的成功举办提供了坚强保障。中国体育代表团在奥运会上居于金牌榜首位，在残奥会上居于金牌榜和奖牌榜首位。北京奥运会、残奥会的成功举办，展示了中国人民昂扬向上的精神风貌，增进了中国人民同世界各国人民的相互了解和友谊。人类奥运史上从此留下了不可磨灭的中国印记。

2010 年 5 月 1 日至 10 月 31 日，以“城市，让生活更美好”为主题的世界博览会在上海举行。上海世博会是继北京奥运会后我国举办的又一个国际盛会，也是第一次在发展中国家举办的注册类世博会。在 184 天的时间里，有 246 个国家和国际组织参展，7308 万人次参观展览，创造了世博会历史上的新纪录。上海世博会书写了中国人民同世界各国人民交流互鉴的新篇章，书写了人类各种文明交流互鉴的新的一页。

现代化建设事业的发展进步

进入新世纪，随着改革开放深化和经济社会发展，人民群众的政治参与积极性不断提高。根据形势要求和人民期待，党中央坚持把党的领导、人民当家作主和依法治国统一起来，坚持走中国特色社会主义政治发展道路，始终把民主法治建设和政治体制改革摆在改革发展全局的重要位置加以推进，取得重要进展。

人民代表大会制度建设进一步加强。2005 年 5 月，中共中央转发《中共全国人大常委会党组关于进一步发挥全国人大代表作用，加强全国人大常委会制度建设的若干意见》。2006 年 8 月，十届全国人大常委会第二十三次会议通过《中华人民共和国各级人民代表大会常务委员会监督法》。《中共全国人大常委会党组关于进一步发挥全国人大代表作用，加强全国人大常委会制度建设的若干意见》和《中华人民共和国各级人民代表大会常务委员会监督法》对加强人民代表大会制度建设，保障全国人大及其常委会、地方各级人大及其常委会依法行使对同级政府、法院、检察院的监督权，对进一步发挥人大代表的作用，都作了明确规定。2010 年 3 月，修改后的全国人大和地方各级人大选举法规定城乡按相同人口比例选举人大代表，更好地体现了人人平等、地区平等、民族平等原则，进一步完善了中国特色社会主义选举制度。

中国共产党领导的多党合作和政治协商制度进一步完善。2005 年，中共中央印发《关于进一步加强中国共产党领导的多党合作和政治协商制度建设的意见》，推动多党合作和政治协商的制度化、规范化、程序化建设，为各民主党派和无党派人士发挥参政议政和监督作用创造了更为广阔的空间，人民政协协调关系、汇聚力量、建言献策、服务大局的作用进一步发挥。中共中央坚持把政治协商纳入决策程序，在作出重大决策之前召开民主协商会、座谈会，通报情况，听取意见。

民族区域自治制度继续巩固和完善。民族自治地方依法行使自治权，少数民族的合法权益得到切实尊重和保障。各民族共同团结奋斗、共同繁荣发展，平等团结互助和谐的社会主义民族关系得到不断巩固和发展。民族地区经济实现了跨越式发展。2012 年，民族自治地方地区生产总值 5.4 万亿元。民族地区总体呈现出经济繁荣、政治安定、文化发展、社会和谐、民族团结的喜人景象。

基层群众自治制度进一步实施。以农村村民委员会、城市居民委员会和企业职工代表大会为主要内容的基层民主自治体系初步建立。在城乡广阔天地里，亿万群众依法管理自己的事情，享有更多更切实的民主权利。农村普遍开展了村委会换届选举，城市开展居委会换届选举。村（居）民会议及其村（居）民代表会议经常召开，自治范围不断扩大，领域不断拓展，基层群众自治的形式日趋丰富。

中国特色社会主义法律体系建设成效显著。全国人大及其常委会坚持从实际出发，坚持科学立法、民主立法。截至 2010 年，中国特色社会主义法律体系形成，我国已制定宪法和现行有效法律 237 件、行政法规 690 多件、地方性法规 8600 多件[①]。它以宪法为统帅，以宪法相关法、民法商法、行政法、经济法、社会法、刑法、诉讼与非诉讼程序法等多个法律部门的法律为主干，由法律、行政法规、地方性法规等多个层次的法律规范构成。

行政管理体制改革稳妥有序推进。2003 年国务院机构改革进一步减少了政府组成部门，加强了社会管理部门的改革力度。按照到 2020 年建立起比较完善的中国特色社会主义行政管理体制的目标，2008 年进行了又一轮机构改革。2001 年至 2010 年，国家和地方取消、调整行政审批项目数占原有项目总数的一半以上。2007 年 1 月，国务院制定《政府信息公开条例》，政府信息公开步入法制化轨道。从 2010 年开始，各级政府积极推行财政预算公开，政府收入全部公开，政府收支全部纳入预算管理。党中央提出建立行政问责制度和绩效评估体

① 吴邦国：《在形成中国特色社会主义法律体系座谈会上的讲话》，《人民日报》2011 年 1 月 27 日。

系。截至 2010 年底，全国约有二分之一的省份不同程度地开展了政府绩效管理工作。

进入新世纪，党中央作出建设社会主义文化强国的重大战略决策，提出一系列指导文化建设的方针政策，推动中国特色社会主义文化建设不断向前迈进。党的十六大提出文化建设和文化体制改革的战略任务。党的十七大强调，中华民族的伟大复兴必然伴随着中华文化繁荣兴盛，要更加自觉、更加主动地推动文化大发展大繁荣，提高国家文化软实力。党的十七届六中全会把建设社会主义核心价值体系作为文化改革发展的根本任务。马克思主义指导思想，中国特色社会主义共同理想，以爱国主义为核心的民族精神和以改革创新为核心的时代精神，社会主义荣辱观，构成社会主义核心价值体系的基本内容。

文化体制改革紧紧围绕重塑市场主体、完善市场体系、改善宏观管理、转变政府职能等关键环节进行。保留事业体制的院团不断深化内部机制改革取得积极进展，以企业为主体、事业为补充的新型演艺体制格局正在形成。事业性文化单位内部改革不断深化，文化馆、博物馆、图书馆等公益性文化事业单位人事、收入分配、社会保障制度改革取得重要进展，国有文化资产管理体制进一步完善。

随着国民经济的持续快速增长，在中央财政的带动和引导下，各级政府不断完善财政政策保障机制，加大文化事业经费投入，全国文化事业费呈现持续增长态势。2002 年至 2011 年，全国文化事业费由 83.66 亿元增至 392.62 亿元，年均增长 18.7%。全国人均文化事业费由 2002 年的 6.51 元提高到 2011 年的 29.14 元。其中，文化事业费的增量部分主要用于基层和农村，并向老少边穷地区倾斜。国家实施全国美术馆文化馆（站）免费开放、全国文化信息资源共享工程、数字图书馆推广工程和公共电子阅览室建设计划等惠民工程，人民群众基本文化权益得到保障。

适应市场需要，文化产业蓬勃发展，成为经济发展新的增长点。“十一五”期间，文化产业整体规模不断扩大，年平均增速达 15% 以上，比同期国内生产总值增速高出 6 个百分点。文化产业的发展促进文化市场空前繁荣，文化产品和文化服务进出口逆差逐步减少，文化产业投融资体系更加完善，出台金融支持文化产业振兴和发展繁荣的专项政策，努力推动文化企业利用资本市场做大做强。

党高度重视推动中华文化走向世界。按照“政府主导、企业主体、市场运作、社会参与”的要求，各地区各有关部门积极探索市场化、专业化运作方式，开展多种形式的文化交流和文化贸易，进一步推动文化走出去。到“十一五”期末，我国同世界上 160 多个国家和地区保持着良好的文化交流关系。“欢乐春节”“中华文化年”“中国文化节”“相约北京”“中非文化聚焦”等大型品牌文化活动成功举办，影响广泛。海外文化阵地建设不断加强，我国在海外设立 96 个使领馆文化处（组）、9 个中国文化中心、322 个孔子学院。主流媒体国际传播能力不断提升，对外广播和影视在播出语种、播出时间和发射功率等方面取得突破性进展，节目和频道在境外有效落地，覆盖范围进一步扩大，一批国家级、国际化、综合性文化贸易平台影响日益广泛。文化产品和文化服务走出去步伐加快，核心文化产品和文化服务出口快速增长，在欧美国家市场占有率逐步提高、出口规模不断扩大，中华文化正以更加自信的姿态走出国门、走向世界。

在经济发展基础上逐步提高人民物质文化生活水平，是改革开放和社会主义现代化建设的根本目的。党秉持发展为了人民、发展依靠人民、发展成果由人民共享的理念，着力解决经济社会发展“一条腿长、一条腿短”的问题，在发展经济的同时，大力加强社会建设，切实保障和改善民生。

党中央坚持以教育公平为重点，加快教育事业改革发展。2008年，实现城乡义务教育全部免费。2010年7月，发布《国家中长期教育改革和发展规划纲要（2010—2020年）》，对未来10年我国教育改革发展作出全面规划和部署。适应经济社会发展需要，高等教育大众化程度进一步提高，职业教育规模扩大。国家财政性教育经费较大幅度增加，教育资源重点向农村、边远地区、民族地区、贫困地区倾斜。国家助学制度不断完善，实施中等职业教育免学费政策。经过多年努力，大批学校面貌焕然一新。适龄儿童绝大多数都能上学，经济困难家庭的孩子也能基本保证不因贫困而失学。各地还努力解决进城务工人员随迁子女在城市接受义务教育问题，有知识有文化的年轻一代已成为新增劳动力的主体。

党中央始终把就业作为事关民生、事关全局的大事紧抓不放，不断深化就业体制改革，强化政府促进就业的责任，实施积极的就业政策。2008年国际金融危机爆发后，党中央在研究应对措施的时候，首先考虑的就是保就业，实施更加积极的就业政策，帮助高校毕业生就业，广开农民就业门路，帮助城市困难家庭就业，从而保持了社会就业大局的稳定。随着工业化、城镇化不断推进，城镇吸纳就业的能力不断增强，农民工数量不断扩大。在世界各国失业率居高不下的背景下，我国保持了就业形势总体稳定。

加快推进收入分配制度改革，完善分配制度，是提高人民生活水平的重要保障。党的十六大以后，国家采取一系列重要措施，普遍提高城乡居民收入，重点改善低收入群体和困难群众生活。推进收入分配制度改革，以税收、转移支付、社会保障等为主要手段的再分配调节制度框架初步建立。健全公共财政体制，不断扩大中央财政转移支付的规模。深化个人所得税改革，调高个人所得税起征点。在经济发展和收入分配体制改革基础上，城乡居民收入大幅度提高。

建立和完善社会保障体系，是全面建设小康社会的重要目标。党的十六届六中全会把 2020 年基本建立覆盖城乡居民的社会保障体系作为构建社会主义和谐社会的重要目标。建立新型农村社会养老保险制度并开展试点，城镇居民社会养老保险试点开始启动。最低生活保障制度实现全覆盖，城乡社会救助体系基本建立。2011 年实行新的国家扶贫标准，把更多农村低收入人口纳入扶贫范围，这是巨大的社会进步。

为切实解决人民群众“看病难、看病贵”问题，党中央从深化医药卫生体制改革着手，努力破解这道难题。2003 年非典之后，党和政府推动新中国成立以来规模最大的公共卫生体系建设，基本建成覆盖城乡、功能比较完善的疾病预防控制体系和应急医疗救治体系。县、乡、村三级医疗卫生机构基础设施建设步伐加快，以社区为基础的新型城市医疗卫生服务体系初步建立，药品生产、流通、监管体系不断完善。

随着改革发展进入关键时期，经济失调、社会失序、人们心理失衡、社会矛盾增多的问题日益突出，社会管理面临新的形势和任务。十六届四中全会提出要加强社会建设和管理，推进社会管理体制创新，要求深入研究社会管理规律，完善社会管理体系和政策法规，整合社会管理资源，建立健全党委领导、政府负责、社会协同、公众参与的社会管理格局。党的十七大以后，社会管理体制机制创新取得重要进展，社会管理体系建设迈出重大步伐，社会管理法律体系不断完善，社会管理方式方法发生深刻变化。在经济社会深刻变革和急剧转型过程中，我国始终保持了社会稳定和政治稳定。

建设生态文明，是关系人民福祉、关乎民族未来的长远大计。进入 21 世纪，党中央提出建设生态文明的战略部署，并把它纳入中国特色社会主义事业“五位一体”总体布局，这是对自然规律及人与自然关系再认识的重要成果。由此，我国生态文明建设、环境保护工作进入新的发展阶段。

为加强生态文明建设，各地认真落实党中央、国务院推进生态文明建设的部署，结合实际，创造了许多好做法并总结了一些切实可行的经验。主要是：制定出台生态文明建设的总体规划，创新完善生态文明的体制机制，大力推行生态示范创建活动，积极引导社会各界广泛参与，企业的社会责任意识有所提升，公众主动投身低碳消费、绿色出行等活动。

我国相继制定了《清洁生产促进法》《环境影响评价法》《放射性污染防治法》《循环经济促进法》，修订了《固体废物污染环境防治法》《水污染防治法》等法律，出台了《规划环境影响评价条例》等行政法规。经过不懈努力，我国已初步形成适应经济社会发展需要的环境法律和标准体系。2006 年 3 月，十届全国人大四次会议通过的“十一五”规划纲要提出到 2010 年使生态环境恶化趋势基本遏制，重点流域、重点区域和重点城市的环境质量得到改善的目标。国家先将环境保护局升格为总局，2008 年进一步升格为环境保护部。环保投入不断加大，各级财政对环保的投入逐年增加。环境保护执法力度进一步加大，环保宣传大力加强，进一步增强了公民的环保意识。

国家还大力加强生态工程建设。全国森林覆盖率由第七次森林资源清查（2004 —2008）数的 20.36% 增长到第八次森林资源清查（2009 —2013）数的 21.63%，超过“十一五”规划目标。福建省以 63.1% 的森林覆盖率位居全国首位[①]。在一些重大工程建设中，从设计到施工都注意对生态环境的保护。在青藏铁路建设中，为藏羚羊迁徙预留了 33 条通道。

为积极应对全球气候变化问题，党和政府加快发展绿色低碳能源，建立健全法规制度和相关政策，加大对发展清洁能源和可再生能源的支持力度，有序发展水电，积极发展核电，鼓励和支持农村、边远地区和条件适宜地区大力发展生物质能、太阳能、地热、风能等新能源。到 2010 年，我国核电在建规模、水电装机容量、太阳能热水器集热面积、农村沼气用户量均居世界第一位，风电装机容量居世界第二位。

经过不懈努力，我国环境保护事业取得积极成效。生态环境保护不再是一个空洞的概念，而是变成实实在在的行动。人们自觉提着环保袋购物，争当环保志愿者，环保意识不断增强。

随着我国逐步进入老龄化社会，不可避免地要面对解决人口老龄化的问题。中国是世界上唯一老年人过亿的国家，呈现出老年人口规模大、老龄化速度快峰值高、老龄化程度不均衡的特点。人口老龄化

① 《福建省人民政府工作报告》（2010 年 1 月 25 日），《福建日报》2010 年 2 月 5 日。

在给我国健康产业带来新的发展机遇的同时，也给经济社会发展带来新的挑战。党中央高度关注人口老龄化问题，不断从国家发展全局的高度，作出积极应对人口老龄化的战略决策，积极推动实施“发展为根本、保障为基础、健康为支撑、参与为动力、和谐为要求”的老龄化战略，努力实现人口老龄化与经济社会全面协调可持续发展。

第四章

新时代改革开放和全面从严治党向纵深发展

以党的十八大为标志，中国特色社会主义进入新时代。十几年来，以习近平同志为核心的党中央团结带领全党全国各族人民，全面贯彻党的基本理论、基本路线、基本方略，采取一系列战略性举措，推进一系列变革性实践，实现一系列突破性进展，取得一系列标志性成果，经受住了来自政治、经济、意识形态、自然界等方面的风险挑战考验，党和国家事业取得历史性成就、发生历史性变革，推动我国迈上全面建设社会主义现代化国家新征程。深入推进全面从严治党，坚持打铁必须自身硬，从制定和落实中央八项规定开局破题，提出和落实新时代党的建设总要求，以党的政治建设统领党的建设各项工作，坚持思想建党和制度治党同向发力，严肃党内政治生活，持续开展党内集中教育，提出和坚持新时代党的组织路线，突出政治标准选贤任能，加强政治巡视，形成比较完善的党内法规体系。持之以恒正风肃纪，开展史无前例的反腐败斗争，消除了党、国家、军队内部存在的严重隐患，找到了自我革命这一跳出治乱兴衰历史周期率的第二个答案。

以习近平同志为主要代表的中国共产党人，坚持把马克思主义基本原理同中国具体实际相结合、同中华优秀传统文化相结合，科学回答了新时代坚持和发展什么样的中国特色社会主义、怎样坚持和发展中国特色社会主义，建设什么样的社会主义现代化强国、怎样建设社会主义现代化强国，建设什么样的长期执政的马克思主义政党、怎样建设长期执政的马克思主义政党等重大时代课题，创立了习近平新时代中国特色社会主义思想。习近平新时代中国特色社会主义思想是当代中国马克思主义、二十一世纪马克思主义，是中华文化和中国精神的时代精华，实现了马克思主义中国化时代化新的飞跃，是全党全国人民为以中国式现代化全面推进强国建设、民族复兴伟业而奋斗的行动指南，必须长期坚持并不断发展。

一、全面深化改革扩大开放

以党的十八大为标志，中国特色社会主义进入新时代。以习近平同志为核心的党中央以巨大的政治勇气全面深化改革，打响改革攻坚战，加强改革顶层设计，敢于突进深水区，敢于啃硬骨头，敢于涉险滩，敢于面对新矛盾新挑战，冲破思想观念束缚，突破利益固化藩篱，坚决破除各方面体制机制弊端，各领域基础性制度框架基本建立，许多领域实现历史性变革、系统性重塑、整体性重构；实行更加积极主动的开放战略，构建面向全球的高标准自由贸易区网络，加快推进自由贸易试验区、海南自由贸易港建设，形成更大范围、更宽领域、更深层次对外开放格局。

中国特色社会主义进入新时代

党的十八大以后，在新中国成立特别是改革开放以来我国发展取得的重大成就基础上，党和国家事业取得历史性成就、发生历史性变革，我国发展站到了新的历史起点上，中国特色社会主义进入了新时代。

中国特色社会主义进入新时代，是一个量变过程和质变飞跃的有机结合，其基本依据是新中国成立特别是改革开放以来我国创造的经济快速发展奇迹和社会长期稳定奇迹，极大地提高了社会生产力水平并引起我国社会主要矛盾发生了转化，不平衡不充分的发展已经成为满足人民日益增长的美好生活需要的主要制约因素。改革开放以来，我们党坚持走自己的路、建设中国特色社会主义，团结带领全国各族人民不懈奋斗，推动我国经济实力、科技实力、国防实力、综合国力进入世界前列，推动我国国际地位实现前所未有的提升，党的面貌、国家的面貌、人民的面貌、军队的面貌、中华民族的面貌发生了前所未有的变化，中华民族正以崭新姿态屹立于世界的东方。

特别是党的十八大以后的五年间，面对世界经济复苏乏力、局部冲突和动荡频发、全球性问题加剧的外部环境，面对我国经济发展进入新常态等一系列深刻变化，我们党坚持稳中求进工作总基调，迎难而上，开拓进取，取得了改革开放和社会主义现代化建设的历史性成就。这主要表现在：

经济保持中高速增长，在世界主要国家中名列前茅。五年来，国内生产总值从 54 万亿元增长到 82.7 万亿元，年均增长 7.1%，占世界经济比重从 11.4% 提高到 15% 年左右，对世界经济增长贡献率超过 30%。供给侧结构性改革深入推进，经济结构不断优化，数字经济等新兴产业蓬勃发展，基础设施建设快速推进。农业现代化稳步推进，城镇化率逐年提高。区域发展协调性增强，“一带一路”建设、京津冀协同发展、长江经济带发展成效显著。创新驱动发展战略大力实施，创新型国家建设成果丰硕。开放型经济新体制逐步健全，对外贸易、对外投资、外汇储备稳居世界前列。

改革全面发力、多点突破、纵深推进。习近平亲自主持召开 38 次中央全面深化改革领导小组会议，共审议、通过重点改革文件 360 多个，中央和国家有关部门共推出 1500 多项改革举措，重要领域和关键环节改革取得突破性进展，主要领域改革主体框架基本确立。中国特色社会主义制度更加完善，国家治理体系和治理能力现代化水平明显提高，全社会发展活力和创新活力明显增强。

积极发展社会主义民主政治，推进全面依法治国。党的领导、人民当家作主、依法治国有机统一的制度建设全面加强，党的领导体制机制不断完善，社会主义民主不断发展，党内民主更加广泛，社会主义协商民主全面展开，爱国统一战线巩固发展，民族宗教工作创新推进。科学立法、严格执法、公正司法、全民守法深入推进，法治国家、法治政府、法治社会建设相互促进，中国特色社会主义法治体系日益完善，全社会法治观念明显增强。国家监察体制改革试点取得实效，行政体制改革、司法体制改革、权力运行制约和监督体系建设有效实施。

加强党对意识形态工作的领导，党的理论创新全面推进。马克思主义在意识形态领域的指导地位更加鲜明，中国特色社会主义和中国梦深入人心，社会主义核心价值观和中华优秀传统文化广泛弘扬，群众性精神文明创建活动扎实开展。主旋律更加响亮，正能量更加强劲，文化自信得到彰显，国家文化软实力和中华文化影响力大幅提升，全党全社会思想上的团结统一更加巩固。

深入贯彻以人民为中心的发展思想，一大批惠民举措落地实施，人民获得感显著增强。脱贫攻坚战取得决定性进展，6000 多万贫困人口稳定脱贫，年均减贫 1300 万人以上，贫困发生率从 10.2% 下降到 4% 以下。教育事业全面发展，中西部和农村教育明显加强。就业状况持续改善，城镇新增就业年均 1300 万人以上。城乡居民收入增速超过经济增速，中等收入群体持续扩大。覆盖城乡居民的社会保障体系基本建立，人民健康和医疗卫生水平大幅提高，保障性住房建设稳步推进。社会治理体系更加完善，社会大局保持稳定，国家安全全面加强。

大力度推进生态文明建设，全党全国贯彻绿色发展理念的自觉性和主动性显著增强。生态文明制度体系加快形成，主体功能区制度逐步健全，国家公园体制试点积极推进。全面节约资源有效推进，能源资源消耗强度大幅下降。重大生态保护和修复工程进展顺利，森林覆盖率持续提高。生态环境治理明显加强，环境状况得到改善。引导应对气候变化国际合作，成为全球生态文明建设的重要参与者、贡献者、引领者。

着眼于实现中国梦强军梦，制定新形势下军事战略方针，全力推进国防和军队现代化。召开古田全军政治工作会议，恢复和发扬我党我军光荣传统和优良作风，人民军队政治生态得到有效治理。国防和军队改革取得历史性突破，形成军委管总、战区主战、军种主建新格局，人民军队组织架构和力量体系实现革命性重塑。加强练兵备战，有效遂行海上维权、反恐维稳、抢险救灾、国际维和、亚丁湾护航、人道主义救援等重大任务，武器装备加快发展，军事斗争准备取得重大进展。人民军队在中国特色强军之路上迈出坚定步伐。

全面准确贯彻“一国两制”方针，牢牢掌握宪法和基本法赋予的中央对香港、澳门全面管治权，深化内地和港澳地区交流合作，保持香港、澳门繁荣稳定。坚持一个中国原则和“九二共识”，推动两岸关系和平发展，加强两岸经济文化交流合作，实现两岸领导人历史性会晤。妥善应对台湾局势变化，坚决反对和遏制“台独”分裂势力，有力维护台海和平稳定。

全面推进中国特色大国外交，形成全方位、多层次、立体化的外交布局，为我国发展营造了良好外部条件。实施共建“一带一路”倡议，发起创办亚洲基础设施投资银行，设立丝路基金，举办首届“一带一路”国际合作高峰论坛、亚太经合组织领导人非正式会议、二十国集团领导人杭州峰会、金砖国家领导人厦门会晤、亚信峰会。倡导构建人类命运共同体，促进全球治理体系变革。我国国际影响力、感召力、塑造力进一步提高，为世界和平与发展作出新的重大贡献。

全面加强党的领导和党的建设，坚决改变管党治党宽松软状况。推动全党尊崇党章，增强政治意识、大局意识、核心意识、看齐意识，坚决维护党中央权威和集中统一领导，严明党的政治纪律和政治规矩，层层落实管党治党政治责任。开展党的群众路线教育实践活动和“三严三实”专题教育，推进“两学一做”学习教育常态化制度化。贯彻新时期好干部标准，深入推进党的建设制度改革，党内法规制度体系不断完善。把纪律挺在前面，着力解决人民群众反映最强烈、对党的执政基础威胁最大的突出问题。出台中央八项规定，严厉整治“四风”问题，坚决反对特权。发挥巡视利剑作用，实现中央和省级党委巡视全覆盖。坚持反腐败无禁区、全覆盖、零容忍，坚定不移“打虎”“拍蝇”“猎狐”。不敢腐的目标初步实现，不能腐的笼子越扎越牢，不想腐的堤坝正在构筑，反腐败斗争压倒性态势已经形成并巩固发展。

同时，以习近平同志为核心的党中央以巨大的政治勇气和强烈的责任担当，提出一系列新理念新思想新战略，出台一系列重大方针政策，推出一系列重大举措，推进一系列重大工作，解决了许多长期想解决而没有解决的难题，办成了许多过去想办而没有办成的大事，推动党和国家事业发生历史性变革。这主要表现在：党的领导得到全面加强，党的领导被忽视、淡化、削弱的状况得到明显改变；坚定不移贯彻新发展理念，发展观念不正确、发展方式粗放的状况得到明显改变；坚定不移全面深化改革，各方面体制机制弊端阻碍发展活力和社会活力的状况得到明显改变；坚定不移全面推进依法治国，有法不依、执法不严、司法不公问题严重的状况得到明显改变；加强党对意识形态工作的领导，社会思想舆论环境中的混乱状况得到明显改变；坚定不移推进生态文明建设，忽视生态环境保护、生态环境恶化的状况得到明显改变；坚定不移推进国防和军队现代化，人民军队中一度存在的不良政治状况得到明显改变；坚定不移推进中国特色大国外交，我国在国际力量对比中面临的不利状况得到明显改变；坚定不移推进全面从严治党，管党治党宽松软状况得到明显改变。

五年来的成就是全方位的、开创性的，五年来的变革是深层次的、根本性的。这些历史性成就和历史性变革，对党和国家事业发展具有重大而深远的影响，标志着中国特色社会主义进入了新时代。

中国特色社会主义进入新时代，在中华人民共和国发展史上、中华民族发展史上具有重大意义，在世界社会主义发展史上、人类社会发展史上也具有重大意义。它意味着近代以来久经磨难的中华民族迎来了从站起来、富起来到强起来的伟大飞跃，迎来了实现中华民族伟大复兴的光明前景；意味着科学社会主义在21世纪的中国焕发出强大生机活力，在世界上高高举起了中国特色社会主义伟大旗帜；意味着中国特色社会主义道路、理论、制度、文化不断发展，拓展了发展中国家走向现代化的途径，给世界上那些既希望加快发展又希望保持自身独立性的国家和民族提供了全新选择，为解决人类问题贡献了中国智慧和中国方案。

全面深化改革的决策部署和实施

完善社会主义市场经济体制，是一个长期发展的过程，不可能一蹴而就、一劳永逸。中国改革由浅入深、由易到难的发展趋势表明，越往后难啃的硬骨头越多，改革的难度越大。以中共十八大和十八届三中全会为标志，中国改革进入完善社会主义市场经济体制的攻坚阶段。

党的十八大准确判断重要战略机遇期内涵和条件的变化，科学分析我国发展面临的一系列突出矛盾和挑战，对全面建成小康社会和全面深化改革开放提出新的目标要求，作出战略部署。这就是：

经济持续健康发展。转变经济发展方式取得重大进展，在发展平衡性、协调性、可持续性明显增强的基础上，实现国内生产总值和城乡居民人均收入比 2010 年翻一番。科技进步对经济增长的贡献率大幅上升，进入创新型国家行列。工业化基本实现，信息化水平大幅提升，城镇化质量明显提高，农业现代化和社会主义新农村建设成效显著，区域协调发展机制基本形成。对外开放水平进一步提高，国际竞争力明显增强。

人民民主不断扩大。民主制度更加完善，民主形式更加丰富，人民积极性、主动性、创造性进一步发挥。依法治国基本方略全面落实，法治政府基本建成，司法公信力不断提高，人权得到切实尊重和保障。

文化软实力显著增强。社会主义核心价值体系深入人心，公民文明素质和社会文明程度明显提高。文化产品更加丰富，公共文化服务体系基本建成，文化产业成为国民经济支柱性产业，中华文化走出去迈出更大步伐，社会主义文化强国建设基础更加坚实。

人民生活水平全面提高。基本公共服务均等化总体实现，全民受教育程度和创新人才培养水平明显提高，进入人才强国和人力资源强国行列，教育现代化基本实现。就业更加充分。收入分配差距缩小，中等收入群体持续扩大，扶贫对象大幅减少。社会保障全民覆盖，人人享有基本医疗卫生服务，住房保障体系基本形成，社会和谐稳定。

资源节约型、环境友好型社会建设取得重大进展。主体功能区布局基本形成，资源循环利用体系初步建立。单位国内生产总值能源消耗和二氧化碳排放大幅下降，主要污染物排放总量显著减少。森林覆盖率提高，生态系统稳定性增强，人居环境明显改善。

为了顺利实现这些目标和要求，大会强调：必须以更大的政治勇气和智慧，不失时机深化重要领域改革，坚决破除一切妨碍科学发展的思想观念和体制机制弊端，构建系统完备、科学规范、运行有效的制度体系，使各方面制度更加成熟更加定型。

一是加快完善社会主义市场经济体制，完善公有制为主体、多种所有制经济共同发展的基本经济制度，完善按劳分配为主体、多种分配方式并存的分配制度，更大程度更广范围发挥市场在资源配置中的基础性作用，完善宏观调控体系，完善开放型经济体系，推动经济更有效率、更加公平、更可持续发展。

二是加快推进社会主义民主政治制度化、规范化、程序化，从各层次各领域扩大公民有序政治参与，实现国家各项工作法治化。

三是加快完善文化管理体制和文化生产经营机制，基本建立现代文化市场体系，健全国有文化资产管理体制，形成有利于创新创造的文化发展环境。

四是加快形成科学有效的社会管理体制，完善社会保障体系，健全基层公共服务和社会管理网络，建立确保社会既充满活力又和谐有序的体制机制。

五是加快建立生态文明制度，健全国土空间开发、资源节约、生态环境保护的体制机制，推动形成人与自然和谐发展现代化建设新格局。

为了实施好党的十八大作出的战略部署，2013 年 11 月，党的十八届三中全会审议通过了《中共中央关于全面深化改革若干重大问题的决定》。《决定》围绕进一步形成公平竞争的发展环境、增强经济社会发展活力、提高政府效率和效能、实现社会公平正义、促进社会和谐稳定、提高党的领导水平和执政能力等重大课题，提出了全面深化改革的指导思想、目标任务、重大原则，合理布局了全面深化改革的战略重点、优先顺序、主攻方向、工作机制、推进方式和时间表、路线图，形成了改革理论和政策的一系列新的重大突破。可以说，党的十八届三中全会及其《决定》，是全面深化改革的又一次总部署、总动员，对推动中国特色社会主义事业发展产生了重大而深远的影响。

一是提出了新的重大理论观点，对全面深化改革具有重要指导意义。以经济体制改革为例，全会《决定》提出，要“使市场在资源配置中起决定性作用”。这一重要论断，抓住了社会主义市场经济体制的本质特征，表明党对我国社会主义市场经济内涵的认识有了质的提升，是思想解放的重大突破，也是深化经济体制改革以及引领其他领域改革的基本方针。党的十四大以来，对政府和市场关系，党一直在根据实践拓展和认识深化寻找新的科学定位。党的十五大提出“使市场在国家宏观调控下对资源配置起基础性作用”，党的十六大提出“在更大程度上发挥市场在资源配置中的基础性作用”，党的十七大提出“从制度上更好发挥市场在资源配置中的基础性作用”，党的十八大提出“更大程度更广范围发挥市场在资源配置中的基础性作用”。这些表述对市场作用进行了量的调整和程度的加强，但没有发生质的变化。实践证明，市场决定资源配置是市场经济的一般规律，市场经济本质上就是市场决定资源配置的经济。健全社会主义市场经济体制必须遵循这条规律，着力解决市场体系不完善、政府干预过多和监管不到位问题。作出“使市场在资源配置中起决定性作用”的新定位，有利于在全党全社会树立关于政府和市场关系的正确观念，有利于转变经济发展方式，有利于转变政府职能，有利于抑制消极腐败现象。

二是高度重视改革的系统性、整体性、协同性，对全面深化改革作出了系统部署。全会《决定》强调，要坚持正确处理改革发展稳定关系，胆子要大、步子要稳，加强顶层设计和摸着石头过河相结合，整体推进和重点突破相促进，提高改革决策科学性，广泛凝聚共识，形成改革合力。据此，全会《决定》对全面深化改革作出系统部署，内容涉及经济、政治、文化、社会、生态文明以及国防和军队改革、党的建设制度改革，提出了每个领域各自特定的主线和方向，反映了各个领域改革的基本理念。付诸实施后，必将会使各领域的体制机制发生重大变化。同时，《决定》把改革的时间目标定位在 2020 年，与全面建成小康社会的时间相一致。这就确保了全面深化改革的总方向不会迷失，而且每个领域的改革也不会偏向。

三是更加注重改革的顶层设计和统筹规划，为全面深化改革提供了组织保障。全面深化改革是一个复杂的系统工程，单靠某一个或某几个部门往往力不从心，这就需要建立更高层面的领导机制。为此，全会《决定》提出，中央成立全面深化改革领导小组，负责改革总体设计、统筹协调、整体推进、督促落实。这是为了更好发挥党总揽全局、协调各方的领导核心作用，保证改革顺利推进和各项改革任务落实。领导小组的主要职责是：研究确定经济体制、政治体制、文化体制、社会体制、生态文明体制和党的建设制度等方面改革的重大原则、方针政策、总体方案；统一部署全国性重大改革；统筹协调处理全局性、长远性、跨地区跨部门的重大改革问题；指导、推动、督促中央有关重大改革政策措施的组织落实。同时，决定设立国家安全委员会，加强对国家安全工作的集中统一领导。国家安全委员会主要职责是制定和实施国家安全战略，推进国家安全法治建设，制定国家安全工作方针政策，研究解决国家安全工作中的重大问题。

四是突出强调制度建设，丰富了我国改革开放和社会主义现代化建设的内涵。《决定》提出，全面深化改革的总目标是完善和发展中国特色社会主义制度，推进国家治理体系和治理能力现代化。围绕这个总目标，全会《决定》还分别提出了坚持和完善基本经济制度，加快推进社会主义民主政治制度化、规范化、程序化，加快完善文化管理体制和文化生产经营机制，改革收入分配制度，推进社会领域制度创新，加快建立生态文明制度，完善党的领导体制和执政方式等制度建设的具体任务。从制度层面和国家治理体系及能力现代化的角度提出全面深化改革的总目标，这是全会决定的亮点和贡献，表明我们党对中国特色社会主义制度和现代化建设内涵的认识变得更加丰富了，对于凝聚全党全社会思想共识和行动智慧，以更大决心冲破思想观念的束缚、突破利益固化的藩篱，推动中国特色社会主义制度自我完善和发展，顺利实现全面建成小康社会进而实现中华民族伟大复兴的中国梦，具有重大而深远的历史意义。

十八届三中全会以后，党中央以前所未有的决心和力度冲破思想观念的束缚，突破利益固化的藩篱，坚决破除各方面体制机制弊端，积极应对外部环境变化带来的风险挑战，开启了气势如虹、波澜壮阔的改革进程。全会确定的目标任务全面推进，压茬拓展改革广度和深度，重要领域和关键环节改革取得突破性进展，各领域基础性制度框架基本确立，许多领域实现历史性变革、系统性重塑、整体性重构，为推动形成系统完备、科学规范、运行有效的制度体系，使各方面制度更加成熟更加定型奠定了坚实基础，全面深化改革取得历史性伟大成就。改革全面发力、多点突破，着力增强改革系统性、整体性、协同性，主要领域改革主体框架基本确立。中国特色社会主义制度更加完善，国家治理体系和治理能力现代化水平明显提高，全社会发展活力和创新活力明显增强。

在波澜壮阔的改革实践中，党中央着力抓好基础性、长远性、系统性的制度设计，推动改革全面发力、多点突破、纵深推进。

在经济建设领域，中央提出并推进供给侧结构性改革，公有制为主体、多种所有制经济共同发展的基本经济制度不断完善，开展市场准入负面清单试点，全面推开营改增试点，利率汇率市场化、人民币国际化稳步推进，创新驱动发展战略迈出实质性步伐，推动新型城镇化体制创新、户籍制度改革，稳步推进农村土地制度改革等，经济体制改革激发发展动力活力的作用逐步显现。

在政治建设领域，不断完善以宪法为核心的中国特色社会主义法律体系，推动立法与改革决策相衔接，推进人民代表大会制度理论和实践创新，推出关于加强社会主义协商民主建设的意见，开展深化国家监察体制改革试点，推动以司法责任制为核心的司法权力运行机制改革，推进以审判为中心的刑事诉讼制度改革等，政治体制改革稳步推进，社会主义民主政治继续完善。

在文化建设领域，深化国有文化单位改革，巩固壮大宣传思想文化阵地，推进公共文化设施向社会免费或优惠开放，加强国际传播能力建设等，文化创新创造活力进一步释放。

在社会建设领域，立足保障和改善民生，积极推动脱贫攻坚、教育、就业、医疗、养老、社会保障等民生领域改革，人民群众获得感、幸福感、安全感持续增强。

在生态文明建设领域，制定出台生态文明体制改革总体方案，开展中央环保督察，系统推进河湖保护和生态环境整体治理等，生态环境保护制度框架基本形成。

在国防和军队建设领域，全面实施改革强军战略，深入推进领导指挥体制、力量结构、政策制度等方面改革，建立军委管总、战区主战、军种主建的新格局，实现了人民军队组织形态的整体性重塑，迈出了构建中国特色军事力量体系的历史性步伐。

经过党的十八大后五年的努力，主要领域改革主体框架基本确立，为继续深化改革创造了坚实基础和有利条件。

2017 年 10 月召开的党的十九大对我国发展和改革形势作出新判断，指出：我国经济已由高速增长阶段转向高质量发展阶段，正处在转变发展方式、优化经济结构、转换增长动力的攻关期，必须坚持质量第一、效益优先，以供给侧结构性改革为主线，推动经济发展质量变革、效率变革、动力变革。大会强调：要深化科技体制改革，建立以企业为主体、市场为导向、产学研深度融合的技术创新体系；加快完善社会主义市场经济体制，经济体制改革必须以完善产权制度和要素市场化配置为重点，实现产权有效激励、要素自由流动、价格反应灵活、竞争公平有序、企业优胜劣汰；完善各类国有资产管理体制，改革国有资本授权经营体制；深化国有企业改革，发展混合所有制经济；全面实施市场准入负面清单制度，清理废除妨碍统一市场和公平竞争的各种规定和做法，支持民营企业发展，激发各类市场主体活力；深化商事制度改革，打破行政性垄断，防止市场垄断，加快要素价格市场化改革，放宽服务业准入限制，完善市场监管体制；创新和完善宏观调控，发挥国家发展规划的战略导向作用，健全财政、货币、产业、区域等经济政策协调机制；完善促进消费的体制机制，增强消费对经济发展的基础性作用；深化投融资体制改革，发挥投资对优化供给结构的关键性作用；加快建立现代财政制度，建立权责清晰、财力协调、区域均衡的中央和地方财政关系；建立全面规范透明、标准科学、约束有力的预算制度，全面实施绩效管理；深化税收制度改革，健全地方税体系；深化金融体制改革，增强金融服务实体经济能力，提高直接融资比重，促进多层次资本市场健康发展；健全货币政策和宏观审慎政策双支柱调控框架，深化利率和汇率市场化改革；健全金融监管体系，守住不发生系统性金融风险的底线。

在党中央集中统一领导下，全面深化改革以2020年在重要领域和关键环节改革上取得决定性成果为目标，加快补短板、强弱项。经过不懈努力，2018年和2019年，中央全面深化改革委员会部署的124个重点改革任务和其他141个改革任务基本完成，中央和国家机关有关部门还完成349个改革任务，各方面共出台614个改革方案。国企国资、垄断行业、产权保护、财税金融、乡村振兴、社会保障、对外开放、生态文明等关键领域改革扎实推进，不断补齐重大制度短板，巩固拓展了改革成果，提升了人民群众获得感，用行动宣示了在新时代将改革开放进行到底的坚定决心。

2020年，面对新冠疫情的严峻考验，党中央坚持统筹推进疫情防控和经济社会发展工作，把防风险、打基础、惠民生、利长远的改革有机统一起来，紧紧围绕坚持和完善中国特色社会主义制度、推进国家治理体系和治理能力现代化，用改革的思路和办法解决前进中的各种问题，以制度优势应对风险挑战冲击，推动改革不断朝着系统集成、协同高效的目标迈进。

党中央抓住完善要素市场化配置、转变政府职能、优化营商环境、扩大国内需求、稳定产业链供应链、推进城乡融合发展、加快科技创新、扩大对外开放、促进人与自然和谐共生等重要方面，进一步解决事关经济高质量发展的体制机制问题，努力在危机中育先机、于变局中开新局。2020 年 3 月，中共中央、国务院印发《关于构建更加完善的要素市场化配置体制机制的意见》，明确了要素市场制度建设的方向和重点改革任务，对于形成生产要素从低质低效领域向优质高效领域流动的机制，提高要素质量和配置效率，引导各类要素协同向先进生产力集聚，推动经济发展质量变革、效率变革、动力变革具有重大意义。5 月，中共中央、国务院印发《关于新时代加快完善社会主义市场经济体制的意见》，对新时代加快完善社会主义市场经济体制的目标、方向、任务和举措进行系统设计，强调要不断在经济体制关键性基础性重大改革上突破创新。

发挥改革开放的突破和先导作用，一系列重大改革举措密集出台。实施国企改革三年行动方案（2020—2022 年），落实营造更好发展环境支持民营企业改革发展的意见，保护和激发市场主体活力。推动创业板改革并试点注册制，不断打造一个规范、透明、开放、有活力、有韧性的资本市场。完善农业支持保护制度，调整完善土地出让收入使用范围优先支持乡村振兴；深化农村宅基地制度改革试点，积极探索落实宅基地集体所有权、保障宅基地农户资格权和农民房屋财产权、适度放活宅基地和农民房屋使用权的具体路径和办法。开展赋予科研人员职务科技成果所有权或长期使用权试点，加强知识产权保护和产权激励，探索形成赋权形式、成果评价、收益分配等方面制度。深化新一代信息技术与制造业融合发展，加快工业互联网创新发展，加快制造业生产方式和企业形态根本性变革。制定实施海南自由贸易港建设总体方案，支持北京打造国家服务业扩大开放综合示范区，支持浦东在改革系统集成协同高效、高水平制度型开放、增强配置全球资源能力、提升城市现代化治理水平等方面先行先试。推动签署《区域全面经济伙伴关系协定》，标志着世界上人口最多、经贸规模最大、最具发展潜力的自由贸易区正式启航。制定全国重要生态系统保护和修复重大工程总体规划（2021—2035年），促进自然生态系统质量的整体改善和生态产品供给能力的全面增强。党中央以更深层次改革、更高水平开放，为构建新发展格局提供了强大动力。到2020年底，各领域基础性制度框架基本确立，许多领域实现历史性变革、系统性重塑、整体性重构，为推动形成系统完备、科学规范、运行有效的制度体系，使各方面制度更加成熟更加定型奠定了坚实基础。全面深化改革取得历史性伟大成就，开创了以改革开放推动党和国家各项事业取得历史性成就、发生历史性变革的新局面。

2020年12月，中央全面深化改革委员会第十七次会议审议了党的十八届三中全会以来全面深化改革总结评估报告。习近平在讲话中指出，回顾这些年改革工作，我们提出的一系列创新理论、采取的一系列重大举措、取得的一系列重大突破，都是革命性的，开创了以改革开放推动党和国家各项事业取得历史性成就、发生历史性变革的新局面。

第一，这是一场思想理论的深刻变革。我们坚持以思想理论创新引领改革实践创新，以总结实践经验推动思想理论丰富和发展，从改革的总体目标、主攻方向、重点任务、方法路径等方面提出一系列具有突破性、战略性、指导性的重要思想和重大论断，科学回答了在新时代为什么要全面深化改革、怎样全面深化改革等一系列重大理论和实践问题。

第二，这是一场改革组织方式的深刻变革。我们加强党对全面深化改革的集中统一领导，以全局观念和系统思维谋划推进改革，从前期夯基垒台、立柱架梁，到中期全面推进、积厚成势，再到现阶段加强系统集成、协同高效，蹄疾步稳、有力有序解决各领域各方面体制性障碍、机制性梗阻、政策性创新问题，方向目标清晰，战略部署明确，方法路径高效，实现由局部探索、破冰突围到系统协调、全面深化的历史性转变。

第三，这是一场国家制度和治理体系的深刻变革。我们始终突出制度建设这条主线，不断健全制度框架，筑牢根本制度、完善基本制度、创新重要制度。在抗击新冠肺炎疫情、决胜全面建成小康社会、决战脱贫攻坚、“十三五”规划实施、全年经济工作等进程中，制度建设发挥了重要作用，改革的关键一招作用充分彰显。无论从改革广度和深度看，还是从党和国家各项事业发展对改革的实际检验看，取得的重大成就都具有鲜明的时代性和实践性。

第四，这是一场人民广泛参与的深刻变革。我们以人民为中心推进改革，坚持加强党的领导和尊重人民首创精神相结合，坚持顶层设计和摸着石头过河相协调，坚持试点先行和全面推进相促进，抓住人民最关心最直接最现实的利益问题推进重点领域改革，不断增强人民获得感、幸福感、安全感，全社会形成改革创新活力竞相迸发、充分涌流的生动局面。[①]

习近平强调，改革道路上仍面临着很多复杂的矛盾和问题，我们

① 《习近平著作选读》第 2 卷，人民出版社 2023 年版，第 394—395 页。

已经啃下了不少硬骨头但还有许多硬骨头要啃，我们攻克了不少难关但还有许多难关要攻克。要把接续推进改革同服务党和国家工作大局结合起来，围绕落实新发展理念、构建新发展格局、推动高质量发展等战略目标任务，推进创造性、引领性改革。要把深化改革攻坚同促进制度集成结合起来，聚焦基础性和具有重大牵引作用的改革举措，加强制度创新充分联动和衔接配套，提升改革综合效能。要把推进改革同防范化解重大风险结合起来，深入研判改革形势和任务，科学谋划推动落实改革的时机、方式、节奏，推动改革行稳致远。要把激发创新活力同凝聚奋进力量结合起来，强化激励机制，充分调动各方面推进改革的积极性、主动性、创造性，推动改革在新发展阶段打开新局面。①

到党的二十大，各领域基础性制度框架基本建立，许多领域实现历史性变革、系统性重塑、整体性重构，新一轮党和国家机构改革全面完成，中国特色社会主义制度更加成熟更加定型，国家治理体系和治理能力现代化水平明显提高。

2022 年 10 月，党的二十大提出为全面建设社会主义现代化国家、以中国式现代化全面推进中华民族伟大复兴而团结奋斗。习近平在党的二十大报告中指出，中国式现代化，是中国共产党领导的社会主义现代化，既有各国现代化的共同特征，更有基于自己国情的中国特色。中国式现代化是人口规模巨大的现代化，是全体人民共同富裕的现代化，是物质文明和精神文明相协调的现代化，是人与自然和谐共生的现代化，是走和平发展道路的现代化。中国式现代化的本质要

---

① 《习近平著作选读》第 2 卷，人民出版社 2023 年版，第 396 页。

求是：坚持中国共产党领导，坚持中国特色社会主义，实现高质量发展，发展全过程人民民主，丰富人民精神世界，实现全体人民共同富裕，促进人与自然和谐共生，推动构建人类命运共同体，创造人类文明新形态。他强调，全面建成社会主义现代化强国，总的战略安排是分两步走：从 2020 年到 2035 年基本实现社会主义现代化；从 2035 年到本世纪中叶把我国建成富强民主文明和谐美丽的社会主义现代化强国。未来五年是全面建设社会主义现代化国家开局起步的关键时期。[①] 前进道路上必须完整、准确、全面贯彻新发展理念，坚持社会主义市场经济改革方向，坚持以推动高质量发展为主题，把实施扩大内需战略同深化供给侧结构性改革有机结合起来，增强国内大循环内生动力和可靠性；坚持高水平对外开放，提升国际循环质量和水平，加快构建以国内大循环为主体、国内国际双循环相互促进的新发展格局；要构建高水平社会主义市场经济体制，建设现代化产业体系，全面推进乡村振兴，促进区域协调发展，推进高水平对外开放。这就为深入推进全面深化改革明确了新的目标。

围绕推动高质量发展这个主题，2023 年 7 月至 12 月，习近平先后在四川、黑龙江、浙江、广西等地考察调研。他提出，要整合科技创新资源，引领发展战略性新兴产业和未来产业，加快形成新质生产力。12 月中旬，在中央经济工作会议上，他又提出要以科技创新推动产业创新，特别是以颠覆性技术和前沿技术催生新产业、新模式、新动能，发展新质生产力。2024 年 1 月 31 日，习近平在二十届中央政治局第十一次集体学习时对新质生产力作出理论阐述，指出：“生产

① 《习近平著作选读》第 1 卷，人民出版社 2023 年版，第 18—21 页。

力是人类社会发展的根本动力，也是一切社会变迁和政治变革的终极原因。高质量发展需要新的生产力理论来指导，而新质生产力已经在实践中形成并展示出对高质量发展的强劲推动力、支撑力，需要我们从理论上进行总结、概括，用以指导新的发展实践。”“概括地说，新质生产力是创新起主导作用，摆脱传统经济增长方式、生产力发展路径，具有高科技、高效能、高质量特征，符合新发展理念的先进生产力质态。它由技术革命性突破、生产要素创新性配置、产业深度转型升级而催生，以劳动者、劳动资料、劳动对象及其优化组合的跃升为基本内涵，以全要素生产率大幅提升为核心标志，特点是创新，关键在质优，本质是先进生产力。”[①]

发展新质生产力对生产关系的变革提出了新的要求，需要调整现有的并且创造出新的生产关系的具体形式。这就要求继续推进全面深化改革，畅通国际国内双循环，促进生产要素源源不断向新质生产力方面涌流。因此，发展新质生产力既是发展命题，也是改革命题，为推进我国改革发展实践打开了新的通道和空间。

推进高水平对外开放

开放带来进步，封闭必然落后。我国发展要赢得优势、赢得主动、赢得未来，必须顺应经济全球化，依托我国超大规模市场优势，实行更加积极主动的开放战略。

2012 年，党的十八大提出要全面提高开放型经济水平，指出：适

① 习近平：《发展新质生产力是推动高质量发展的内在要求和重要着力点》，《求是》2024 年第 11 期。

应经济全球化新形势，必须实行更加积极主动的开放战略，完善互利共赢、多元平衡、安全高效的开放型经济体系。要加快转变对外经济发展方式，推动开放朝着优化结构、拓展深度、提高效益方向转变。要创新开放模式，促进沿海内陆沿边开放优势互补，形成引领国际经济合作和竞争的开放区域，培育带动区域发展的开放高地。要坚持出口和进口并重，强化贸易政策和产业政策协调，形成以技术、品牌、质量、服务为核心的出口竞争新优势，促进加工贸易转型升级，发展服务贸易，推动对外贸易平衡发展。要提高利用外资综合优势和总体效益，推动引资、引技、引智有机结合。要加快走出去步伐，增强企业国际化经营能力，培育一批世界水平的跨国公司。要统筹双边、多边、区域次区域开放合作，加快实施自由贸易区战略，推动同周边国家互联互通。提高抵御国际经济风险能力。

鉴于我国对外开放内外环境的新变化，2013 年 9 月和 10 月，国家主席习近平在出访哈萨克斯坦、印度尼西亚期间，先后提出共建“丝绸之路经济带”和“21 世纪海上丝绸之路”。11 月，“推进丝绸之路经济带、海上丝绸之路建设，形成全方位开放新格局”作为一项重大决策部署，被写入党的十八届三中全会审议通过的《决定》中。2014 年 6 月，习近平在中国—阿拉伯国家合作论坛第六届部长级会议开幕式上深刻阐述了和平合作、开放包容、互学互鉴、互利共赢的丝路精神内涵和共建“一带一路”应该坚持的共商共建共享原则。共建“一带一路”作为一种全新的合作模式和共同繁荣发展的方案被正式提出，开始引起世界的关注。

2014 年 11 月，加强互联互通伙伴关系对话会在北京举行，国家主席习近平在会上提出以亚洲国家为重点方向、以经济走廊为依托、以交通基础设施为突破、以建设融资平台为抓手、以人文交流为纽带的合作建议，同时强调：要建设的互联互通，不仅是修路架桥，不光是平面化和单线条的联通，而更应该是基础设施、制度规章、人员交流三位一体，应该是政策沟通、设施联通、贸易畅通、资金融通、民心相通五大领域齐头并进。这是全方位、立体化、网络状的大联通，是生机勃勃、群策群力的开放系统。

2015 年 3 月，经国务院授权，国家发展和改革委员会、外交部、商务部联合发布了《推动共建丝绸之路经济带和 21 世纪海上丝绸之路的愿景与行动》。它涵盖了“一带一路”建设的时代背景、共建原则、框架思路、合作重点、合作机制等八大方面。据此，丝绸之路经济带重点畅通中国经中亚、俄罗斯至欧洲（波罗的海），中国经中亚、西亚至波斯湾、地中海，中国至东南亚、南亚、印度洋。21 世纪海上丝绸之路重点方向是从中国沿海港口过南海到印度洋，延伸至欧洲；从中国沿海港口过南海到南太平洋。根据“一带一路”走向，陆上依托国际大通道，以沿线中心城市为支撑，以重点经贸产业园区为合作平台，共同打造新亚欧大陆桥、中蒙俄、中国—中亚—西亚、中国—中南半岛等国际经济合作走廊；海上以重点港口为节点，共同建设通畅安全高效的运输大通道。中巴、孟中印缅两个经济走廊与推进“一带一路”建设关联紧密，要进一步推动合作。在合作领域上，以政策沟通、设施联通、贸易畅通、资金融通、民心相通为主要内容加强合作，逐步形成区域合作新格局。此后，“一带一路”建设向落地生根、深耕细作、持久发展的阶段迈进。

中国积极推进一大批关系沿线国家经济发展、民生改善的合作项目，建设和平之路、繁荣之路、开放之路、绿色之路、创新之路、文明之路，使共建“一带一路”成为世界深受欢迎的国际公共产品和国际合作平台。2016 年 6 月，习近平在乌兹别克斯坦最高会议立法院发表题为《携手共创丝绸之路新辉煌》的演讲，提出要把握历史机遇，构建“一带一路”互利合作网络，共创“一带一路”新型合作模式，打造“一带一路”多元合作平台，推进“一带一路”重点领域项目。8 月，推进“一带一路”建设工作座谈会在北京召开，习近平就推进“一带一路”建设提出八项要求，指出，以“一带一路”建设为契机，开展跨国互联互通，提高贸易和投资合作水平，推动国际产能和装备制造合作，本质上是通过提高有效供给来催生新的需求，实现世界经济再平衡。11 月，第 71 届联合国大会决议欢迎“一带一路”等经济合作倡议，敦促各方通过“一带一路”倡议，呼吁国际社会为“一带一路”倡议建设提供安全保障环境。① 为实现共商共建共享互利合作成果和加强合作、对接发展战略平台，2017 年 5 月，首届“一带一路”国际合作高峰论坛在北京召开，共有 29 位外国元首和政府首脑出席论坛，140 多个国家、80 多个国际组织的 1600 多名代表参会。高峰论坛期间及前夕，各国政府、地方、企业等达成一系列合作共识、重要举措及务实成果，中方对其中具有代表性的一些成果进行梳理汇总，形成了主要涵盖政策沟通、设施联通、贸易畅通、资金融通、民心相通五大类，包含中国政府与有关国家政府签署政府间“一带一路”合作谅解备忘录、中国政府与有关国际组织签署“一带一路”合作文件、从 2018 年起举办中国国际进口博览会、丝路基金新增资金 1000 亿元人民币、中国鼓励金融机构开展人民币海外基金业务为“一

① 《联合国大会一致通过决议呼吁各国推进“一带一路”倡议》，外交部官网 2016 年 11 月 17 日。

带一路”提供资金支持等在内的共 76 大项、270 多项具体成果的成果清单。

在明确的愿景规划引导下，“一带一路”建设逐步从蓝图转变为现实，建设成果丰硕。

一是政策沟通不断深化。截至 2017 年 10 月，已有 100 多个国家和国际组织积极支持和参与，74 个国家和国际组织与中方签署“一带一路”合作文件。共建“一带一路”国家由亚欧延伸至非洲、拉美、南太等区域。

二是设施联通不断加强。同相关国家一道共同加速推进雅万高铁、中老铁路、亚吉铁路、匈塞铁路等项目，建设瓜达尔港、比雷埃夫斯港等港口，规划实施一大批互联互通项目。以中巴、中蒙俄、新亚欧大陆桥等经济走廊为引领，以陆海空通道和信息高速路为骨架，以铁路、港口、管网等重大工程为依托，一个复合型的基础设施网络已经形成。

三是贸易畅通不断提升。发起《推进“一带一路”贸易畅通合作倡议》，得到各国和国际组织积极参与，贸易与投资自由化便利化水平不断提升，持续放宽外资准入领域，营造高标准的国际营商环境。与多个国家和地区签署或升级自由贸易协定，2013 年至 2017 年，中国与“一带一路”沿线国家贸易总额超过 5 万亿美元，中国企业在这些国家累计投资超过 700 亿美元。

四是资金融通不断扩大。设立丝路基金，发起设立亚洲基础设施投资银行，同“一带一路”建设参与国和组织开展多种形式的金融合作。截至 2017 年 5 月，亚洲基础设施投资银行已经为“一带一路”建设参与国的 9 个项目提供 17 亿美元贷款，丝路基金投资达 40 亿美元，中国同中东欧“16+1”金融控股公司正式成立。这些新型金融机制同世界银行等传统多边金融机构各有侧重、互为补充，形成层次清晰、初具规模的“一带一路”金融合作网络。

五是民心相通不断促进。“一带一路”建设参与国弘扬丝绸之路精神，开展智力丝绸之路、健康丝绸之路等建设，在科学、教育、文化、卫生、民间交往等各领域广泛开展合作，为“一带一路”建设夯实民意基础，筑牢社会根基。中国政府每年向相关国家提供1万个政府奖学金名额，地方政府也设立了丝绸之路专项奖学金，鼓励国际文教交流。

2017年10月，党的十九大提出推动形成全面开放新格局，强调要以“一带一路”建设为重点，坚持引进来和走出去并重，遵循共商共建共享原则，加强创新能力开放合作，形成陆海内外联动、东西双向互济的开放格局。同时，拓展对外贸易，培育贸易新业态新模式，推进贸易强国建设；实行高水平的贸易和投资自由化便利化政策，全面实行准入前国民待遇加负面清单管理制度，大幅度放宽市场准入，扩大服务业对外开放，保护外商投资合法权益，凡是在我国境内注册的企业，都要一视同仁、平等对待；优化区域开放布局，加大西部开放力度；赋予自由贸易试验区更大改革自主权，探索建设自由贸易港；创新对外投资方式，促进国际产能合作，形成面向全球的贸易、投融资、生产、服务网络，加快培育国际经济合作和竞争新优势。

为贯彻落实党的十九大战略部署，各级政府坚持以高水平开放促进高质量发展。2018年8月，推进“一带一路”建设工作五周年座谈会召开。会议指出，五年来，共建“一带一路”大幅提升了我国贸易投资自由化便利化水平，推动我国开放空间从沿海、沿江向内陆、沿边延伸，形成陆海内外联动、东西双向互济的开放新格局。会议强调，在保持健康良性发展势头的基础上，推动共建“一带一路”向高质量发展转变，这是下一阶段推进共建“一带一路”工作的基本要求。要以基础设施等重大项目建设和产能合作为重点，解决好重大项目、金融支撑、投资环境、风险管控、安全保障等关键问题，形成更多可视性成果。

2019 年 4 月，国家主席习近平在第二届“一带一路”国际合作高峰论坛上指出，要秉持共商共建共享原则，坚持开放、绿色、廉洁理念，努力实现高标准、惠民生、可持续目标。为贯彻落实党中央的决策部署，推动共建“一带一路”高质量发展，我国把基础设施“硬联通”作为重要方向，把规则标准“软联通”作为重要支撑，把同共建国家人民“心联通”作为重要基础，通过共建“一带一路”提高国内各区域开放水平，拓展对外开放领域，推动制度型开放，构建广泛的朋友圈，探索促进共同发展的新路子，实现了同共建国家互利共赢。

2018 年 11 月，首届中国国际进口博览会在上海举行。这是世界上第一个以进口为主题的国家级展会，是我国着眼于推动新一轮高水平对外开放作出的重大决策。2019 年 3 月，十三届全国人大二次会议通过《中华人民共和国外商投资法》，对外商投资的准入、促进、保护、管理等作出统一规定，确立了新时代外商投资法律制度基本框架。10 月，国务院公布《优化营商环境条例》，确立对内外资企业等各类市场主体一视同仁的营商环境基本制度规范。11 月，中共中央、国务院出台《关于推进贸易高质量发展的指导意见》，强调要强化科技创新、制度创新、模式和业态创新，以共建“一带一路”为重点，大力优化贸易结构，推动进口与出口、货物贸易与服务贸易、贸易与双向投资、贸易与产业协调发展，促进国际国内要素有序自由流动、资源高效配置、市场深度融合。该《意见》成为继续指导和引领我国外贸质量变革、动力变革、效率变革的纲领性文件。截至 2022 年 10 月，我国已成为 140 多个国家和地区的主要贸易伙伴，货物贸易总额居世界第一，吸引外资和对外投资居世界前列，形成更大范围、更宽领域、更深层次对外开放格局。

为适应对外开放形势的新发展，2022 年 10 月，党的二十大进一步提出推进高水平对外开放的新要求，强调要“依托我国超大规模市场优势，以国内大循环吸引全球资源要素，增强国内国际两个市场两种资源联动效应，提升贸易投资合作质量和水平。稳步扩大规则、规制、管理、标准等制度型开放。推动货物贸易优化升级，创新服务贸易发展机制，发展数字贸易，加快建设贸易强国。合理缩减外资准入负面清单，依法保护外商投资权益，营造市场化、法治化、国际化一流营商环境。推动共建‘一带一路’高质量发展。优化区域开放布局，巩固东部沿海地区开放先导地位，提高中西部和东北地区开放水平。加快建设西部陆海新通道。加快建设海南自由贸易港，实施自由贸易试验区提升战略，扩大面向全球的高标准自由贸易区网络。有序推进人民币国际化。深度参与全球产业分工和合作，维护多元稳定的国际经济格局和经贸关系。”① 这表明，中国开放的大门不会关闭，只会越开越大。

① 习近平：《高举中国特色社会主义伟大旗帜 为全面建设社会主义现代化国家而团结奋斗——在中国共产党第二十次全国代表大会上的报告》，《人民日报》2022 年 10 月 26 日。

二、推动全面从严治党向纵深发展

党的十八大以后，以习近平同志为核心的党中央身体力行、率先垂范，勇于面对党面临的重大风险考验和党内存在的突出问题，坚定推进全面从严治党，以顽强意志品质正风肃纪、反腐惩恶，消除了党和国家内部存在的严重隐患，党内政治生活气象更新，党内政治生态明显好转，党的创造力、凝聚力、战斗力显著增强，党的团结统一更加巩固，党群关系明显改善，党在革命性锻造中更加坚强，焕发出新的强大生机活力，为党和国家事业发展提供了坚强政治保证。

“全面从严治党”战略的提出和实施

提高党的建设科学化水平是一个长远目标和长期任务，党的十八大对此提出了新的要求。大会总结了十七大以后五年党的建设成就，指出：“党的执政能力建设和先进性建设继续推进，思想理论建设成效明显，学习实践科学发展观活动取得重要成果，党的建设改革创新迈出重要步伐。党内民主进一步扩大。干部队伍建设取得重要进展，人才工作开创新局面。创先争优活动和学习型党组织建设深入进行，基层党组织不断加强。党风廉政建设和反腐败斗争取得新成效。”同时，大会也清醒地认识到党内存在的突出问题：“一些干部领导科学发展能力不强，一些基层党组织软弱涣散，少数党员干部理想信念动摇、宗旨意识淡薄，形式主义、官僚主义问题突出，奢侈浪费现象严重；一些领域消极腐败现象易发多发，反腐败斗争形势依然严峻。”[①]

针对这些问题，党的十八大提出“全面提高党的建设科学化水平”的总体要求，强调“新形势下，党面临的执政考验、改革开放考验、市场经济考验、外部环境考验是长期的、复杂的、严峻的，精神懈怠危险、能力不足危险、脱离群众危险、消极腐败危险更加尖锐地摆在全党面前。不断提高党的领导水平和执政水平、提高拒腐防变和抵御风险能力，是党巩固执政地位、实现执政使命必须解决好的重大课题”，要求“全党要增强紧迫感和责任感，牢牢把握加强党的执政能力建设、先进性和纯洁性建设这条主线，坚持解放思想、改革创新，坚持党要管党、从严治党，全面加强党的思想建设、组织建设、作风建设、反腐倡廉建设、制度建设，增强自我净化、自我完善、自我革新、自我提高能力，建设学习型、服务型、创新型的马克思主义执政党，确保党始终成为中国特色社会主义事业的坚强领导核心”。[②]

为落实这些要求，大会从八个方面作出具体部署：一是坚定理想信念，坚守共产党人精神追求；二是坚持以人为本、执政为民，始终保持党同人民群众的血肉联系；三是积极发展党内民主，增强党的创造活力；四是深化干部人事制度改革，建设高素质执政骨干队伍。五是坚持党管人才原则，把各方面优秀人才集聚到党和国家事业中来；六是创新基层党建工作，夯实党执政的组织基础；七是坚定不移反对腐败，永葆共产党人清正廉洁的政治本色；八是严明党的纪律，自觉维护党的集中统一。党的十八大对党的建设提出的这些新要求、作出

① 中共中央文献研究室编：《十八大以来重要文献选编》（上），中央文献出版社 2014 年版，第 4 页。
② 中共中央文献研究室编：《十八大以来重要文献选编》（上），中央文献出版社 2014 年版，第 38—39 页。

的新部署，充分体现了全面从严治党的精神，意味着党的建设进入新的发展阶段。

党的十八大之后，以习近平同志为核心的党中央全面分析党和国家工作面临的新形势新任务，综合分析党内、国家、社会以及国际环境中出现的新情况新问题，得出了一个重要结论，这就是：要进行好具有许多新的历史特点的伟大斗争、有效应对各种风险和挑战，必须把我们党建设好、建设强。如果党内信念涣散、组织涣散、纪律涣散、作风涣散，那就无法有效应对党面临的执政考验、改革开放考验、市场经济考验、外部环境考验，也无法克服精神懈怠危险、能力不足危险、脱离群众危险、消极腐败危险，最终不仅不能实现我们的奋斗目标，而且可能严重脱离人民群众，上演霸王别姬的悲剧。

正是基于这样的深刻认识，以习近平同志为核心的党中央郑重提出并坚定实施“全面从严治党”新战略，殚精竭虑、革故鼎新，踏石留印、抓铁有痕，使党风政风为之一新、党心民心为之一振，谱写了党的建设理论和实践的崭新篇章。

2012 年 11 月 15 日，在十八届中央政治局常委同中外记者见面时，习近平就郑重表示：“打铁还需自身硬。我们的责任，就是同全党同志一道，坚持党要管党、从严治党，切实解决自身存在的突出问题”[①]。12 月 4 日，习近平主持召开中央政治局会议，审议通过中央政治局关于改进工作作风、密切联系群众的八项规定，强调要改进调查研究、精简会议活动、精简文件简报、规范出访活动、改进警卫工作、改进新闻报道、严格文稿发表、厉行勤俭节约。在 2013 年 6 月

① 《习近平谈治国理政》第 1 卷，外文出版社 2018 年版，第 4 页。

召开的全国组织工作会议上，他又强调指出："党要管党，首先是管好干部；从严治党，关键是从严治吏。""严肃的党内生活，是解决党内自身问题的重要途径。"[①]

2014 年 10 月 8 日，在党的群众路线教育实践活动总结大会上，习近平在讲话中首次使用"全面推进从严治党"的提法，并就新形势下坚持从严治党提出了八项要求，即：落实从严治党责任、坚持思想建党和制度治党紧密结合、严肃党内政治生活、坚持从严管理干部、持续深入改进作风、严明党的纪律、发挥人民监督作用、深入把握从严治党规律。[②]这八项要求，体现了继续推进从严治党的全面性、经常性，初步勾勒了全面从严治党战略的轮廓，是全面从严治党常态化的重要标志。同年 12 月，习近平正式提出"四个全面"战略布局，将全面从严治党提升到新高度。2016 年 1 月 12 日，习近平在十八届中央纪委六次全会上讲话指出："全面从严治党，核心是加强党的领导，基础在全面，关键在严，要害在治。"[③]这一论述，深刻揭示了全面从严治党的科学内涵和总体要求，反映出我们党对全面从严治党新战略的认识进一步深化。

在深化认识的同时，党中央还把全面从严治党纳入"四个全面"战略布局，采取一系列过硬措施管党治党。通过制定并落实中央八项规定，开展党的群众路线教育实践活动、"三严三实"专题教育、"两学一做"学习教育，强化党建工作责任制，整治形式主义、官僚主

---

① 中共中央文献研究室编：《十八大以来重要文献选编》（上），中央文献出版社 2014 年版，第 350、352 页。
② 中共中央文献研究室编：《十八大以来重要文献选编》（中），中央文献出版社 2016 年版，第 93—102 页。
③ 习近平：《在第十八届中央纪律检查委员会第六次全体会议上的讲话》，《人民日报》2016 年 5 月 3 日。

义、享乐主义和奢靡之风，严肃查处党员、干部违纪违法问题，坚决惩治腐败，完善党内法规、不断扎紧制度笼子，党内政治生活出现新气象。

一是抓思想从严。坚持用马克思主义中国化时代化最新成果武装头脑、凝心聚魂，用理想信念和党性教育固本培元、补钙壮骨，着力教育引导全党坚定理想、坚定信念，增强中国特色社会主义道路自信、理论自信、制度自信、文化自信。

二是抓管党从严。坚持和落实党的领导，引导全党增强政治意识、大局意识、核心意识、看齐意识，着力落实管党治党责任，不断增强各级党组织管党治党意识和能力。

三是抓执纪从严。坚持把纪律和规矩挺在前面，严明党的政治纪律和政治规矩，着力推动全党牢记“五个必须”[①]、防止“七个有之”[②]，保证全党团结统一、步调一致。

四是抓治吏从严。坚持正确用人导向，深化干部人事制度改革，破解“四唯”难题，着力整治用人上的不正之风，优化选人用人

① “五个必须”，是习近平总书记在十八届中央纪委五次全会上提出的遵守政治纪律和政治规矩必须做到的五个方面。一是必须维护党中央权威，决不允许背离党中央要求另搞一套，全党同志特别是各级领导干部在任何时候任何情况下都必须在思想上政治上行动上同党中央保持高度一致，听从党中央指挥，不得阳奉阴违、自行其是，不得对党中央的大政方针说三道四，不得公开发表同中央精神相违背的言论。二是必须维护党的团结，决不允许在党内培植私人势力，要坚持五湖四海，团结一切忠实于党的同志，团结大多数，不得以人划线，不得搞任何形式的派别活动。三是必须遵循组织程序，决不允许擅作主张、我行我素，重大问题该请示的请示，该汇报的汇报，不允许超越权限办事，不能先斩后奏。四是必须服从组织决定，决不允许搞非组织活动，不得跟组织讨价还价，不得违背组织决定，遇到问题要找组织、依靠组织，不得欺骗组织、对抗组织。五是必须管好亲属和身边工作人员，决不允许他们擅权干政、谋取私利，不得纵容他们影响政策制定和人事安排、干预正常工作运行，不得默许他们利用特殊身份谋取非法利益。

② “七个有之”，是习近平总书记在十八届四中全会上指出的无视党的政治纪律和政治规矩的一些突出问题，是从无数案例中抽象和总结出来的，具有很强的现实针对性。一些人无视党的政治纪律和政治规矩，为了自己的所谓仕途，为了自己的所谓影响力，搞任人唯亲、排斥异己的有之，搞团团伙伙、拉帮结派的有之，搞匿名诬告、制造谣言的有之，搞收买人心、拉动选票的有之，搞封官许愿、弹冠相庆的有之，搞自行其是、阳奉阴违的有之，搞尾大不掉、妄议中央的也有之。

环境。

五是抓作风从严。坚持以上率下，锲而不舍、扭住不放，严格执行中央八项规定精神，着力解决“四风”问题和群众反映强烈的突出问题，推动党风政风发生明显转变。

六是抓反腐从严。坚持以零容忍态度惩治腐败，“老虎”“苍蝇”一起打，着力扎紧制度的笼子，有效遏制腐败蔓延势头。

经过几年努力，全面从严治党取得重要阶段性成果，为党和国家事业发展积聚了强大正能量。实践证明，党中央作出全面从严治党的战略抉择是完全正确的。

同时，党中央也清醒认识到，我们党面临的执政环境是复杂的，党员队伍构成也是复杂的，影响党的先进性、弱化党的纯洁性的因素也是复杂的。党内存在的一些深层次问题并没有得到根本解决，一些老问题反弹回潮的因素依然存在，还出现了一些新情况新问题。一些党员、干部对全面从严治党认识上不到位、思想上不适应、行动上不自觉的问题仍然存在，一些地方和单位管党不力、治党不严的现象时有发生。这就要求全体党员特别是各级党员领导干部一定要保持战略定力，坚持全面从严治党不动摇、不松懈，坚持严字当头、真管真严、敢管敢严、长管长严，把严的要求贯彻到管党治党全过程、落实到党的建设各方面。

为了确保全面从严治党工作的规范化、常态化、制度化，党中央在 2015 年 10 月颁布实施新修订的《中国共产党廉洁自律准则》和《中国共产党纪律处分条例》。2016 年 6 月 28 日，中央政治局会议审议通过《中国共产党问责条例》，并于当年 7 月 8 日起实施。

《中国共产党廉洁自律准则》和《中国共产党纪律处分条例》两

项法规的颁布实施，是在党长期执政和依法治国条件下落实全面从严治党战略部署，实现依规依纪治党，切实加强党内监督的重大举措，体现了党的十八大和十八届三中、四中全会精神和全面从严治党实践成果。这两项法规一正一反、相互配套，《中国共产党廉洁自律准则》坚持正面倡导、重在立德，是党员和党员领导干部能够看得见、够得着的高标准；《中国共产党纪律处分条例》围绕党纪戒尺要求，开列“负面清单”、重在立规，划出了党组织和党员不可触碰的“底线”。《中国共产党问责条例》坚持从严治党、依规治党，落实中央巡视工作方针，聚焦党风廉政建设和反腐败斗争，发现问题，形成震慑，推动党的先进性和纯洁性建设。《中国共产党廉洁自律准则》和《中国共产党纪律处分条例》两项党内法规有效地遏制了党内存在的违反纪律、不守规矩的各种“乱作为”问题，但是，对于有些领导干部“为官不为”，怕担当、不作为，有的党组织全面从严治党不力，主体责任、监督责任落实不到位，管党治党失之于宽松软，导致党的领导弱化、党的建设缺失、作风建设流于形式、维护党的纪律失察失职、推进党风廉政建设和反腐败工作不坚决、不扎实，以及其他失职失责的情形，上述法规还难以有效覆盖或触及。《中国共产党问责条例》首次全面聚焦党内问责，成为首部关于党内问责方面的基础性法规，弥补了党内法规建设的一些空白点和死角区，把党的制度笼子扎得更紧了。

扎实推进党的建设各项工作

为全面提高党的建设科学化水平，贯彻落实好党的十八大作出的战略部署，以习近平同志为核心的党中央扎实推进常态化党的建设各项工作，并取得显著成效。

（一）加强思想理论武装，夯实全党共同奋斗的思想基础

一是加强理论武装工作。中央政治局率先垂范，带头开展集体学习。党中央印发了《干部教育培训工作条例》和《2013 年—2017 年全国干部教育培训规划》。各级党组织结合实际，不断加大干部教育培训力度，有力提升了干部素质能力。通过学习培训，广大党员干部进一步加深了对习近平总书记系列重要讲话科学内涵、精神实质的理解，思想更加统一、步调更加一致。

二是深入开展理想信念教育。各级党组织从抓理想信念教育入手，把党章党规和习近平总书记系列重要讲话作为学习重点，强化中心组理论学习和党员干部日常理论学习，着力提高党员干部的马克思主义理论素养。注重用好红色教育资源，充分发挥正反典型的教育警示作用，增强教育的针对性和有效性。

三是大力加强党性党风党纪教育。组织党员干部认真学习党章，牢固树立党章意识。加强党的纪律特别是政治纪律、政治规矩教育，引导党员干部牢记和遵守中央提出的“五个必须”“五个决不允许”等要求。严肃党内政治生活，重新拿起批评和自我批评武器，开展积极健康的思想斗争，增强党内政治生活的政治性、原则性、战斗性。

（二）制定和落实中央八项规定，着力解决“四风”问题

及时制定和严格实施中央八项规定，这是新一届党中央加强作风建设的切入口和动员令。中央领导同志带头示范，各地区各部门迅速行动，经过持续努力，中央八项规定精神深入人心，成为作风建设的

代名词，所规范的内容大大拓展，由最初的改进考察调研、精简会议文件、规范出访活动等方面，不断向推进公车改革、治理超标办公用房、规范高级干部公有住房管理、清理“裸官”和“吃空饷”、清理整治高尔夫球场等诸多领域拓展延伸。

一是扎实开展党的群众路线教育实践活动，对党内思想之尘、作风之弊、行为之垢进行了一次大排查大检修大扫除。广大党员干部受到马克思主义群众观点的深刻教育，贯彻党的群众路线的自觉性和坚定性明显增强；“四风”问题得到有力整治，一大批多年积累的矛盾和问题得到有效化解；打通联系服务群众的“最后一公里”，党的执政基础更加稳固。

二是深入推进“三严三实”专题教育，贯彻从严标准、突出问题导向、坚持以上率下，组织开展集中学习、专题党课、专题研讨、查摆整改，不断巩固拓展作风建设的成果。

三是开展“两学一做”学习教育，推动全面从严治党向基层延伸，解决一些党员理想信念模糊动摇、党的意识淡化、宗旨观念淡薄、精神不振、道德行为不端等问题，教育引导广大党员做“四讲四有”合格党员。

四是健全完善机制，推动了作风建设抓常、抓细、抓长。党中央出台了关于深化“四风”整治、巩固和拓展党的群众路线教育实践活动成果、完善党员干部直接联系群众等意见，对深化作风建设作出全面部署；制定印发《党政机关厉行节约反对浪费条例》及公务接待、公车改革、会议费管理等一系列制度文件，并加强常态化监督检查。

（三）把一大批德才兼备的优秀干部选出来、用起来

一是提出和落实新时期好干部标准，修订印发新修订的《党政领导干部选拔任用条例》，把好干部标准贯彻体现到干部选拔任用的基本原则、基本条件、基本要求等各个方面，着力破解“唯票、唯分、唯 GDP 、唯年龄”问题。围绕治国理政新要求，习近平提出了“信念坚定、为民服务、勤政务实、敢于担当、清正廉洁”的好干部标准，强调领导干部要自觉践行“三严三实”。

二是严把干部考察任用关，坚决防止“带病提拔”。改进干部考察工作，拓宽发现问题的渠道。强化任前审查核实，实行干部档案“凡提必审”、个人有关事项报告“凡提必核”、纪检监察机关的意见“凡提必听”、反映违规违纪问题线索具体、有可查性的信访举报“凡提必查”。结合巡视开展选人用人专项检查，建立干部选拔任用工作纪实和责任倒查制度，严厉查处选人用人不正之风和腐败现象。

三是改进年轻干部培养选拔工作。制定实施加强和改进培养选拔优秀年轻干部的意见，进一步拓宽来源、优化结构、改进方式、提高质量。组织开展新一轮省部级后备干部推荐考察工作，发现和举荐了一大批优秀干部。

四是推进干部能上能下，形成能者上、庸者下、劣者汰的用人机制。2015 年，制定《推进领导干部能上能下若干规定（试行）》，集中规范“下”的渠道，重点明确调整不适宜担任现职干部的 10 种情形，新增对领导干部进行问责的 5 种情形，为解决干部“下”的问题提供了比较系统完善的方案，在推动干部能上能下上迈出了实质性步伐。

（四）坚持从严治吏，推出从严管理监督干部的“组合拳”

一是完善从严管理干部队伍制度体系，先后制定实施了规范党政领导干部在企业兼职（任职）、个人有关事项报告抽查核实、配偶已移居国（境）外的国家工作人员任职岗位管理等一系列制度规定。

二是开展突出问题专项整治。集中清理超职数配备干部，集中清理“裸官”，对不符合要求的进行岗位调整。开展领导干部个人有关事项报告抽查核实，对拟提拔干部考察对象因抽查核实发现问题的取消提拔资格。清理整顿领导干部社会化培训，对参加高收费培训的干部督促退学，高收费项目停办。开展干部档案专项审核，对档案存在问题的干部作了处理。

三是严格日常管理监督，制定和落实对领导干部进行提醒、函询和诫勉的实施细则，使干部时刻感到管理就在身边、管理无处不在。在从严管理的同时，注重关心关爱干部特别是基层干部，制定出台了《关于县以下机关建立公务员职务与职级并行制度的意见》，提高老少边穷地区、特殊岗位以及基层干部待遇。2015 年的“七一”，推选表彰了百名优秀县委书记，激励广大干部奋发有为、干事创业。

（五）树立大抓基层的导向，推动基层组织全面进步、全面过硬

一是加强基层服务型党组织建设，进一步突出政治功能，强化服务功能。中央印发《关于加强基层服务型党组织建设的意见》等文件，把基层党组织的工作重心转到服务改革、服务发展、服务民生、服务群众、服务党员上。各级党组织深入贯彻中央精神，坚持重

心下移、资源下沉，使基层党组织有资源、有能力为群众服务，推广机关干部下基层、在职党员到社区报到、结对帮扶等做法，运用多种形式和手段开展服务。适应经济社会发展变化，加强农村、社区党的建设，总结推广浙江、吉林等地经验，构建城乡统筹的基层党建新格局。

二是加强对党员队伍总体规模的调控，适当控制党员数量增长过快势头。党中央下发《中国共产党发展党员工作细则》，明确了“控制总量、优化结构、提高质量、发挥作用”的总要求，对入党积极分子和发展对象的培养、教育、考察提出新要求，强化党组织的领导责任和把关作用，为做好新形势下发展党员工作提供了重要遵循。各级党组织严格发展党员程序，探索实行发展党员工作培训制、票决制、公示制、责任制，提高党员发展质量；开展党员组织关系排查、处置不合格党员工作，及时清理和纯洁党员队伍。

三是严格党员教育管理，制定实施党员教育培训工作五年规划。综合运用远程教育、共产党员网和微信、易信等信息化平台，扩大教育覆盖面，增强针对性和及时性；结合群众路线教育实践活动，稳妥处置不合格党员。

四是健全落实党建工作责任制。党中央召开会议，分别就农村、高校、国有企业等领域党的建设工作进行安排部署，强调突出政治功能，强化服务功能，对各级各领域党组织的职责定位、责任考核等方面提出明确要求，有力推动了各领域党的建设全面加强。着力健全基层民主管理机制，在村和社区普遍推行“四议两公开”等制度，基层民主管理规范化水平不断提升。全面开展市县乡党委书记抓基层党建述职评议考核，使基层党建由“软任务”变成了“硬指标”，强化各级党组织书记管党治党的主责主业意识。

（六）把纪律和规矩挺在前面，监督执纪越来越严

一是坚持纪严于法、纪在法前，突出严明党的政治纪律和政治规矩。党的十八届四中全会审议通过的《中共中央关于全面推进依法治国若干重大问题的决定》明确提出："党规党纪严于国家法律。"党中央先后出台了《中国共产党廉洁自律准则》《中国共产党纪律处分条例》等党内法规，各地各部门党组织认真贯彻落实，采取专题教育等形式，教育引导党的各级组织和全体党员强化纪律意识和规矩意识，对党忠诚老实、光明磊落，说老实话、办老实事、做老实人，反对搞两面派、做"两面人"。

二是落实"四种形态"，治"病树"拔"烂树"护"森林"。"四种形态"这一重大理念创新为把纪律和规矩挺在前面、落实全面从严治党要求提供了实现路径。各级党组织采取教育提醒、诫勉谈话、组织函询等方式，加强对党员的日常管理监督，发现苗头及时提醒，触犯纪律立即处理。各级纪检监察机关把违反政治纪律和政治规矩、组织纪律问题作为纪律审查的重要内容，不因未触及法律而"放过一马"，释放了执纪必严、违纪必究的强烈信号。

（七）坚持"老虎""苍蝇"一起打，坚决遏制腐败蔓延势头

一是依纪依法严惩腐败，查处严重违纪违法案件取得重大进展。对一些高级领导干部严重违纪问题进行立案审查，对山西省、中石油等地方和单位多年积累的严重腐败问题进行严肃处理，着力解决发生在群众身边的腐败问题，严肃查处小官巨贪和损害群众利益的各类案

件，彰显了我们党反对腐败的坚定决心和坚强意志。

二是加强和改进巡视工作，制定中央巡视工作五年规划，确定中央巡视工作方针，修订颁布巡视工作条例，推动了巡视工作扎实有效开展，充分发挥了震慑、遏制和治本作用，成为反腐败斗争的一把“利剑”。

三是落实党委（党组）主体责任和纪委（纪检组）监督责任，加大追责问责力度，对山西发生塌方式腐败负有责任的省委班子进行了改组性质的调整，严肃处理了湖南衡阳破坏选举案、四川南充拉票贿选案的有关责任人。

四是加强反腐倡廉教育和廉政文化建设，真正把党员干部的世界观、人生观、价值观这个“总开关”拧紧，增强廉洁从政意识。

五是大力推动纪检体制改革，强化上级纪委对下级纪委的领导，推进纪检机关转职能、转方式、转作风，强化监督执纪问责；全面落实中央纪委向中央一级党和国家机关派驻纪检机构，充分发挥“派”的权威和“驻”的优势。

（八）积极回应全面从严治党的现实需要，着力用制度治党、管权、治吏

一是加强党内法规制度建设。修订党内法规制定条例，编制党内法规制定工作第一个五年规划，发布《中国共产党党内法规制定条例》《中国共产党党内法规和规范性文件备案审查规定》，使党有了第一部党内“立法法”和备案程序规定。制定或修订出台了《中国共产党廉洁自律准则》等多部党内法规，基本形成了涵盖党的建设和党的工作主要领域、适应管党治党需要的党内法规制度体系框架。特别

是党的十八届六中全会审议通过了《关于新形势下党内政治生活的若干准则》和《中国共产党党内监督条例》，对全面从严治党作出了新的部署，提出了新的要求。

二是扎实推进党的建设制度改革。按照中央全面深化改革总体部署，成立党的建设制度改革专项小组，由中央组织部牵头。专项小组统筹近期和中长期改革任务，制定实施《深化党的建设制度改革实施方案》，从深化党的组织制度、干部人事制度、基层组织建设制度、人才发展体制机制改革 4 个方面改革任务，提出了 26 项重点举措。

三是切实增强制度执行力。中央改革办专门成立了督察局，对重点改革文件执行情况进行督察。把党内法规执行纳入党委督察重要内容，建立健全党内法规执行检查常态化机制，坚决维护制度的严肃性和权威性。

习近平总书记领导核心地位的确立

2012 年 11 月 15 日，党的十八届一中全会在北京举行。全会选举了中央政治局委员、中央政治局常务委员会委员、中央委员会总书记；根据中央政治局常务委员会的提名，通过了中央书记处成员，决定了中央军事委员会组成人员；批准了十八届中央纪律检查委员会第一次全体会议选举产生的书记、副书记和常务委员会委员人选。选举习近平、李克强、张德江、俞正声、刘云山、王岐山、张高丽为中央政治局常委，习近平为中共中央总书记；决定习近平为中央军事委员会主席；批准王岐山为中央纪律检查委员会书记。

全会结束后，十八届中央政治局常委同中外记者见面时。习近平在讲话中掷地有声地提出：“打铁还需自身硬。我们的责任，就是同全党同志一道，坚持党要管党、从严治党，切实解决自身存在的突出问题，切实改进工作作风，密切联系群众，使我们党始终成为中国特色社会主义事业的坚强领导核心。”[①]这是习近平在履新的第一天向全党发出的从严治党“动员令”。

2016年10月24日至27日，党的十八届六中全会在北京召开。全会听取和讨论了习近平受中央政治局委托作的工作报告，审议通过了《关于新形势下党内政治生活的若干准则》和《中国共产党党内监督条例》，审议通过了《关于召开党的第十九次全国代表大会的决议》。习近平就《准则（讨论稿）》和《条例（讨论稿）》向全会作了说明。

全会充分肯定党的十八届五中全会以来中央政治局的工作。一致认为，面对复杂的国际国内形势，中央政治局高举中国特色社会主义伟大旗帜，坚持以马克思列宁主义、毛泽东思想、邓小平理论、“三个代表”重要思想、科学发展观为指导，全面贯彻党的十八大和十八届三中、四中、五中全会精神，深入贯彻习近平总书记系列重要讲话精神和治国理政新理念新思想新战略，把握时代大势，回应实践要求，团结带领全党全国各族人民同心协力、苦干实干，统筹推进“五位一体”总体布局和协调推进“四个全面”战略布局，开展“两学一做”学习教育，推动全面深化改革、供给侧结构性改革、国防和军队改革迈出重大步伐，党和国家各项工作取得新的重大进展。

全会高度评价全面从严治党取得的成就，认为党的十八大以来，

① 《习近平谈治国理政》第1卷，外文出版社2018年版，第4—5页。

以习近平同志为核心的党中央身体力行、率先垂范，坚定推进全面从严治党，坚持思想建党和制度治党紧密结合，集中整饬党风，严厉惩治腐败，净化党内政治生态，党内政治生活展现新气象，赢得了党心民心，为开创党和国家事业新局面提供了重要保证。

全会提出，坚决维护党中央权威、保证全党令行禁止，是党和国家前途命运所系，是全国各族人民根本利益所在，也是加强和规范党内政治生活的重要目的。坚持党的领导，首先是坚持党中央的集中统一领导。全党必须自觉在思想上政治上行动上同党中央保持高度一致。党的各级组织、全体党员特别是高级干部都要向党中央看齐，向党的理论和路线方针政策看齐，向党中央决策部署看齐，做到党中央提倡的坚决响应、党中央决定的坚决执行、党中央禁止的坚决不做。

党的十八届六中全会主题重要、意义重大、成果丰硕。最具标志性历史意义的成果，就是明确了习近平总书记在党中央的核心、全党的核心地位。全会指出，一个国家、一个政党，领导核心至关重要。保证我们党始终成为坚强有力的马克思主义执政党，始终成为中国特色社会主义伟大事业的坚强领导力量，必须有一个核心。明确习近平总书记在党中央的核心、全党的核心地位，是我们党和国家的根本利益所在，是坚持和加强党的领导的根本保证，是进行具有新的历史特点的伟大斗争、坚持和发展中国特色社会主义伟大事业的迫切需要。

第一，明确习近平总书记的核心地位，是党的十八大以来新的伟大斗争实践的必然结果。党的十八大以来，习近平总书记带领全党全军全国各族人民开创了中国特色社会主义伟大事业和党的建设新的伟大工程新局面，在改革发展稳定、内政外交国防、治党治国治军等各方面取得了一系列具有重要现实意义和深远历史意义的成就，实现了党和国家事业的继往开来，赢得了全党全军全国各族人民的衷心拥护，受到了国际社会的高度赞誉。习近平总书记在新的伟大斗争实践中，已经成为党中央的核心，全党的核心。全会高度评价全面从严治党取得的成就，认为党的十八大以来，以习近平同志为核心的党中央身体力行、率先垂范，坚定推进全面从严治党，坚持思想建党和制度治党紧密结合，集中整饬党风，严厉惩治腐败，净化党内政治生态，党内政治生活展现新气象，赢得了党心民心，为开创党和国家事业新局面提供了重要保证。

第二，明确习近平总书记的核心地位，是全党的高度共识。在十八届六中全会文件征求意见的过程中，地方和部门以及军队，都希望这次全会明确习近平总书记为党中央的核心、全党的核心。在这次全会上，中央委员会的同志围绕“以习近平同志为核心的党中央”进行了热烈讨论，发言踊跃，一致赞成在六中全会文件中正式提出“以习近平同志为核心的党中央”，一致认为明确习近平总书记的核心地位，是全党的共同意志，是全党全军全国各族人民的共同心愿，是党和国家根本利益所在，是坚持和加强党的领导的根本保证，是进行具有许多新的历史特点的伟大斗争、坚持和发展中国特色社会主义伟大事业、推进党的建设新的伟大工程的迫切需要。大家一致表示要坚决拥护和衷心服从党中央的核心、全党的核心，坚决维护党中央的权威，坚决从思想上政治上行动上同以习近平同志为核心的党中央保持高度一致，坚决把党中央决策部署贯彻落实到改革发展稳定各项工作中去。

第三，明确习近平总书记的核心地位，是对我们党宝贵历史经验的科学总结。“任何一个领导集体都要有一个核心，没有核心的领导是靠不住的。”[①]这是邓小平在1989年总结党的历史经验得出的一个基本结论。当年5月26日，陈云主持中顾委常委会会议，指出：我们作为老同志，现在就是要坚决拥护以邓小平同志为核心的中国共产党。[②]6月8日，他在一份党内文件上批示：倡导改革开放的，是以邓小平同志为核心的党中央。[③]6月16日，邓小平同几位中央负责同志谈话时，正式使用“核心”概念并作了详细阐述。他指出：在历史上，遵义会议以前，我们的党没有形成过一个成熟的党中央。从陈独秀、瞿秋白、向忠发、李立三到王明，都没有形成过有能力的中央。我们党的领导集体，是从遵义会议开始逐步形成的，也就是毛刘周朱和任弼时同志，弼时同志去世后，又加了陈云同志。到了党的八大，成立了由毛刘周朱陈邓六个人组成的常委会，后来又加了一个林彪。这个领导集体一直到“文化大革命”。在“文化大革命”以前很长的历史中，不管我们党犯过这样那样的错误，不管其成员有这样那样的变化，始终保持了以毛泽东同志为核心的领导集体。第一代领导集体的核心是毛主席。因为有毛主席作领导核心，“文化大革命”就没有把共产党打倒。第二代实际上我是核心。因为有这个核心，即使发生了两个领导人的变动，都没有影响我们党的领导，党的领导始终是稳定的。[④]

第四，明确习近平总书记的核心地位，是推进党的事业发展的客观需要。明确习近平总书记的核心地位，是实现“两个一百年”奋斗目标的战略抉择。实现“两个一百年”奋斗目标必须坚定不移推进全

① 《邓小平文选》第3卷，人民出版社1993年版，第310页。
② 《陈云文选》第3卷，人民出版社1995年版，第368页。
③ 中共中央文献研究室编：《陈云传》（下），中央文献出版社2005年版，第1803页。
④ 《邓小平文选》第3卷，人民出版社1993年版，第309—310页。

面从严治党，着力解决党内存在的一些深层次问题。这些问题包括：在坚持党的政治路线方面，一些党员、干部信仰缺失、信念动摇，对中国特色社会主义道路、理论、制度、文化缺乏自信。在坚持党的思想路线方面，既存在思想僵化、固守本本的问题，也存在忘记国情、脱离实际的问题。在坚持党的组织路线方面，执行党的组织路线还有偏差。在坚持党的群众路线方面，一些党员、干部马克思主义唯物史观和群众观点还没有牢固树立起来，执行中央八项规定精神不坚决、不彻底。在坚持民主集中制方面，发扬民主不够问题和正确集中不够问题同时存在。在坚持党的组织生活制度方面，组织生活不经常、不认真、不严肃的问题比较普遍。这些问题不仅对党的先进性和纯洁性、对党的创始力凝聚力战斗力产生严重影响，而且也引起了人民群众强烈不满，必须下大力气加以解决。从这个意义上讲，全面从严治党永远在路上。

总之，明确习近平总书记的核心地位，正式提出“以习近平同志为核心的党中央”，对于维护党中央权威、维护党的团结和集中统一领导，对全党全军全国各族人民更好凝聚力量抓住机遇、战胜挑战，对全党团结一心、不忘初心、继续前进，对保证我们党和国家兴旺发达、长治久安，都具有十分重大而深远的意义。

规范党内政治生活和加强党内监督

开展严肃认真的党内政治生活，是我们党作为马克思主义政党区别于其他政党的重要特征，也是我们党的光荣传统。长期实践证明，严肃认真的党内政治生活，是我们党坚持党的性质和宗旨、保持先进性和纯洁性的重要法宝，是解决党内矛盾和问题的“金钥匙”，是广大党员、干部锤炼党性的“大熔炉”，是纯洁党风的“净化器”。

党的十一届三中全会以后，我们党总结党内政治生活正反两方面经验特别是“文化大革命”的惨痛教训，于1980年制定和颁布了《关于党内政治生活的若干准则》，第一次以党内法规形式对党内政治生活作出规范，对实现政治上、思想上、组织上、作风上的拨乱反正和全党工作中心的转移，对促进党的团结统一、保证改革开放和社会主义现代化建设顺利进行，发挥了十分重要的作用。

党的十八大以后，以习近平同志为核心的党中央把全面从严治党纳入“四个全面”战略布局，采取一系列过硬措施管党治党。通过制定并落实中央八项规定，开展党的群众路线教育实践活动、“三严三实”专题教育、“两学一做”学习教育等，强化党建工作责任制，整治形式主义、官僚主义、享乐主义和奢靡之风，严肃查处党员、干部违纪违法问题，坚决惩治腐败，完善党内法规，不断扎紧制度笼子，党内政治生活出现许多新气象。

党的十八届六中全会通过的《关于新形势下党内政治生活的若干准则》是在深入调查研究、系统总结历史经验基础上制定的，提出了许多新的重大观点和重大举措。这些重大观点和创新举措，既继承和发扬我们党在长期实践中形成的制度规定和优良传统，又对党的十八大以来党中央推进全面从严治党的理论和实践创新成果进行了集纳，形成了新的制度安排。

在序言部分，强调党要管党必须从党内政治生活管起，从严治党必须从党内政治生活严起；强调新形势下加强和规范党内政治生活，重点是各级领导机关和领导干部，关键是高级干部特别是中央委员会、中央政治局、中央政治局常务委员会的组成人员。

在坚定理想信念部分，强调把坚定理想信念作为开展党内政治生活的首要任务；强调全党同志必须把对马克思主义的信仰、对社会主义和共产主义的信念作为毕生追求，在改造客观世界的同时不断改造主观世界，解决好世界观、人生观、价值观这个“总开关”问题。

在坚持党的基本路线部分，强调党在社会主义初级阶段的基本路线是党和国家的生命线、人民的幸福线，也是党内政治生活正常开展的根本保证；强调考察识别干部特别是高级干部必须首先看是否坚定不移贯彻党的基本路线。

在坚决维护党中央权威部分，强调坚持党的领导，首先是坚持党中央的集中统一领导；强调全党必须牢固树立政治意识、大局意识、核心意识、看齐意识，自觉在思想上政治上行动上同党中央保持高度一致。

在严明党的政治纪律部分，强调党员不准散布违背党的理论和路线方针政策的言论，不准公开发表违背党中央决定的言论；强调党员、干部特别是高级干部不准在党内搞小山头、小圈子、小团伙，严禁在党内拉私人关系、培植个人势力、结成利益集团。

在保持党同人民群众的血肉联系部分，强调全党必须坚决反对形式主义、官僚主义、享乐主义和奢靡之风；强调坚持抓常、抓细、抓长，特别是要防范和查处各种隐性、变异的“四风”问题，把落实中央八项规定精神常态化、长效化。

在坚持民主集中制原则部分，强调坚持集体领导制度，实行集体领导和个人分工负责相结合，是民主集中制的重要组成部分，必须始终坚持，任何组织和个人在任何情况下都不允许以任何理由违反这项制度；强调凡属重大问题，要按照集体领导、民主集中、个别酝酿、会议决定的原则，由集体讨论、按少数服从多数作出决定，不允许用其他形式取代党委及其常委会（或党组）的领导。

在坚持正确选人用人导向部分，强调选人用人必须强化党组织的领导和把关作用，落实干部选拔任用工作纪实制度；强调领导干部不得干预曾经工作生活过的地方、曾经工作过的单位和不属于自己分管领域的干部选拔任用工作，有关地方和单位党组织要抵制这种违反党的组织原则的行为。

在严格党的组织生活制度部分，强调党组织要严格执行组织生活制度，确保党的组织生活经常、认真、严肃；强调领导干部要以普通党员身份参加所在党支部或党小组的组织生活，坚持党员领导干部讲党课制度。

在开展批评和自我批评部分，强调党的领导机关和领导干部对各种不同意见都必须听取，鼓励下级反映真实情况；强调党内工作会议的报告、讲话以及各类工作总结，上级机关和领导干部检查指导工作，既要讲成绩和经验，又要讲问题和不足。

在加强对权力运行的制约和监督部分，强调完善权力运行制约和监督机制，形成有权必有责、用权必担责、滥权必追责的制度安排；强调实行权力清单制度，公开权力运行过程和结果，健全不当用权问责机制。

在保持清正廉洁的政治本色部分，强调领导干部禁止利用职权或影响力为家属亲友谋求特殊照顾，禁止领导干部家属亲友插手领导干部职权范围内的工作、插手人事安排；强调各级领导班子和领导干部对来自领导干部家属亲友的违规干预行为要坚决抵制，并将有关情况报告党组织。

贯彻落实《关于新形势下党内政治生活的若干准则》，必须着重把握好加强和规范党内政治生活的五个基本要求：一是抓好思想教育这个根本，二是抓好严明纪律这个关键，三是抓好选人用人这个导向，四是用好组织生活这个经常性手段，五是抓住继承和创新这两个关键环节。

加强党内监督是马克思主义政党的一贯要求，是永葆党的肌体健康的生命之源。党的执政地位，决定了党内监督在党和国家各种监督形式中是最基本的、第一位的。党内监督失效，其他监督必然失灵。前些年，有的地方和部门出现党的领导弱化、党的建设缺失、全面从严治党不力，党的观念淡漠、组织涣散、纪律松弛，管党治党失之于宽、松、软，同党内监督缺位、纪律执行乏力密切相关。只有以党内监督带动其他监督、完善监督体系，才能为全面从严治党提供有力制度保障。

从党的十八大以来巡视、执纪审查中发现的问题，以及被查处的中管干部忏悔录来看，党内监督存在的突出问题主要集中在以下几个方面：一是监督责任不明晰、监督内容不聚焦；二是"一把手"监督难题亟待有效破解；三是监督体制不完善、监督制度的操作性和实效性不强；四是监督保障机制不完善、责任追究落实不到位。

《中国共产党党内监督条例（试行）》自 2003 年 12 月 31 日颁布施行以来，对我们坚持党要管党、从严治党方针，加强党内监督，维护党的团结统一，做到立党为公、执政为民，发挥了积极作用。同时，随着形势任务发展变化，条例与新实践新要求不相适应的问题显现出来，需要对条例进行修订。

党的十八大和十八届三中、四中、五中全会对强化党内监督提出了明确要求，为修订党内监督条例提供了重要遵循。习近平在十八届中央纪委六次全会上就修订党内监督条例明确提出，要围绕理论、思想、制度构建体系，围绕权力、责任、担当设计制度，强化上级党组织对下级党组织和领导干部的监督，做到责任清晰、主体明确、制度管用、行之有效。这为修订条例指明了方向和路径。

党的十八届六中全会通过的《中国共产党党内监督条例》是新形势下加强党内监督的顶层设计，是规范当前和今后一个时期党内监督的基本法规。《条例》针对当前党内监督存在的突出问题，提出了一系列新的要求和举措，包括：（1）强调党内监督没有禁区、没有例外；各级党组织应当把信任激励同严格监督结合起来，促使党的领导干部做到有权必有责、有责要担当，用权受监督、失责必追究。（2）强调要建立健全党中央统一领导，党委（党组）全面监督，纪律检查机关专责监督，党的工作部门职能监督，党的基层组织日常监督，党员民主监督的党内监督体系。（3）强调党内监督的重点对象是党的领导机关和领导干部特别是主要领导干部；党内监督必须把纪律挺在前面，运用监督执纪“四种形态”。（4）强调依规依纪进行执纪审查，重点审查不收敛不收手，问题线索反映集中、群众反映强烈，现在重要岗位且可能还要提拔使用的领导干部，三类情况同时具备的是重中之重。（5）强调要坚持党内监督和外部监督相结合；各级党委应当支持和保证同级人大、政府、监察机关、司法机关等对国家机关及公职人员依法进行监督，人民政协依章程进行民主监督，审计机关依法进行审计监督。（6）强调各级党组织和党的领导干部应当认真对待、自觉接受社会监督，利用互联网技术和信息化手段，推动党务公开、拓宽监督渠道，虚心接受群众批评。（7）强调党组织对监督中发现的问题，应当做到条条要整改、件件有着落；对不履行或者不正确履行党内监督职责，以及纠错、整改不力的，对干扰妨碍监督、打击报复监督者的，或者以监督为名侮辱、诽谤、诬陷他人的，必须严肃查处和问责。

抓好《条例》贯彻执行，关键是全面落实党内监督责任。

第一，各级党委要肩负起主体责任。党内监督是全党的任务，党委（党组）负主体责任，书记是第一责任人，党委常委会委员（党组成员）和党委委员在职责范围内履行监督职责。党的各级领导干部一定要把责任扛在肩上，做到知责、尽责、负责，敢抓敢管，勇于监督。党内监督要坚持惩前毖后、治病救人，立足于小、立足于早，开展批评和自我批评，及时进行约谈函询、诫勉谈话，及时发现问题、纠正偏差。分析这些年来查处的典型腐败案件，都有一个量变到质变、小节到大错的过程。如果在刚发现问题时组织就及时拉一把，一些干部也不至于在错误的道路上越滑越远。党组织要多了解党员干部日常的思想、工作、作风、生活状况，多注意干部群众的反映，抓早抓小，防微杜渐。要把党内监督体现在时时处处事事上，敦促党员、干部按本色做人、按角色办事。全党同志要习惯于在同志间相互提醒和督促中修正错误、共同进步。

第二，纪委和党的工作部门要各司其职。各级纪委是党内监督专责机关，履行监督执纪问责职责。要把维护政治纪律和政治规矩放在首位，加强对所辖范围内遵守党章党规党纪情况的监督，检查党的路线方针政策和决议的执行情况。要落实纪律检查工作双重领导体制，强化上级纪委对下级纪委的领导；加强对派驻纪检组工作的领导，督促被监督单位党组织和派驻纪检组落实管党治党责任。党的工作部门是党委（党组）主体责任在不同领域的载体和抓手，也要做好职责范围内的党内监督工作，既加强对本机关本单位的内部监督，又强化对本系统的日常监督。出现问题要及时了解处置，不能都等着党委、纪委去处理。只要把上上下下、条条块块都抓起来，就能织密党内监督之网。

第三，发挥党员的民主监督作用。党员民主监督是党内监督的基本方式。党员的民主监督不仅是权利，更是不容推卸的义务，是对党应尽的责任。基层党组织和党员要加强对党的领导干部的监督，督促其正常参加组织生活、履行党员义务。在党的会议上，党员要勇于对违反党章党规的行为提出意见，有根据地批评党的任何组织和任何党员，负责地向党反映党的任何组织和党员违纪违法的事实。各级党组织要保障党员知情权和监督权，鼓励和支持党员在党内监督中发挥积极作用，对干扰妨碍监督、打击报复监督者的人要依纪严肃处理。

第四，把党内监督与外部监督结合起来。党内监督是第一位的，但如果不同有关国家机关监督、民主党派监督、群众监督、舆论监督等结合起来，就不能形成监督合力。各级领导干部要主动接受各方面监督，这既是一种胸怀，也是一种自信。要支持人民政协依照章程进行民主监督，重视民主党派和无党派人士提出的意见、批评、建议，鼓励党外人士讲真话、进诤言。要自觉接受群众监督，畅通信访举报渠道，对违规违纪典型问题严肃处理，及时回应人民群众关切。要加强舆论监督，通过对典型案例进行曝光剖析，发挥警示作用，为全面从严治党营造良好舆论氛围。

习近平新时代中国特色社会主义思想指导地位的确立

2017年10月18日至24日，中国共产党第十九次全国代表大会在北京召开。大会回顾和总结过去五年取得的历史性成就和发生的历史性变化，作出“中国特色社会主义进入了新时代”的重大政治判断，确立习近平新时代中国特色社会主义思想为党的指导思想和行动指南，对推进新时代党的建设新的伟大工程提出新要求、作出新部署。

党的十八大以来，国内外形势变化和我国各项事业发展都给我们党提出了一个重大时代课题，这就是必须从理论和实践结合上系统回答新时代坚持和发展什么样的中国特色社会主义、怎样坚持和发展中国特色社会主义，包括新时代坚持和发展中国特色社会主义的总目标、总任务、总体布局、战略布局和发展方向、发展方式、发展动力、战略步骤、外部条件、政治保证等基本问题，并且要根据新的实践对经济、政治、法治、科技、文化、教育、民生、民族、宗教、社会、生态文明、国家安全、国防和军队、“一国两制”和祖国统一、统一战线、外交、党的建设等各方面作出理论分析和政策指导，以利于更好坚持和发展中国特色社会主义。

围绕这个重大时代课题，以习近平同志为主要代表的中国共产党人，坚持解放思想、实事求是、与时俱进、求真务实、守正创新，坚持辩证唯物主义和历史唯物主义，紧密结合新的时代条件和实践要求，以全新的视野深化对共产党执政规律、社会主义建设规律、人类社会发展规律的认识，进行艰辛理论探索，从理论和实践结合上系统回答了新时代坚持和发展什么样的中国特色社会主义、怎样坚持和发展中国特色社会主义这个重大时代课题，创立了习近平新时代中国特色社会主义思想。正是在习近平新时代中国特色社会主义思想指导下，中国共产党领导全国各族人民，统揽伟大斗争、伟大工程、伟大事业、伟大梦想，推动中国特色社会主义进入了新时代。

习近平新时代中国特色社会主义思想有着丰富而深刻的理论内涵。党的十九大报告集中概括为“八个明确”，这就是：

（1）明确坚持和发展中国特色社会主义，总任务是实现社会主义现代化和中华民族伟大复兴，在全面建成小康社会的基础上，分两步走在本世纪中叶建成富强民主文明和谐美丽的社会主义现代化强国；

（2）明确新时代我国社会主要矛盾是人民日益增长的美好生活需要和不平衡不充分的发展之间的矛盾，必须坚持以人民为中心的发展思想，不断促进人的全面发展、全体人民共同富裕；

（3）明确中国特色社会主义事业总体布局是“五位一体”、战略布局是“四个全面”，强调坚定道路自信、理论自信、制度自信、文化自信；

（4）明确全面深化改革总目标是完善和发展中国特色社会主义制度、推进国家治理体系和治理能力现代化；

（5）明确全面推进依法治国总目标是建设中国特色社会主义法治体系、建设社会主义法治国家；

（6）明确党在新时代的强军目标是建设一支听党指挥、能打胜仗、作风优良的人民军队，把人民军队建设成为世界一流军队；

（7）明确中国特色大国外交要推动构建新型国际关系，推动构建人类命运共同体；

（8）明确中国特色社会主义最本质的特征是中国共产党领导，中国特色社会主义制度的最大优势是中国共产党领导，党是最高政治领导力量，提出新时代党的建设总要求，突出政治建设在党的建设中的重要地位。[①]

习近平新时代中国特色社会主义思想，是对马克思列宁主义、毛泽东思想、邓小平理论、“三个代表”重要思想、科学发展观的继承和发展，是马克思主义中国化最新成果，是党和人民实践经验和集体智慧的结晶，是中国特色社会主义理论体系的重要组成部分，是全党全国人民为实现中华民族伟大复兴而奋斗的行动指南，必须长期坚持并不断发展。

全面准确贯彻落实习近平新时代中国特色社会主义思想，需要做到“十四个坚持”：坚持党对一切工作的领导、坚持以人民为中心、坚持全面深化改革、坚持新发展理念、坚持人民当家作主、坚持全面依法治国、坚持社会主义核心价值体系、坚持在发展中保障和改善民生、坚持人与自然和谐共生、坚持总体国家安全观、坚持党对人民军队的绝对领导、坚持“一国两制”和推进祖国统一、坚持推动构建人类命运共同体、坚持全面从严治党。这“十四个坚持”构成新时代坚持和发展中国特色社会主义的基本方略，也是贯彻落实习近平新时代中国特色社会主义思想的实践要求。

习近平新时代中国特色社会主义思想，以新的历史站位、宏阔视野、战略眼光，反映了时代发展变化的丰富内涵，以逻辑严密、系统完整、相互贯通的思想体系，回应了坚持和发展中国特色社会主义的

① 中共中央党史和文献研究院编：《十九大以来重要文献选编》（上），中央文献出版社2019年版，第13—14页。

时代要求，为在新时代推进党和国家事业提供了思想指导和行动指南。这一思想的重大历史贡献在于：

（1）开辟了马克思主义新境界。这一思想贯穿改革发展稳定、内政外交国防、治党治国治军各个领域，既坚持了老祖宗，又讲了很多新话，实现了马克思主义基本原理与中国具体实际相结合的新飞跃，是21世纪马克思主义，是马克思主义中国化的最新成果，在马克思主义中国化进程中具有开创性意义。

（2）开辟了中国特色社会主义新境界。这一思想从理论与实践结合上系统回答了新时代坚持和发展什么样的中国特色社会主义、怎样坚持和发展中国特色社会主义这个重大时代课题，为中国特色社会主义注入了新的科学内涵，进一步彰显了中国特色社会主义的时代特色、实践特色、理论特色、民族特色，续写了中国特色社会主义的光辉篇章。

（3）开辟了党治国理政新境界。在这一思想指引下，我们党团结带领全国各族人民推动党和国家事业取得了全方位、开创性成就，发生了深层次、根本性的变革，我国经济实力、综合国力和人民生活水平迈上了新的台阶，党、国家、人民、军队、中华民族的面貌发生了前所未有的变化。

（4）开辟了管党治党新境界。在这一思想指引下，我们党以坚强的决心、空前的力度，推进全面从严治党，坚持思想从严、监督从严、执纪从严、治吏从严、作风从严、反腐从严，管党治党实现宽松软到严紧硬的深刻转变，党的创造力、凝聚力、战斗力显著增强，党的团结统一更加巩固，党群关系明显改善，党在革命性锻造中更加坚强。

习近平新时代中国特色社会主义思想同邓小平理论、“三个代表”重要思想、科学发展观既一脉相承，又与时俱进。所谓“一脉相承”，可以从五个方面理解：一是它们都坚持以马克思列宁主义、毛泽东思想为指导，在理论渊源上一脉相承；二是它们都为坚持和发展中国特色社会主义、实现中华民族伟大复兴而奋斗，在理论主题上一脉相承；三是它们都坚持解放思想、实事求是、与时俱进、求真务实、守正创新，在理论品质上一脉相承；四是它们都以社会主义初级阶段这一基本国情为立论基础，在理论基点上一脉相承；五是它们都坚持以人为本，把实现好、维护好、发展好最广大人民的根本利益作为全部理论的出发点和落脚点，在理论目标上一脉相承。所谓“与时俱进”，则是指它们都坚持从实际出发，注重总结改革开放不同时期、不同阶段的新鲜经验，注重探索和回答不同时期、不同阶段遇到的新矛盾、新问题，在理论创新和理论发展上都作出了各自的独特贡献。

随着习近平新时代中国特色社会主义思想在新的实践中不断丰富发展，2021 年 11 月，党的十九届六中全会通过的《中共中央关于党的百年奋斗重大成就和历史经验的决议》，进一步把习近平新时代中国特色社会主义思想概括为“十个明确”，即：

（1）明确中国特色社会主义最本质的特征是中国共产党领导，中国特色社会主义制度的最大优势是中国共产党领导，中国共产党是最高政治领导力量，全党必须增强“四个意识”、坚定“四个自信”、做到“两个维护”；

（2）明确坚持和发展中国特色社会主义，总任务是实现社会主义现代化和中华民族伟大复兴，在全面建成小康社会的基础上，分两步走在本世纪中叶建成富强民主文明和谐美丽的社会主义现代化强国，以中国式现代化推进中华民族伟大复兴；

（3）明确新时代我国社会主要矛盾是人民日益增长的美好生活需要和不平衡不充分的发展之间的矛盾，必须坚持以人民为中心的发展思想，发展全过程人民民主，推动人的全面发展、全体人民共同富裕取得更为明显的实质性进展；

（4）明确中国特色社会主义事业总体布局是经济建设、政治建设、文化建设、社会建设、生态文明建设五位一体，战略布局是全面建设社会主义现代化国家、全面深化改革、全面依法治国、全面从严治党四个全面；

（5）明确全面深化改革总目标是完善和发展中国特色社会主义制度、推进国家治理体系和治理能力现代化；

（6）明确全面推进依法治国总目标是建设中国特色社会主义法治体系、建设社会主义法治国家；

（7）明确必须坚持和完善社会主义基本经济制度，使市场在资源配置中起决定性作用，更好发挥政府作用，把握新发展阶段，贯彻创新、协调、绿色、开放、共享的新发展理念，加快构建以国内大循环为主体、国内国际双循环相互促进的新发展格局，推动高质量发展，统筹发展和安全；

（8）明确党在新时代的强军目标是建设一支听党指挥、能打胜仗、作风优良的人民军队，把人民军队建设成为世界一流军队；

（9）明确中国特色大国外交要服务民族复兴、促进人类进步，推动建设新型国际关系，推动构建人类命运共同体；

（10）明确全面从严治党的战略方针，提出新时代党的建设总要求，全面推进党的政治建设、思想建设、组织建设、作风建设、纪律建设，把制度建设贯穿其中，深入推进反腐败斗争，落实管党治党政治责任，以伟大自我革命引领伟大社会革命。[①]

这些战略思想和创新理念，是党对中国特色社会主义建设规律认识深化和理论创新的重大成果，是以习近平同志为主要代表的中国共产党人，坚持把马克思主义基本原理同中国具体实际相结合、同中华优秀传统文化相结合，就新时代坚持和发展什么样的中国特色社会主义、怎样坚持和发展中国特色社会主义，建设什么样的社会主义现代化强国、怎样建设社会主义现代化强国，建设什么样的长期执政的马克思主义政党、怎样建设长期执政的马克思主义政党等重大时代课题，提出的一系列具有原创性的治国理政新理念新思想新战略。习近平新时代中国特色社会主义思想是当代中国马克思主义、二十一世纪马克思主义，是中华文化和中国精神的时代精华，实现了马克思主义中国化时代化新的飞跃。党确立习近平同志党中央的核心、全党的核心地位，确立习近平新时代中国特色社会主义思想的指导地位，反映了全党全军全国各族人民共同心愿，对新时代党和国家事业发展、对推进中华民族伟大复兴历史进程具有决定性意义。[②]

在实现中华民族伟大复兴的历史进程中，习近平新时代中国特色社会主义思想得到了全党全国各族人民高度的政治认同、思想认同、理论认同、情感认同，成为指引为人民谋幸福、为民族谋复兴的思想之旗，成为凝聚中国人民勠力同心、奋勇前进的精神之魂。在这一思

① 《中共中央关于党的百年奋斗重大成就和历史经验的决议》，人民出版社 2021 年版，第 24—25 页。
② 《中共中央关于党的百年奋斗重大成就和历史经验的决议》，人民出版社 2021 年版，第 24—25 页。

想的指引下，中国特色社会主义不断展现出更加强大、更有说服力的真理力量，中国共产党以更加刚健的步伐从建党百年迈向执政百年进而铸就千秋伟业。

推动全面从严治党向纵深发展

中国特色社会主义进入新时代，我们党一定要有新气象新作为。党要团结带领人民进行伟大斗争、推进伟大事业、实现伟大梦想，必须毫不动摇坚持和完善党的领导，毫不动摇把党建设得更加坚强有力。

习近平总书记在党的十九大报告中深刻总结十八大以来党的建设新鲜经验，提出了新时代党的建设总要求。他指出，全面从严治党永远在路上。一个政党，一个政权，其前途命运取决于人心向背。人民群众反对什么、痛恨什么，我们就要坚决防范和纠正什么。全党要清醒认识到，我们党面临的执政环境是复杂的，影响党的先进性、弱化党的纯洁性的因素也是复杂的，党内存在的思想不纯、组织不纯、作风不纯等突出问题尚未得到根本解决。要深刻认识党面临的执政考验、改革开放考验、市场经济考验、外部环境考验的长期性和复杂性，深刻认识党面临的精神懈怠危险、能力不足危险、脱离群众危险、消极腐败危险的尖锐性和严峻性，坚持问题导向，保持战略定力，推动全面从严治党向纵深发展。

新时代党的建设总要求是：坚持和加强党的全面领导，坚持党要管党、全面从严治党，以加强党的长期执政能力建设、先进性和纯洁性建设为主线，以党的政治建设为统领，以坚定理想信念宗旨为根基，以调动全党积极性、主动性、创造性为着力点，全面推进党的政治建设、思想建设、组织建设、作风建设、纪律建设，把制度建设贯穿其中，深入推进反腐败斗争，不断提高党的建设质量，把党建设成为始终走在时代前列、人民衷心拥护、勇于自我革命、经得起各种风浪考验、朝气蓬勃的马克思主义执政党。①

2022 年 10 月 16 日至 22 日，中国共产党第二十次全国代表大会在北京举行。这是在全党全国各族人民迈上全面建设社会主义现代化国家新征程、向第二个百年奋斗目标进军的关键时刻召开的一次十分重要的大会。大会的主题是：高举中国特色社会主义伟大旗帜，全面贯彻新时代中国特色社会主义思想，弘扬伟大建党精神，自信自强、守正创新，踔厉奋发、勇毅前行，为全面建设社会主义现代化国家、全面推进中华民族伟大复兴而团结奋斗。

习近平代表第十九届中央委员会向大会作了题为《高举中国特色社会主义伟大旗帜，为全面建设社会主义现代化国家而团结奋斗》的报告。报告总结了党的十八大至二十大十年间党的建设取得的历史性成就、发生的历史性变革，指出："我们深入推进全面从严治党，坚持打铁必须自身硬，从制定和落实中央八项规定开局破题，提出和落实新时代党的建设总要求，以党的政治建设统领党的建设各项工作，坚持思想建党和制度治党同向发力，严肃党内政治生活，持续开展党内集中教育，提出和坚持新时代党的组织路线，突出政治标准选贤任能，加强政治巡视，形成比较完善的党内法规体系，推动全党坚定理想信念、严密组织体系、严明纪律规矩。我们持之以恒正风肃纪，以

① 《习近平著作选读》第 2 卷，人民出版社 2023 年版，第 50—51 页。

钉钉子精神纠治‘四风’，反对特权思想和特权现象，坚决整治群众身边的不正之风和腐败问题，刹住了一些长期没有刹住的歪风，纠治了一些多年未除的顽瘴痼疾。我们开展了史无前例的反腐败斗争，以‘得罪千百人、不负十四亿’的使命担当祛疴治乱，不敢腐、不能腐、不想腐一体推进，‘打虎’、‘拍蝇’、‘猎狐’多管齐下，反腐败斗争取得压倒性胜利并全面巩固，消除了党、国家、军队内部存在的严重隐患，确保党和人民赋予的权力始终用来为人民谋幸福。经过不懈努力，党找到了自我革命这一跳出治乱兴衰历史周期率的第二个答案，自我净化、自我完善、自我革新、自我提高能力显著增强，管党治党宽松软状况得到根本扭转，风清气正的党内政治生态不断形成和发展，确保党永远不变质、不变色、不变味。”[①]

在谈到新时代新征程中国共产党的使命任务时，习近平强调指出：“从现在起，中国共产党的中心任务就是团结带领全国各族人民全面建成社会主义现代化强国、实现第二个百年奋斗目标，以中国式现代化全面推进中华民族伟大复兴。”[②]全面建设社会主义现代化国家、全面推进中华民族伟大复兴，关键在党。我们党作为世界上最大的马克思主义执政党，要始终赢得人民拥护、巩固长期执政地位，必须时刻保持解决大党独有难题的清醒和坚定。经过十八大以来全面从严治党，已经解决了党内许多突出问题，但党面临的执政考验、改革开放考验、市场经济考验、外部环境考验将长期存在，精神懈怠危险、能力不足危险、脱离群众危险、消极腐败危险将长期存在，必须持之以

① 习近平：《高举中国特色社会主义伟大旗帜　为全面建设社会主义现代化国家而团结奋斗——在中国共产党第二十次全国代表大会上的报告》，《人民日报》2022年10月26日。
② 习近平：《高举中国特色社会主义伟大旗帜　为全面建设社会主义现代化国家而团结奋斗——在中国共产党第二十次全国代表大会上的报告》，《人民日报》2022年10月26日。

恒推进全面从严治党，深入推进新时代党的建设新的伟大工程，以党的自我革命引领社会革命。

根据党在新时代新征程肩负的使命任务和党的十九大提出的新时代党的建设总要求，党的二十大提出要健全全面从严治党体系，并对深入推进党的建设重点任务从七个方面作出战略部署，为推动全面从严治党向纵深发展指明了方向。

一是要坚持和加强党中央集中统一领导。党的领导是全面的、系统的、整体的，必须全面、系统、整体加以落实。主要是：健全总揽全局、协调各方的党的领导制度体系，完善党中央重大决策部署落实机制，确保全党在政治立场、政治方向、政治原则、政治道路上同党中央保持高度一致，确保党的团结统一；完善党中央决策议事协调机构，加强党中央对重大工作的集中统一领导；加强党的政治建设，严明政治纪律和政治规矩，落实各级党委（党组）主体责任，提高各级党组织和党员干部政治判断力、政治领悟力、政治执行力；坚持科学执政、民主执政、依法执政，贯彻民主集中制，创新和改进领导方式，提高党把方向、谋大局、定政策、促改革能力，调动各方面积极性；增强党内政治生活政治性、时代性、原则性、战斗性，用好批评和自我批评武器，持续净化党内政治生态。

二是坚持不懈用习近平新时代中国特色社会主义思想凝心铸魂。用党的创新理论武装全党是党的思想建设的根本任务，必须全面加强党的思想建设，坚持用习近平新时代中国特色社会主义思想统一思想、统一意志、统一行动，组织实施党的创新理论学习教育计划，建设马克思主义学习型政党；加强理想信念教育，引导全党牢记党的宗旨，解决好世界观、人生观、价值观这个总开关问题，自觉做共产主义远大理想和中国特色社会主义共同理想的坚定信仰者和忠实实践者；坚持学思用贯通、知信行统一，把习近平新时代中国特色社会主义思想转化为坚定理想、锤炼党性和指导实践、推动工作的强大力量；坚持理论武装同常态化长效化开展党史学习教育相结合，引导党员、干部不断学史明理、学史增信、学史崇德、学史力行，传承红色基因，赓续红色血脉。为此，大会提出要以县处级以上领导干部为重点在全党深入开展学习贯彻习近平新时代中国特色社会主义思想主题教育。

三是完善党的自我革命制度规范体系。包括：坚持制度治党、依规治党，以党章为根本，以民主集中制为核心，完善党内法规制度体系，增强党内法规权威性和执行力，形成坚持真理、修正错误，发现问题、纠正偏差的机制；健全党统一领导、全面覆盖、权威高效的监督体系，完善权力监督制约机制，以党内监督为主导，促进各类监督贯通协调，让权力在阳光下运行；推进政治监督具体化、精准化、常态化，增强对“一把手”和领导班子监督实效；发挥政治巡视利剑作用，加强巡视整改和成果运用；落实全面从严治党政治责任，用好问责利器。

四是建设堪当民族复兴重任的高素质干部队伍。全面建设社会主义现代化国家，必须有一支政治过硬、适应新时代要求、具备领导现代化建设能力的干部队伍。坚持党管干部原则，坚持德才兼备、以德为先、五湖四海、任人唯贤，把新时代好干部标准落到实处；树立选人用人正确导向，选拔忠诚干净担当的高素质专业化干部，选优配强各级领导班子；坚持把政治标准放在首位，做深做实干部政治素质考察，突出把好政治关、廉洁关；加强实践锻炼、专业训练，注重在重大斗争中磨砺干部，增强干部推动高质量发展本领、服务群众本领、防范化解风险本领；加强干部斗争精神和斗争本领养成，着力增强防风险、迎挑战、抗打压能力，带头担当作为，做到平常时候看得出来、关键时刻站得出来、危难关头豁得出来；完善干部考核评价体系，引导干部树立和践行正确政绩观，推动干部能上能下、能进能出，形成能者上、优者奖、庸者下、劣者汰的良好局面；抓好后继有人这个根本大计，健全培养选拔优秀年轻干部常态化工作机制，把到基层和艰苦地区锻炼成长作为年轻干部培养的重要途径；重视女干部培养选拔工作，发挥女干部重要作用；重视培养和用好少数民族干部，统筹做好党外干部工作；做好离退休干部工作；加强和改进公务员工作，优化机构编制资源配置；坚持严管和厚爱相结合，加强对干部全方位管理和经常性监督，落实“三个区分开来”，激励干部敢于担当、积极作为。

五是增强党组织政治功能和组织功能。严密的组织体系是党的优势所在、力量所在。各级党组织要履行党章赋予的各项职责，把党的路线方针政策和党中央决策部署贯彻落实好，把各领域广大群众组织凝聚好；坚持大抓基层的鲜明导向，抓党建促乡村振兴，加强城市社区党建工作，推进以党建引领基层治理，持续整顿软弱涣散基层党组织，把基层党组织建设成为有效实现党的领导的坚强战斗堡垒；全面提高机关党建质量，推进事业单位党建工作；推进国有企业、金融企业在完善公司治理中加强党的领导，加强混合所有制企业、非公有制企业党建工作，理顺行业协会、学会、商会党建工作管理体制；加强新经济组织、新社会组织、新就业群体党的建设；注重从青年和产业工人、农民、知识分子中发展党员，加强和改进党员特别是流动党员教育管理；落实党内民主制度，保障党员权利，激励党员发挥先锋模范作用；严肃稳妥处置不合格党员，保持党员队伍先进性和纯洁性。

六是坚持以严的基调强化正风肃纪。党风问题关系执政党的生死存亡。弘扬党的光荣传统和优良作风，促进党员干部特别是领导干部带头深入调查研究，扑下身子干实事、谋实招、求实效；锲而不舍落实中央八项规定精神，抓住“关键少数”以上率下，持续深化纠治“四风”，重点纠治形式主义、官僚主义，坚决破除特权思想和特权行为；把握作风建设地区性、行业性、阶段性特点，抓住普遍发生、反复出现的问题深化整治，推进作风建设常态化长效化；全面加强党的纪律建设，督促领导干部特别是高级干部严于律己、严负其责、严管所辖，对违反党纪的问题，发现一起坚决查处一起；坚持党性党风党纪一起抓，从思想上固本培元，提高党性觉悟，增强拒腐防变能力，涵养富贵不能淫、贫贱不能移、威武不能屈的浩然正气。

七是坚决打赢反腐败斗争攻坚战持久战。腐败是危害党的生命力和战斗力的最大毒瘤，反腐败是最彻底的自我革命。只要存在腐败问题产生的土壤和条件，反腐败斗争就一刻不能停，必须永远吹冲锋号。坚持不敢腐、不能腐、不想腐一体推进，同时发力、同向发力、综合发力；以零容忍态度反腐惩恶，更加有力遏制增量，更加有效清除存量，坚决查处政治问题和经济问题交织的腐败，坚决防止领导干部成为利益集团和权势团体的代言人、代理人，坚决治理政商勾连破坏政治生态和经济发展环境问题，决不姑息；深化整治权力集中、资金密集、资源富集领域的腐败，坚决惩治群众身边的“蝇贪”，严肃查处领导干部配偶、子女及其配偶等亲属和身边工作人员利用影响力谋私贪腐问题，坚持受贿行贿一起查，惩治新型腐败和隐性腐败；深化反腐败国际合作，一体构建追逃防逃追赃机制；深化标本兼治，推进反腐败国家立法，加强新时代廉洁文化建设，教育引导广大党员、干部增强不想腐的自觉，清清白白做人、干干净净做事，使严厉惩治、规范权力、教育引导紧密结合、协调联动，不断取得更多制度性成果和更大治理效能。

伟大的事业必须有坚强的党来领导。我们有理由相信，只要把自身建设好、建设强，确保党始终同人民想在一起、干在一起，就一定能够焕发新气象、展示新作为，也一定能够引领承载着中国人民伟大梦想的航船破浪前进，胜利驶向光辉的彼岸。

三、现代化建设事业的发展和成就

进入新时代，以习近平同志为核心的党中央全面贯彻党的基本理论、基本路线、基本方略，采取一系列战略性举措，推进一系列变革性实践，实现一系列突破性进展，取得一系列标志性成果，经受住了来自政治、经济、意识形态、自然界等方面的风险挑战考验，党和国家事业取得历史性成就、发生历史性变革，推动我国迈上全面建设社会主义现代化国家新征程。

全面建成小康社会目标如期实现

党的十八大提出，在中国共产党成立 100 年时全面建成小康社会，并确定了全面建成小康社会奋斗目标。党的十九大科学把握党和国家事业所处的历史方位和发展阶段，全面分析全面建成小康社会的基础条件、内外因素，作出决胜全面建成小康社会、开启全面建设社会主义现代化国家新征程战略部署，吹响了夺取全面建成小康社会伟大胜利的新号角。党的十八大到党的二十大的十年，以习近平同志为核心的党中央团结带领全党全军全国各族人民，采取一系列战略性举措，推进一系列变革性实践，实现一系列突破性进展，取得一系列标志性成果。

党中央提出并贯彻新发展理念，着力推进高质量发展，推动构建新发展格局，实施供给侧结构性改革，制定一系列具有全局性意义的区域重大战略，我国经济实力实现历史性跃升。党的十八大到党的二十大的十年间，国内生产总值从 54 万亿元增长到 114 万亿元，我国经济总量占世界经济的比重达 18.5%，提高 7.2 个百分点，稳居世界第二位；人均国内生产总值从 39800 元增加到 81000 元。谷物总产量稳居世界首位，14 亿多人的粮食安全、能源安全得到有效保障。城镇化率提高 11.6 个百分点，达到 64.7%。制造业规模、外汇储备稳居世界第一。建成世界最大的高速铁路网、高速公路网，机场港口、水利、能源、信息等基础设施建设取得重大成就。我们加快推进科技自立自强，全社会研发经费支出从 1 万亿元增加到 2.8 万亿元，居世界第二位，研发人员总量居世界首位。基础研究和原始创新不断加强，一些关键核心技术实现突破，战略性新兴产业发展壮大，载人航天、探月探火、深海深地探测、超级计算机、卫星导航、量子信息、核电技术、新能源技术、大飞机制造、生物医药等取得重大成果，进入创新型国家行列。[①]

---

① 习近平：《高举中国特色社会主义伟大旗帜　为全面建设社会主义现代化国家而团结奋斗——在中国共产党第二十次全国代表大会上的报告》，《人民日报》2022 年 10 月 26 日。

深入贯彻以人民为中心的发展思想，在幼有所育、学有所教、劳有所得、病有所医、老有所养、住有所居、弱有所扶上持续用力，人民生活全方位改善。人均预期寿命增长到 78.2 岁。居民人均可支配收入从 16500 元增加到 35100 元。城镇新增就业年均 1300 万人以上。建成世界上规模最大的教育体系、社会保障体系、医疗卫生体系，教育普及水平实现历史性跨越，基本养老保险覆盖 10.4 亿人，基本医疗保险参保率稳定在 95%。及时调整生育政策。改造棚户区住房 4200 多万套，改造农村危房 2400 多万户，城乡居民住房条件明显改善。互联网上网人数达 10.3 亿人。人民群众获得感、幸福感、安全感更加充实、更有保障、更可持续，共同富裕取得新成效。①

打赢脱贫攻坚战，历史性地解决了绝对贫困问题。党和政府坚持把扶贫和扶志、扶智结合起来，努力激发贫困地区发展内生动力。广大贫困群众树立起"宁愿苦干、不愿苦熬"的观念，摒弃"等、靠、要"思想，用自己的辛勤劳动拔掉穷根，实现脱贫致富。经过不懈努力，贫困地区面貌发生了历史性巨变，人民群众生活全面改善。贫困群众工资性收入和生产经营性收入占比逐年上升，转移性收入占比逐年下降，自主脱贫能力稳步提高。贫困地区发展步伐显著加快，经济实力不断增强，基础设施建设突飞猛进，社会事业长足进步，行路难、吃水难、用电难、通信难、上学难、就医难等问题得到历史性解决。2020 年 11 月，随着新疆、云南、宁夏、四川、广西、甘肃、贵州的最后 52 个贫困县宣布退出贫困县序列，全国 832 个贫困县全部实现脱贫摘帽，12.8 万个贫困村全部出列，近 1 亿农村贫困人口实现

① 习近平：《高举中国特色社会主义伟大旗帜 为全面建设社会主义现代化国家而团结奋斗——在中国共产党第二十次全国代表大会上的报告》，《人民日报》2022 年 10 月 26 日。

脱贫，960 多万贫困人口实现易地搬迁，提前 10 年实现联合国 2030 年可持续发展议程减贫目标，历史性地解决了绝对贫困问题，创造了人类减贫史上的奇迹，为全球减贫事业作出了重大贡献。

经过接续奋斗，实现了小康这个中华民族的千年梦想，我国发展站在了更高历史起点上。2021 年 7 月 1 日，习近平在庆祝中国共产党成立 100 周年大会上庄严宣告："经过全党全国各族人民持续奋斗，我们实现了第一个百年奋斗目标，在中华大地上全面建成了小康社会，历史性地解决了绝对贫困问题，正在意气风发向着全面建成社会主义现代化强国的第二个百年奋斗目标迈进。"①

全面建成小康社会的中国，经济持续健康发展，经济实力大幅提升，人均国内生产总值超过 1 万美元，实现从低收入国家到中等偏上收入国家的历史性跨越；科技实力跨越式发展，在科技前沿方向上取得一系列重大原创成果，一大批战略高技术领域取得重大突破，我国跻身创新型国家行列，正在从科技大国迈向科技强国；产业结构优化升级，我国建成门类齐全、独立完整的现代工业体系，工业化和信息化融合发展的广度和深度不断拓展，产业链供应链现代化水平进一步提升；现代基础设施网络持续完善，"五纵五横"综合运输大通道基本贯通，四通八达的交通网络深刻影响了城市格局、人口布局和经济版图，深刻改变了人们的生活圈、工作圈，水利基础设施不断完善，互联网基础设施建设加速推进，信息高速路畅通了人民幸福路；人民民主不断扩大，人民依法实行民主选举、民主协商、民主决策、民主管理、民主监督，而且各个环节环环相扣、彼此贯通，实现过程民主

① 习近平:《在庆祝中国共产党成立 100 周年大会上的讲话》, 人民出版社 2021 年版, 第 2 页。

和结果民主、形式民主和实质民主、直接民主和间接民主相统一，保障了人民的知情权、参与权、表达权、监督权；文化更加繁荣发展，人民共同奋斗的思想基础更加牢固，全体人民道路自信、理论自信、制度自信、文化自信显著增强，社会主义核心价值观传播践行，爱国主义精神、改革创新精神、新时代奋斗精神广泛弘扬，积极进取、开放包容、理性平和的国民心态更加成熟，全社会日益形成见贤思齐、崇尚英雄、争做先锋的良好氛围；民生福祉显著提升，就业局势长期稳定，教育事业蓬勃发展，社会保障惠及全民，基本建成包括社会保险、社会救助、社会福利、社会优抚在内的世界上规模最大的社会保障体系，正向全覆盖、保基本、多层次、可持续的目标迈进；医疗卫生体系逐步健全，医疗资源配置进一步优化，服务能力不断提升，城乡基本医疗公共服务均等化不断推进，农村医疗卫生服务体系持续改善，医疗保障制度不断健全，健康中国行动加快推进，人民健康水平不断提升，人民群众安全感不断提升，社会治理的社会化、法治化、智能化、专业化水平不断提升，建设更高水平的平安中国成效显著，长期保持社会和谐稳定、人民安居乐业，我国成为国际社会公认的最有安全感的国家之一；生态环境发生历史性变化，制定实施严格的生态文明制度，基本形成生态环境法律法规框架体系，基本实现各环境要素监管主要领域全覆盖，污染防治攻坚战取得显著成效，绿色发展方式和生活方式逐步形成，“绿水青山就是金山银山”理念日益深入人心，生态优先、绿色低碳逐渐成为普遍遵循的发展路径，节约资源和保护环境的空间格局、产业结构、生产方式、生活方式加快形成。

全面建成小康社会，实现了中国现代化建设的阶段性目标。站在新的历史起点上，中国共产党团结带领中国人民，意气风发地踏上了全面建设社会主义现代化国家、实现中华民族伟大复兴的新征程。

各项建设事业取得新的发展进步

党的十八大以来，以习近平同志为核心的党中央对新时代党和国家事业发展作出科学完整的战略部署，统揽伟大斗争、伟大工程、伟大事业、伟大梦想，统筹推进“五位一体”总体布局，协调推进“四个全面”战略布局，统筹发展和安全，坚持稳中求进工作总基调，迎难而上，开拓进取，取得了社会主义现代化建设新的历史性成就。

在政治建设上，坚持走中国特色社会主义政治发展道路，全面发展全过程人民民主，健全全面、广泛、有机衔接的人民当家作主制度体系，构建多样、畅通、有序的民主渠道，丰富民主形式，从各层次各领域扩大人民有序政治参与，使各方面制度和国家治理更好体现人民意志、保障人民权益、激发人民创造活力。社会主义民主政治制度化、规范化、程序化全面推进，社会主义协商民主广泛开展，人民当家作主更为扎实，基层民主活力增强。爱国统一战线巩固拓展，民族团结进步呈现新气象，党的宗教工作基本方针得到全面贯彻，人权得到更好保障。坚持依法治国、依法执政、依法行政共同推进，坚持法治国家、法治政府、法治社会一体建设，社会主义法治国家建设深入推进，全面依法治国总体格局基本形成。统筹推进法律规范体系、法治实施体系、法治监督体系、法治保障体系和党内法规体系建设，中国特色社会主义法治体系加快建设，司法体制改革取得重大进展，社会公平正义保障更为坚实，法治中国建设开创新局面。法治固根本、稳预期、利长远的保障作用进一步发挥，党运用法治方式领导和治理国家的能力显著增强。

在文化建设上，确立和坚持马克思主义在意识形态领域指导地位的根本制度，新时代党的创新理论深入人心，社会主义核心价值观广泛传播，中华优秀传统文化得到创造性转化、创新性发展，文化事业日益繁荣，网络生态持续向好，意识形态领域形势发生全局性、根本性转变。坚持把社会效益放在首位、社会效益和经济效益相统一，推进文化事业和文化产业全面发展。实施中华优秀传统文化传承发展工程，推动中华优秀传统文化创造性转化、创新性发展，增强全社会文物保护意识，加大文化遗产保护力度。加快国际传播能力建设，向世界讲好中国故事、中国共产党故事，传播好中国声音，促进人类文明交流互鉴，国家文化软实力、中华文化影响力明显提升。建设社会主义文化强国，激发全民族文化创新创造活力，更好构筑中国精神、中国价值、中国力量，巩固全党全国各族人民团结奋斗的共同思想基础。我国意识形态领域形势发生全局性、根本性转变，全党全国各族人民文化自信明显增强，全社会凝聚力和向心力极大提升，为新时代开创党和国家事业新局面提供了坚强思想保证和强大精神力量。

在社会建设上，加强和创新社会治理，使人民获得感、幸福感、安全感更加充实、更有保障、更可持续。在收入分配、就业、教育、社会保障、医疗卫生、住房保障等方面推出一系列重大举措，注重加强普惠性、基础性、兜底性民生建设，推进基本公共服务均等化。建设更高水平的平安中国，完善社会治理体系，健全党组织领导的自治、法治、德治相结合的城乡基层治理体系，建设共建共治共享的社会治理制度，建设人人有责、人人尽责、人人享有的社会治理共同体。坚持和发展新时代“枫桥经验”，坚持系统治理、依法治理、综合治理、源头治理，完善信访制度，健全社会矛盾纠纷多元预防调处化解综合机制，加强社会治安综合治理。坚持统筹疫情防控和经济社会发展，最大限度保护了人民生命安全和身体健康，在全球率先控制住疫情、率先复工复产、率先恢复经济社会发展，抗疫斗争取得重大战略成果，铸就了伟大抗疫精神。社会治理社会化、法治化、智能化、专业化水平大幅度提升，发展了人民安居乐业、社会安定有序的良好局面，续写了社会长期稳定奇迹。

在生态文明建设上，坚持绿水青山就是金山银山的理念，从思想、法律、体制、组织、作风上全面发力，全方位、全地域、全过程加强生态环境保护，推动划定生态保护红线、环境质量底线、资源利用上线，开展一系列根本性、开创性、长远性工作。坚持山水林田湖草沙一体化保护和系统治理，更加自觉地推进绿色发展、循环发展、低碳发展。组织实施主体功能区战略，建立健全自然资源资产产权制度、国土空间开发保护制度、生态文明建设目标评价考核制度和责任追究制度、生态补偿制度、河湖长制、林长制、环境保护“党政同责”和“一岗双责”等制度，生态文明制度体系更加健全。优化国土空间开发保护格局，持续开展大规模国土绿化行动，加大生态系统保护和修复力度，加强生物多样性保护。着力打赢污染防治攻坚战，深入实施大气、水、土壤污染防治三大行动计划，打好蓝天、碧水、净土保卫战，污染防治攻坚向纵深推进。全党全国推动绿色发展的自觉性和主动性显著增强，美丽中国建设迈出重大步伐，我国生态环境保护发生历史性、转折性、全局性变化。

在国防和军队建设上，确立党在新时代的强军目标，贯彻新时代党的强军思想，贯彻新时代军事战略方针，坚持党对人民军队的绝对领导，召开古田全军政治工作会议，以整风精神推进政治整训，牢固树立战斗力这个唯一的根本的标准，坚决把全军工作重心归正到备战打仗上来，统筹加强各方面各领域军事斗争，大抓实战化军事训练，大刀阔斧深化国防和军队改革，重构人民军队领导指挥体制、现代军事力量体系、军事政策制度，加快国防和军队现代化建设，裁减现役员额三十万胜利完成，人民军队体制一新、结构一新、格局一新、面貌一新，现代化水平和实战能力显著提升，中国特色强军之路越走越宽广。

在维护国家安全上，坚持底线思维、居安思危、未雨绸缪，坚持国家利益至上，以人民安全为宗旨，以政治安全为根本，以经济安全为基础，以军事、科技、文化、社会安全为保障，以促进国际安全为依托，统筹发展和安全，统筹开放和安全，统筹传统安全和非传统安全，统筹自身安全和共同安全，统筹维护国家安全和塑造国家安全。贯彻总体国家安全观，国家安全领导体制和法治体系、战略体系、政策体系不断完善，在原则问题上寸步不让，以坚定的意志品质维护国家主权、安全、发展利益，国家安全得到全面加强。着力推进国家安全体系和能力建设，设立中央国家安全委员会，完善集中统一、高效权威的国家安全领导体制，完善国家安全法治体系、战略体系和政策体系，建立国家安全工作协调机制和应急管理机制。共建共治共享的社会治理制度进一步健全，民族分裂势力、宗教极端势力、暴力恐怖势力得到有效遏制，扫黑除恶专项斗争取得阶段性成果，有力应对一系列重大自然灾害，平安中国建设迈向更高水平。

在坚持“一国两制”和推进祖国统一上，全面准确推进“一国两制”实践，坚持“一国两制”“港人治港”“澳人治澳”、高度自治的方针，推动香港进入由乱到治走向由治及兴的新阶段，香港、澳门保持长期稳定发展良好态势。全面支持香港、澳门更好融入国家发展大局，高质量建设粤港澳大湾区，支持港澳发展经济、改善民生，增强港澳同胞国家意识和爱国精神。提出新时代解决台湾问题的总体方略，秉持“两岸一家亲”理念，出台一系列惠及广大台胞的政策，加强两岸经济文化交流合作。推动实现1949年以来两岸领导人首次会晤、两岸领导人直接对话沟通。坚持一个中国原则和“九二共识”，坚决反对“台独”分裂行径，坚决反对外部势力干涉，牢牢把握两岸关系主导权和主动权。

在外交工作上，统筹国内国际两个大局，健全党对外事工作领导体制机制，加强对外工作顶层设计，对中国特色大国外交作出战略谋划，推动建设新型国际关系，推动构建人类命运共同体。把握新时代外交工作大局，紧扣服务民族复兴、促进人类进步这条主线，高举和平、发展、合作、共赢的旗帜，推进和完善全方位、多层次、立体化的外交布局，积极发展全球伙伴关系。党同世界上500多个政党和政治组织保持经常性联系，深化政党交流合作。适应“走出去”日益扩大的新形势，不断完善海外利益保护体系，有力应对了一系列海外利益风险挑战。坚定维护国际公平正义，倡导践行真正的多边主义，旗帜鲜明反对一切霸权主义和强权政治，毫不动摇反对任何单边主义、保护主义、霸凌行径，积极推动经济全球化朝着更加开放、包容、普惠、平衡、共赢的方向发展。展现负责任大国担当，积极参与全球治理体系改革和建设，全面开展抗击新冠肺炎疫情国际合作，赢得广泛国际赞誉，我国国际影响力、感召力、塑造力显著提升。

新时代十年的伟大变革，在党史、新中国史、改革开放史、社会主义发展史、中华民族发展史上具有里程碑意义。走过百年奋斗历程的中国共产党在革命性锻造中更加坚强有力，党的政治领导力、思想引领力、群众组织力、社会号召力显著增强。中国人民的前进动力更加强大、奋斗精神更加昂扬、必胜信念更加坚定，焕发出更为强烈的历史自觉和主动精神，中国共产党和中国人民正信心百倍推进中华民族从站起来、富起来到强起来的伟大飞跃。改革开放和社会主义现代化建设深入推进，书写了经济快速发展和社会长期稳定两大奇迹新篇章，我国发展具备了更为坚实的物质基础、更为完善的制度保证，实现中华民族伟大复兴进入了不可逆转的历史进程。

结束语

以党的自我革命破解大党独有难题

2023年1月9日至10日，中国共产党第二十届中央纪律检查委员会第二次全体会议在北京举行。中共中央总书记、国家主席、中央军委主席习近平出席全会并发表重要讲话，从新时代新征程党和国家事业发展全局的高度，深刻分析大党独有难题的形成原因、主要表现和破解之道，深刻阐述健全全面从严治党体系的目标任务、实践要求，对坚定不移深入推进全面从严治党作出战略部署。

他指出，治国必先治党，党兴才能国强。新时代十年，党中央把全面从严治党纳入“四个全面”战略布局，刀刃向内、刮骨疗毒，猛药祛疴、重典治乱，使党在革命性锻造中变得更加坚强有力。全面从严治党永远在路上，要时刻保持解决大党独有难题的清醒和坚定。如何始终不忘初心、牢记使命，如何始终统一思想、统一意志、统一行动，如何始终具备强大的执政能力和领导水平，如何始终保持干事创业精神状态，如何始终能够及时发现和解决自身存在的问题，如何始终保持风清气正的政治生态，都是我们这个大党必须解决的独有难题。解决这些难题，是实现新时代新征程党的使命任务必须迈过的一道坎，是全面从严治党适应新形势新要求必须啃下的硬骨头。①

他强调，构建全面从严治党体系是一项具有全局性、开创性的工作。新时代十年，我们党不断深化对自我革命规律的认识，不断推进党的建设理论创新、实践创新、制度创新，初步构建起全面从严治党体系。全面从严治党体系应是一个内涵丰富、功能完备、科学规范、运行高效的动态系统。健全这个体系，需要坚持制度治党、依规治党，更加突出党的各方面建设有机衔接、联动集成、协同协调，更加突出体制机制的健全完善和法规制度的科学有效，更加突出运用治理的理念、系统的观念、辩证的思维管党治党建设党。要坚持内容上全涵盖、对象上全覆盖、责任上全链条、制度上全贯通，进一步健全全面从严治党体系，使全面从严治党各项工作更好体现时代性、把握规律性、富于创造性。②

为破解大党独有难题、构建全面从严治党体系，习近平在2024年1月8日至10日举行的二十届中央纪委三次全会上发表重要讲话，从统筹中华民族伟大复兴战略全局和世界百年未有之大变局的高度，进一步深刻阐述了党的自我革命的重要思想，科学回答关于党的自我革命的三个重大问题，明确提出推进自我革命“九个以”的实践要求。

他指出，我们党作为世界上最大的马克思主义执政党，如何成功跳出治乱兴衰历史周期率、确保党永远不变质不变色不变味？这是摆

① 《习近平在二十届中央纪委二次全会上发表重要讲话强调　一刻不停推进全面从严治党保障党的二十大决策部署贯彻落实》，《人民日报》2023年1月10日。
② 《习近平在二十届中央纪委二次全会上发表重要讲话强调　一刻不停推进全面从严治党保障党的二十大决策部署贯彻落实》，《人民日报》2023年1月10日。

在全党同志面前的一个战略性问题。党的十八大以来，在推进全面从严治党的伟大实践中，我们不断进行实践探索和理论思考，在毛泽东同志当年给出"让人民来监督政府"的第一个答案基础上，给出了第二个答案，那就是不断推进党的自我革命。在新时代十年全面从严治党的实践和理论探索中，我们不断深化对党的自我革命的认识，积累了丰富实践经验，形成了一系列重要理论成果，系统回答了我们党为什么要自我革命、为什么能自我革命、怎样推进自我革命等重大问题。①

他强调，在深入推进党的自我革命实践中需要把握好九个问题，即：以坚持党中央集中统一领导为根本保证，以引领伟大社会革命为根本目的，以新时代中国特色社会主义思想为根本遵循，以跳出历史周期率为战略目标，以解决大党独有难题为主攻方向，以健全全面从严治党体系为有效途径，以锻造坚强组织、建设过硬队伍为重要着力点，以正风肃纪反腐为重要抓手，以自我监督和人民监督相结合为强大动力。要坚持解放思想、实事求是、与时俱进、守正创新，不断进行实践探索和理论创新，不断深化对党的自我革命的规律性认识，把党的自我革命的思路举措搞得更加严密，把每条战线、每个环节的自我革命抓具体、抓深入。②

党的十八大以来，以习近平同志为核心的党中央带领全党以前所未有的决心和力度推进全面从严治党，创造性提出一系列具有原创性、标志性的新理念新思想新战略，形成习近平总书记关于党的自我

---

① 《习近平在二十届中央纪委三次全会上发表重要讲话强调　深入推进党的自我革命　坚决打赢反腐败斗争攻坚战持久战》，《人民日报》2024 年 1 月 9 日。
② 《习近平在二十届中央纪委三次全会上发表重要讲话强调　深入推进党的自我革命　坚决打赢反腐败斗争攻坚战持久战》，《人民日报》2024 年 1 月 9 日。

革命的重要思想，指引百年大党开辟自我革命的新境界。这是党坚持“两个结合”推进理论创新取得的新成果，是习近平新时代中国特色社会主义思想的新篇章，标志着党对马克思主义政党建设规律、共产党执政规律的认识达到新高度。这一重要思想深刻回答了党“为什么要自我革命”的重大问题，指明了确保全党永葆初心、担当使命的根本任务；深刻回答了党“为什么能自我革命”的重大问题，坚定了全党用好“第二个答案”、解决大党独有难题的信心决心；深刻回答了党“怎样推进自我革命”的重大问题，展现了党永葆生机活力、走好新的赶考之路的光明前景。

2024 年 7 月 15 日至 18 日，党的二十届三中全会在北京召开，重点研究进一步全面深化改革、推进中国式现代化问题。这是应对重大风险挑战、推动党和国家事业行稳致远的必然要求，也是解决大党独有难题、建设更加坚强有力的马克思主义执政党的必然要求，充分彰显了以习近平同志为核心的党中央协调推进改革开放与党的建设的高度自觉和历史主动，必将为中国式现代化提供强大动力和可靠保障。